中等职业教育会计事务专业系列教材

Qiye Caiwu Kuaiji

企业财务会计

张玉霞　张铁庄　主　编
娄　新　夏俊英　副主编

东北财经大学出版社
Dongbei University of Finance & Economics Press

大连

图书在版编目（CIP）数据

企业财务会计/张玉霞，张铁庄主编. —大连：东北财经大学出版社，2025.6. —（中等职业教育会计事务专业系列教材）. —ISBN 978-7-5654-5671-8

Ⅰ.F 275.2

中国国家版本馆CIP数据核字第2025AM7268号

企业财务会计

QIYE CAIWU KUAIJI

东北财经大学出版社出版

（大连市黑石礁尖山街217号　邮政编码　116025）

网　　址：http://www.dufep.cn

读者信箱：dufep@dufe.edu.cn

大连天骄彩色印刷有限公司印刷　　东北财经大学出版社发行

幅面尺寸：185mm×260mm　　字数：301千字　　印张：12.75

2025年6月第1版　　　　　　　　　　2025年6月第1次印刷

责任编辑：周　欢　　　　　　　　责任校对：刘贤恩

封面设计：原　皓　　　　　　　　版式设计：原　皓

书号：ISBN 978-7-5654-5671-8　　　定价：35.00元

前　言

教育强则国家强，教育兴则民族兴。党的二十大报告提出，"教育是国之大计、党之大计"，"全面贯彻党的教育方针，落实立德树人根本任务，培养德智体美劳全面发展的社会主义建设者和接班人"。为实现这一目标，需要加快职业教育体系构建，深化职业教育教学改革，加强中等职业教育教材建设和管理，建设、配置优质的教学资源，提高职业教育质量。

"企业财务会计"（也即"企业会计实务"）是中等职业学校会计事务专业核心课程之一，是继"会计基础"课程后对会计基本理论进一步全面、系统地讲解。我们依据2025年修订、由教育部颁布的财经商贸大类（财务会计类）"中等职业教育会计事务专业教学标准"，以及《中华人民共和国会计法》《企业会计准则》和《企业会计准则——应用指南》，并吸收近年来国内职业教育财务会计类教材的编写优点，参照河北省职教高考相关内容，以一般纳税人企业为核算背景组织编写了本教材。

本教材具有如下特点：

1.在"总论"之后，根据一般纳税人企业会计核算内容进行了归类、整合，设计了货币资金的核算、采购与付款的核算、销售与收款的核算、成本与费用的核算、职工薪酬的核算、应交税费的核算、筹资业务的核算、投资业务的核算、利润形成和分配的核算、财务会计报告等十个项目。

2.采取了"项目-任务"的编写体例，项目下面设"目标导航""核心内容""项目训练"。各个"任务"均设置了任务导入环节，并在每个任务之后开设了"财经育人广角"专栏，在对学生进行潜移默化思政引领的同时，对所学内容进行巩固和消化。

3.各个任务均通过模拟一般纳税人企业的仿真案例来完成。每个项目后均设置了"项目训练"模块，让学生通过练习达到教学要求；"项目训练"的参考答案，可登录东北财经大学出版社网站（www.dufep.cn）下载使用。建议使用本教材开设2个学期的相关课程，周课时开设6节，其中含2节实训。

在编写过程中，我们邀请了部分会计师事务所等行业企业的老师加入和指导，这为校企融合、教材共建，增强教材的实用性提供了保障。本教材课程内容的组织与安排基于工业企业会计工作流程，以职业能力为核心，实行理论教学与实务操作并重，"教、学、做"相结合，注重学情分析，突出职业教育特色，旨在提高学生的会计专业技能和素养，进而提升未来岗位适应能力；同时，将思政元素融入本教材的编写中，通过强化社会责任感、弘扬正义精神、塑造良好形象、践行诚信原则、推动可持续发展和参与社会治理的教育引导，使学生能够在未来的职业生涯中得到更好的发展。

本教材由河北省玉田县职业技术教育中心的张玉霞、张铁庄任主编，河北省玉田县职业技术教育中心的娄新、夏俊英任副主编，参加编写的老师还有河北省玉田县职业技术教育中心的孙楠、刘书铃、高凤玲、巴益颖、赵芳、高维云、张伟、靳颖丽、崔凤丽、刘晓军、孟荣艳、谷晓琳、孟祥伶。

在编写过程中，我们还得到了唐山国芯晶源电子有限公司的周志勇和河北润农节水科技股份有限公司的孙志红两位企业专家的悉心指导；特别感谢东北财经大学出版社编辑对本书内容进行细节指导、对教材内容编写把关，为参编教师提供了无私的帮助与支持。

我们在编写过程中参阅了大量同类教材，得到了有关专家的指导帮助，但由于编者水平有限，加之时间仓促，难免出现一些错漏之处，恳请广大读者批评指正。

编　者

2025年1月

目　录

总　论

一、企业财务会计的含义与目标

经济越发展，会计越重要。会计是随着生产的发展而产生的，随着生产力的不断发展，会计才逐渐独立出来，成为一种经济管理活动。

会计是一个总体范畴，包括企业财务会计、预算会计（政府与非营利组织会计）、管理会计等若干分支。企业财务会计是以货币为主要计量单位，采用一系列专门的方法，对企业生产经营活动的过程与结果，进行全面、综合、连续、系统的核算和监督，并据以进行科学的分析与预测，向会计信息使用者提供会计信息的一种经济管理活动。

我国《企业会计准则——基本准则》规定：财务会计的目标是向财务会计报告使用者提供与企业财务状况、经营成果和现金流量等有关的会计信息，反映企业管理层受托责任履行情况，有助于财务会计报告使用者做出经济决策。

做好企业财务会计工作，对于保护企业财产的安全与完整，合理筹集与使用资金、加速资金周转，促进企业增收节支、开源节流，及时为有关方面提供可靠的核算信息资料，遵守国家的财经政策和法律法规，维护所有者和债权人的合法权益，推动企业生产经营活动的健康发展等，都具有十分重要的意义。

二、企业财务会计信息的使用者

会计信息是指通过财务报表、财务报告或附注等形式向投资者、债权人或其他会计信息使用者揭示单位财务状况和经营成果的信息。企业财务会计信息的使用者主要包括投资者、债权人、企业管理者、政府及其相关部门和社会公众等。

（1）投资者将资金投入企业，其目的是保证自己的资本能够保值、增值。投资者通过企业对外发布的各种财务会计信息（如月报、季报、半年报、年报等）来判断其投资价值，以便做出保留投资、撤出投资还是追加投资的决策。

（2）债权人通常关心企业的偿债能力和财务风险。他们需要借助会计信息等相关信息来了解企业营运情况和偿还借款的能力。

（3）企业管理者是会计信息的重要使用者。他们需要借助会计信息等相关信息来管理企业，加强对企业的控制，做出财务决策。

（4）政府及其相关部门作为经济管理和经济监管部门，需要根据会计信息来监管企业的有关活动（尤其是经济活动），制定税收政策，进行税收征管和国民经济统计等。

（5）社会公众也关心企业的生产经营活动，包括企业对其所在地经济发展所做的贡献，如增加就业、提供社区服务等。

三、企业财务会计核算的对象

企业财务会计核算的对象是指能够以货币表现的经济活动，即资金运动或价值运动。任何企业的资金都要经过资金投入、资金循环与周转（资金运用）和资金退出这样的一个运动过程。这三个过程是相互支撑、相互制约的统一体。

四、企业的会计核算方法

会计核算方法是对经济业务进行连续、系统、完整的反映和监督，为经营管理者提供必要的会计信息所应用的方法。它有以下7种专门方法：

1.设置会计科目和账户

设置会计科目和账户是指企业根据生产经营特点和管理要求在会计制度中事先确定会计科目，然后根据这些科目在账簿中开立账户，分门别类地连续记录各项经济业务。设置会计科目和账户是会计核算的重要方法之一。

2.复式记账

复式记账是指对于每一项经济业务，都要以相等的金额在两个或两个以上相互联系的账户中进行登记，系统地反映资金运动变化结果的一种记账方法。复式记账法是会计核算方法体系的核心。

3.填制和审核会计凭证

会计凭证是记录经济业务事项发生或完成情况，明确经济责任的书面证明，也是登记账簿的依据。任何一项经济业务发生后都必须取得或填制会计凭证，并经过会计机构、会计人员审核并确认无误后，才能据以登记会计账簿。填制和审核会计凭证是会计核算工作的起点。

4.登记会计账簿

登记会计账簿简称记账，设置和登记账簿是编制企业财务报表的依据。登记会计账簿必须以审核无误的会计凭证为依据。

5.成本计算

成本计算主要是指产品生产成本的计算，通过对生产经营过程中发生的各种生产费用，按照各种不同的成本计算对象进行归集和分配，进而计算产品总成本和单位成本的一种专门方法。

6.财产清查

财产清查是指通过对货币资金、实物资产等的账面数额和实有数额进行核对，以确定账存数与实存数是否相符的一种专门方法。财产清查是会计核算过程中必不可少的一个环节。

7.编制财务会计报告

编制财务会计报告是指按照会计准则制度的要求，定期向财务会计报告使用者提供各种财务报表和其他应当在财务会计报告中披露的相关信息和资料。提供会计信息是会计核算的主要目的。

会计核算方法之间相互联系、紧密配合。其中，设置账户是进行会计核算的准备工作，复式记账是会计核算所使用的特有方法。填制和审核凭证、登记账簿和编制财务会计报告是会计核算工作的三个基本环节。各单位每发生一笔经济业务或事项，首先要填制和审核会计凭证，然后按规定的账户，采用复式记账的方法登记账簿；期末根据账簿的记录进行成本计算、财产清查，在账实相符的基础上编制财务会计报告。会计通过生成、加工和提供信息来反映与监督企业整个经济活动，从而帮助企业做出正确决策。

五、企业的会计核算程序

企业的会计核算组织程序又称账务处理程序或会计核算形式，是指会计凭证、会计账簿、财务报表相结合的方式，包括账簿组织和记账程序。账簿组织是指会计凭证和会计账簿的种类、格式，以及会计凭证与账簿之间的联系方法；记账程序是指由填制、审核原始凭证到填制、审核记账凭证，登记日记账、明细账和总账，编制财务报表的工作程序和方法等。

企业常用的账务处理程序主要有记账凭证账务处理程序、汇总记账凭证账务处理程序和科目汇总表账务处理程序等。

1.记账凭证账务处理程序

记账凭证账务处理程序是指对发生的经济业务，要根据原始凭证或汇总原始凭证编制记账凭证，然后直接根据记账凭证逐笔登记总分类账的一种账务处理程序。

2.汇总记账凭证账务处理程序

汇总记账凭证账务处理程序是指先根据原始凭证或汇总原始凭证填制记账凭证，定期根据记账凭证分类编制汇总收款凭证、汇总付款凭证和汇总转账凭证，再根据汇总记账凭证登记总分类账的一种账务处理程序。

3.科目汇总表账务处理程序

科目汇总表账务处理程序又称记账凭证汇总表账务处理程序，它是根据记账凭证定期汇总编制科目汇总表，再根据科目汇总表登记总分类账的一种账务处理程序。

六、企业会计核算的岗位设置

企业应当根据会计业务的需要设置会计机构，或者在有关机构中设置会计人员并指定会计主管人员。会计工作岗位是指一个单位会计机构内部根据业务分工而设置的职能岗位。会计工作岗位可以一人一岗、一人多岗或者一岗多人，但出纳人员不得兼管稽核、会计档案保管和收入、费用、债权债务账目的登记工作。除特种日记账必须由出纳登记外，出纳还可以登记固定资产卡片等财物物资明细账。要建立轮岗制度。企业会计工作岗位主要有：

1.会计机构负责人或会计主管人员岗位；

2.出纳岗位；

3.财产物资核算岗位；

4.工资、成本费用、财务成果核算岗位；

5.资金核算岗位；

6.往来核算岗位；

7.总账岗位；

8.稽核岗位；

9.会计机构内会计档案管理岗位。

七、企业增值税纳税人

企业增值税纳税人分为一般纳税人和小规模纳税人。对于从事生产货物或提供应税劳务的纳税人，应纳税额大于50万元或从事货物批发或零售的纳税人，年应税销售额大于80万元，以及应税服务年销售额大于500万元（不含税销售额）的，均可认定为一般纳税人，而年销售额在规定标准以下，并且会计核算不健全，不能按规定报送有关税务资料的为小规模纳税人。一般纳税人的基本税率为13%，小规模纳税人的征收率一般为3%。小规模纳税人采用简易计税方法，一般纳税人采用一般计税方法。主要区别见表0-1。

表 0-1　　　　　　　　　　　一般纳税人和小规模纳税人的主要区别

区别项目	增值税一般纳税人	增值税小规模纳税人
年应税销售额	生产企业 50 万元以上； 商业企业 80 万元以上	生产企业 50 万元（含）以下； 商业企业 80 万元（含）以下
会计核算	健全，能准确提供税务资料	会计核算不够健全
税　率	基本税率13%	征收率3%
使用发票	增值税专用发票	普通发票
应纳税额计算	当期销项税额−当期进项税额	不含税销售额×征收率
发生的进项税额	可以抵扣，不计入货物成本	不能抵扣，计入货物成本
应交增值税明细科目	设"进项税额""销项税额""进项税额转出"等专栏	不分设专栏

项目一　货币资金的核算

✍ 目标导航

理解货币资金的概念。

理解现金的使用范围及日常管理。

熟练掌握现金、银行存款、其他货币资金的账务处理。

熟知库存现金、银行存款的清查方法。

能够独立进行库存现金、银行存款清查的核算处理。

掌握支付结算方式及其核算方法。

✌ 任务导入

企业的运营离不开货币资金。我们常说"身为会计，账目和金钱一分一毫都不能差"，充分说明货币资金的核算在企业会计核算中占有的重要位置。今天，我们就以严谨认真的态度来共同完成货币资金的会计核算任务吧。

任务一　库存现金的管理与核算

货币资金是指企业在生产经营过程中处于货币形态的那部分资金，按其用途和存放地点不同可分为库存现金、银行存款和其他货币资金三部分。

库存现金从狭义上来说，是指存放于企业财务部门并满足日常开支的现金，包括人民币和外币。在企业各类资产中，库存现金是企业流动性最强的资产，可以随时购买企业所需要的物资，支付企业相关经营费用，具有普遍的可接受性，但也是企业资产中最容易流失的资产。因此，企业应当加强现金的管理，正确进行现金收支的核算，监督现金的使用。

一、库存现金的管理

企业库存现金的管理包括现金收入管理和现金支出管理。在我国，中国人民银行总行是现金的主管部门。企业现金管理制度主要包括以下内容：

（一）库存现金管理的相关规定

1.库存现金的开支范围

企业可以在以下范围内使用现金支付：

（1）职工工资、各种工资性津贴；

（2）个人劳务报酬；

（3）支付给个人的各种奖金；

（4）各种劳保、福利费用以及国家规定的对个人的其他支出等；

（5）向个人收购农副产品和其他物资的价款；

（6）单位预借给出差人员必须随身携带的差旅费；

（7）转账结算起点（1 000元）以下的零星开支；

（8）中国人民银行确定需要支付现金的其他支出。

企业与其他单位之间的经济往来，除在规定的范围内可使用现金外，必须通过开户银行进行转账结算。

2.库存现金限额

库存现金限额是指企业保留库存现金的最高数额。根据我国现行规定，企业日常零星开支所需库存现金数额，由开户银行根据企业的规模大小、日常现金开支的多少、企业距离银行的远近以及交通是否便利等实际情况来核定。库存现金限额一般为3~5天的日常零星开支，边远地区和交通不便地区，限额可以多于5天，但最多不得超过15天的零星开支。库存现金限额一经开户银行核定，企业必须严格遵守。库存现金不足限额应及时补足，超过限额规定的现金应及时存入银行。

3.不得"坐支"现金

坐支现金是指企业用经营业务收入的现金直接抵付现金支出的行为。企业支付现金时，可以从本企业的库存现金限额中支付，也可从银行存款账户中提取现金支付，但不能用经营业务收入的现金直接支付，即不得坐支现金。企业经营业务收入的现金应及时送存银行，因特殊情况需要坐支现金的，应事先报经开户银行审查批准。

4.库存现金管理的其他规定

（1）不得挪用现金和不符合财务手续的原始凭证（俗称"白条"）抵库。所谓"白条"，是指没有审批手续的凭据，因此"白条"不能作为记账的依据。

（2）不得公款私存，将单位收入的现金存入个人储蓄账户。

（3）不得私设小金库，企业一切现金收入都必须入账，不得保留账外现金。

（4）不准私人借用公款。

（5）单位之间不得转借现金。

（6）不准编造、谎报用途套取现金。

（7）不准用银行账户代其他单位、个人收入或支取现金等。

企业应当定期或不定期地进行库存现金盘点，确保库存现金账面余额与实际库存现金余额相符。

开户银行有权对企业的库存现金收支情况和库存现金限额的遵守情况进行检查，对违反规定的，开户银行可进行相应的处罚。

（二）库存现金收付存日常管理

库存现金收付存日常管理主要环节为依法取得或填制原始凭证；审核现金收付款凭证；当面清点所收或所付现金数额，并在现金收款、付款凭证上加盖"现金收讫"或"现金付讫"章及出纳人员印章；根据有关会计凭证登记现金日记账，企业必须设置"现金日记账"，并按照现金业务发生的先后顺序逐笔序时登记。每日终了，应根据登记的"现金日记账"结余数与实际库存数进行核对，做到账款相符。月份终了，"现金日记账"的余额必须与"库存现金"总账科目的余额核对相符，做到日清月结。

（三）库存现金管理的内部控制：钱账分管制度

1.为了加强库存现金管理，企业要配备专职出纳人员，非出纳人员不能经管现金。

2.出纳人员除负责现金和银行存款日记账的记账工作外，不能兼管稽核、会计档案保管以及收入、费用、债权、债务等账目的登记工作。

钱账分管制度可以使出纳人员和会计人员相互牵制，互相监督，从而有效地加强现金收付存的管理，防止现金收支差错及偷盗、贪污、挪用等行为发生。

（四）严格进行库存现金账目的登记与核查

为了更好地加强对现金的管理，全面掌握和监督库存现金的收支和余额情况，企业应当设置现金日记账和现金总账。现金日记账由出纳人员根据审核无误的收付款记账凭证，按照业务发生顺序逐日逐笔登记。每日终了，将现金日记账的结余数与库存现金实有数相核对，保证账实相符。月末终了，"现金日记账"余额必须与"现金总账"余额相核对，做到账账相符。

二、库存现金的核算

（一）库存现金的总分类核算

设置"库存现金"总账。该账户的借方登记现金的收入数，贷方登记现金的支出数，期末余额在借方，反映企业期末库存现金的实有数。

企业内部各部门周转使用的备用金不在"库存现金"账户中核算，通过"其他应收款"账户核算。

现金支付业务所涉及的原始凭证有：借款单、工资表、费用报销单、差旅费报销单、领款收据等。

【例1-1】天宇有限公司2024年1月发生如下现金收付业务：

1.从银行提取现金10 000元，备发工资。根据现金支票存根，填制付款凭证。

借：库存现金　　　　　　　　　　　　　　　　　　　　　　10 000
　贷：银行存款　　　　　　　　　　　　　　　　　　　　　　　　10 000

2.发放工资10 000元。根据职工签字后的工资表，填制付款凭证。

借：应付职工薪酬——工资　　　　　　　　　　　　　　　　10 000
　贷：库存现金　　　　　　　　　　　　　　　　　　　　　　　　10 000

3.出售剩余材料，收入现金1 000元，其中增值税130元。根据销售发票或收款收据，填制收款凭证。

借：库存现金　　　　　　　　　　　　　　　　　　　　　　　1 130
　贷：其他业务收入　　　　　　　　　　　　　　　　　　　　　　1 000
　　　应交税费——应交增值税（销项税额）　　　　　　　　　　　　130

4.张丽预借差旅费600元，以现金支付。根据借款单，填制付款凭证。

借：其他应收款——张丽　　　　　　　　　　　　　　　　　　600
　贷：库存现金　　　　　　　　　　　　　　　　　　　　　　　　600

5.用现金支付厂部办公用品费300元。根据发票，填制付款凭证。

借：管理费用——办公费　　　　　　　　　　　　　　　　　　300
　贷：库存现金　　　　　　　　　　　　　　　　　　　　　　　　300

6.将销售剩余材料收入的现金1 130元送存银行。根据现金缴款单回单，填制付款凭证。

借：银行存款　　　　　　　　　　　　　　　　　　　　　　　1 130

　　　　贷：库存现金　　　　　　　　　　　　　　　　　　　　　　　　 1 130

　　7.张丽出差回来报销差旅费540元，交回剩余款。根据差旅费报销单，填制转账凭证。

　　　　借：管理费用——差旅费　　　　　　　　　　　　　　　　　　　 540
　　　　　　贷：其他应收款——张丽　　　　　　　　　　　　　　　　　　 540
　　　　根据收据，填制收款凭证：
　　　　借：库存现金　　　　　　　　　　　　　　　　　　　　　　　　　 60
　　　　　　贷：其他应收款——张丽　　　　　　　　　　　　　　　　　　　 60

　　企业可根据现金收、付款凭证及有关银行存款付款凭证直接登记"库存现金"总分类账；也可以根据定期汇总编制的汇总收、付款凭证或科目汇总表，定期登记"库存现金"总分类账。其格式见表1-1。

表1-1　　　　　　　　　　　　　　　　总分类账

账户名称：库存现金

2024年		凭证		摘要	借方	贷方	借或贷	余额
月	日	种类	号数					
1	31			本年累计	129 000	125 000	借	4 000
2	29	汇	1	2月1日至29日汇总过入	11 190	12 030	借	3 160
2	29			本年累计	140 190	137 030	借	3 160

　　（二）库存现金的明细分类核算

　　企业应当按照人民币现金和外币现金的币种分别设置库存现金日记账，采用三栏式、订本式账页。库存现金日记账的收入栏和支出栏，根据审核无误的现金收、付款凭证和有关现金的银行存款付款凭证，按照经济业务发生的先后顺序由出纳人员逐笔登记，做到日清日结。根据前面例题登记"库存现金日记账"，见表1-2。

表1-2　　　　　　　　　　　　　　　库存现金日记账

2024年		凭证		摘要	对方科目	收入	支出	结余
月	日	种类	号数					
1	31			本月合计		略	略	4 000
2	1	银付	1	提现	银行存款	10 000		14 000
	10	现付	1	发2月份工资	应付职工薪酬		10 000	4 000
	13	现收	1	出售下脚料	其他业务收入	1 130		5 130
	17	现付	2	张丽预借差旅费	其他应收款		600	4 530
	21	现付	3	支付办公用品费	管理费用		300	4 230
	24	现付	4	销售款存入银行	银行存款		1 130	3 100
	27	现收	2	收张丽差旅费剩余款	其他应收款	60		3 160
	29			本月合计		11 190	12 030	3 160

三、库存现金的清查

为了保证现金的安全完整，确保账实相符，企业应对库存现金进行定期和不定期的清查，库存现金的清查主要包括两部分内容：

一是每日终了进行日记账余额与库存现金实有数核对；

二是审计、稽核人员定期或者不定期地进行盘点。

库存现金清查一般采取实地盘点法，对于清查的结果应当编制"现金盘点报告表"，填写现金实存数、日记账结存数和现金短缺或溢余情况，并由出纳人员和清查人员签名或盖章。

如果有挪用现金、白条顶库的情况，应及时予以纠正并上报负责人；对于超限额留存的现金应及时送存银行。

如果发现有待查明原因的现金短缺或溢余，在查明原因以前，应先通过"待处理财产损溢——待处理流动资产损溢"科目核算，待查明原因并给予批准意见后分情况处理。

（一）库存现金短缺的核算

1.查明原因之前，按现金实存数调节日记账余额：

借：待处理财产损溢——待处理流动资产损溢
　贷：库存现金

【例1-2】2024年1月31日，天宇有限公司清查出纳员的保管现金时，发现短缺200元，原因待查。

借：待处理财产损溢——待处理流动资产损溢　　　　　　　　200
　贷：库存现金　　　　　　　　　　　　　　　　　　　　　　　200

2.查明原因之后，分情况处理：

借：其他应收款（应由负责人赔偿或保险公司赔偿的部分）
　管理费用（无法查明原因的部分）
　贷：待处理财产损溢——待处理流动资产损溢

【例1-3】经查，1月31日短缺200元中的100元属于出纳员王昊的责任，由王昊赔偿；100元属于无法查明原因，经批准转为管理费用。

借：其他应收款——王昊　　　　　　　　　　　　　　　　100
　管理费用　　　　　　　　　　　　　　　　　　　　　　100
　贷：待处理财产损溢——待处理流动资产损溢　　　　　　　　200

（二）库存现金溢余的核算

1.查明原因之前，按库存现金实存数调节日记账余额：

借：库存现金
　贷：待处理财产损溢——待处理流动资产损溢

【例1-4】2024年2月28日，天宇有限公司清查出纳员的保管现金时，发现溢余400元，原因待查。

借：库存现金　　　　　　　　　　　　　　　　　　　　　400
　贷：待处理财产损溢——待处理流动资产损溢　　　　　　　　400

2.查明原因之后，分情况处理：

借：待处理财产损溢——待处理流动资产损溢

　　　　贷：其他应付款
　　　　　　营业外收入

【例1-5】经查，溢余的400元中有300元为应付给员工李明的款项，另外的100元属于无法查明原因，经批准转为营业收入。

　　借：待处理财产损溢——待处理流动资产损溢　　　　　　　　　　　400
　　　　贷：其他应付款——李明　　　　　　　　　　　　　　　　　　　300
　　　　　　营业外收入　　　　　　　　　　　　　　　　　　　　　　100

⋯⋯⋯⋯⋯ ○ 财经育人广角

　　库存现金是流动性最强的资产，首先应引入相关的财经法律法规，如《中华人民共和国会计法》等，让学生了解法律规定和职业操守要求。通过案例分析，让学生明白违反法律法规和违背职业道德可能带来的严重后果，培养他们的法律意识和职业道德观念。诚信是财经领域的基石，特别是在现金管理中，教育学生要坚持诚实守信原则，如实记录和报告现金的流入与流出，不得为了个人利益而弄虚作假。通过讨论诚信缺失的案例，让学生深刻认识到诚信在职业生涯中的重要性，树立廉洁自律的职业操守。

任务二　　银行存款的管理与核算

　　银行存款是指企业存放在银行或其他金融机构的货币资金，包括人民币和外币。企业应当根据业务需要，严格按照中国人民银行规章《支付结算办法》的规定，在其经营所在地银行开立并使用银行存款结算账户。

一、银行存款的管理

（一）银行存款开户的有关规定

银行存款分为基本存款账户、一般存款账户、专用存款账户和临时存款账户。

　　1.基本存款账户是指存款人办理日常转账结算和现金收付而开立的账户，是存款人的主办账户。企业的工资、奖金等现金的支取只能通过基本存款账户办理，存款人只能在银行开立一个基本存款账户，而且在账户内应有足够的资金支付。

　　2.一般存款账户是指存款人因借款或其他结算需要，在基本存款账户开户银行以外的银行金融机构开立的银行结算账户。该账户可以办理转账结算和现金缴存，但不能进行现金支取，该账户开立数量没有限制。

　　3.专用存款账户是企业因特定需要而开立的账户。该账户主要办理企业的内部基本建设等各项专用资金的收付。

　　4.临时存款账户是存款人临时需要并在规定期限内使用而开立的银行结算账户。临时存款账户的有效期最长不超过2年。企业可以通过本账户办理转账结算和根据国家现金管理规定办理现金收付。

　　注：企业在银行开立账户后，与其他单位之间的一切收付款项，除有关制度规定可用现金收付的部分外，都必须通过银行办理转账结算。

（二）加强企业银行存款的内部控制，定期与银行核对账目

1.出纳人员负责办理存款、取款和登记银行存款日记账工作，但不得兼管收入、费用、债权债务等会计账簿的登记工作。

2.加强对银行结算凭证和票据的填制、传递及保管等环节的管理和控制，做到银行凭证有专人负责保管、专人负责审批，防止空白票据的遗失和被盗用。

3.企业应当定期核对银行账户余额，每月至少核对一次，编制银行存款余额调节表，使银行存款余额与银行对账单调节相符；如调节不符，应查明原因，及时处理。

4.严格管理银行预留印鉴。财务专用章应由专人保管，个人名章必须由本人或其授权人员保管。严禁一人保管支付款项所需的全部印章。按照规定需要有关负责人签字或盖章的经济业务，必须严格履行签字或盖章手续。

（三）加强银行存款账簿的管理与核对

为了加强对银行存款的管理，掌握银行存款的使用情况，企业必须设置银行存款总账和银行存款日记账。每日终了，应将"银行存款日记账"结出余额。每月至少进行一次银行存款日记账与银行存款总账的核对，做到账账相符。

二、银行存款的核算

根据中国人民银行颁布的规章《支付结算办法》规定，企业可选择使用的银行存款支付的结算方式有：支票、银行本票、银行汇票、汇兑、托收承付、商业汇票、委托收款等。

（一）支票的核算

支票是指单位或个人签发的，委托办理支票存款业务的银行见票时无条件支付确定金额给收款人或持票人的票据。

1.支票的分类

支票按支付票款的方式不同，分为现金支票、转账支票和普通支票。我国常用的是转账支票和现金支票，如图1-1、图1-2所示。转账支票只能用于企业之间款项的转账。现金支票只能用于支取现金。

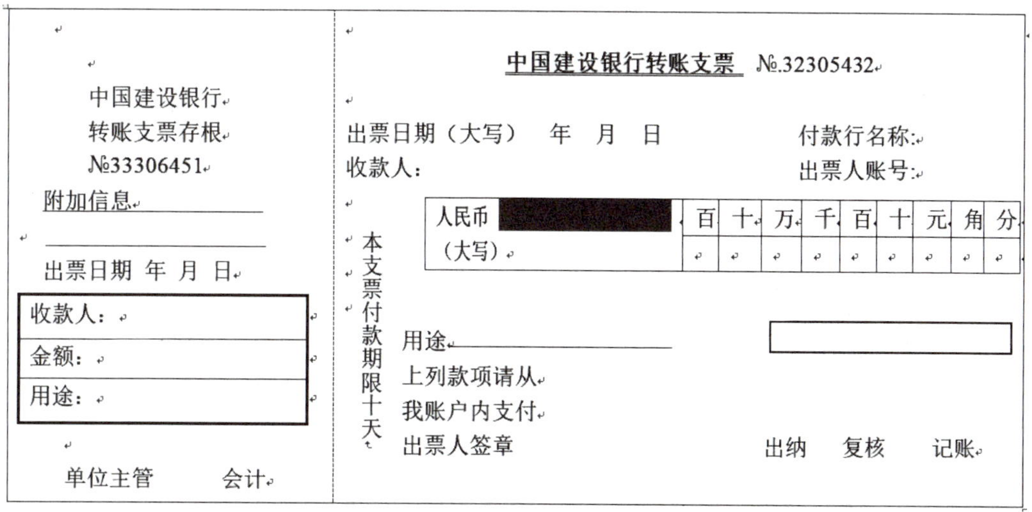

图1-1　转账支票

图1-2 现金支票

2. 支票结算的注意事项

（1）支票的有效期自出票之日起10天内，中国人民银行另有规定的除外。

（2）支票金额起点为100元，但结清账户时，可不受其起点限制。

（3）签发空头支票或者签发与其预留的签章不符的支票，银行予以退票，并处以票面金额5%但不低于1 000元的罚款，持票人有权要求出票人赔偿支票金额2%的赔偿金。

（4）支票一律记名，经中国人民银行总行批准的地区可以在转账支票上背书转让。

3. 支票的结算程序

付款人将签发的支票交付收款人，收款人审查无误后，填制一式两联进账单，连同支票一并送交本企业开户银行。银行审查无误后，在进账单回单上加盖银行印章，返回收款人，作为收款人入账的凭据。支票结算程序如图1-3所示。

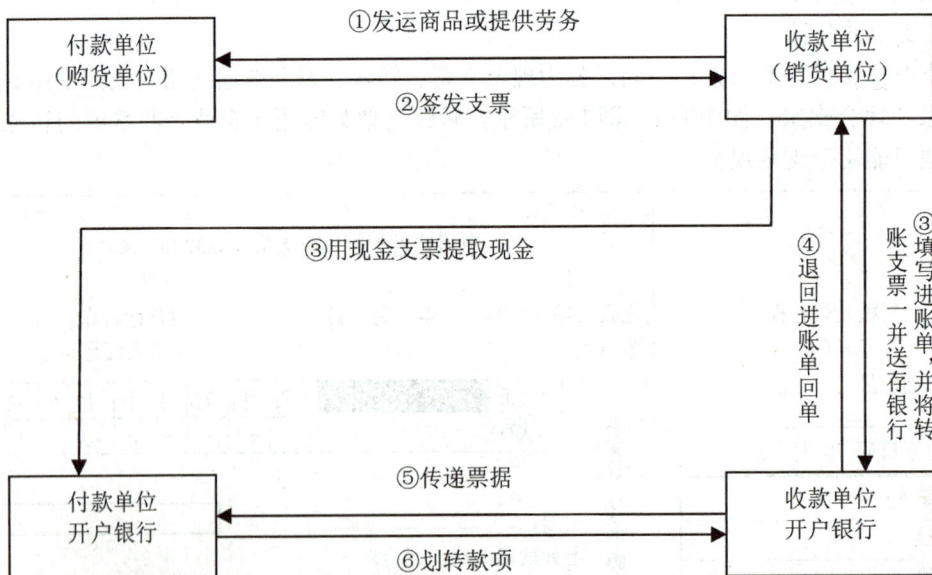

图1-3 支票结算程序

4. 支票的核算

支票通过"银行存款"科目核算。企业开出支票时，根据相关的原始凭证，应借记相关科目，贷记"银行存款"科目；当收到支票时，应于出票日起10日内到开户银行将支票连同进账单送存，借记"银行存款"科目，贷记相关科目。

【例1-6】天宇有限公司于2024年3月10日向昌盛有限公司购买材料一批，增值税专用发票注明售价为10 000元，增值税税率为13%，材料已入库，并向对方开具一张转账支票支付款项。

借：原材料   10 000
　　应交税费——应交增值税（进项税额）   1 300
　　贷：银行存款   11 300

【例1-7】天宇有限公司于2024年3月16日向兴华有限公司销售商品一批，增值税专用发票注明售价为100 000元，增值税税款为13 000元，商品已发出，收到兴华有限公司开出的转账支票一张。

借：银行存款   113 000
　　贷：主营业务收入   100 000
　　　　应交税费——应交增值税（销项税额）   13 000

（二）托收承付的核算

托收承付亦称异地托收承付，是指根据购销合同由收款人发货后委托银行向异地付款人收取款项，由付款人向银行承认付款的结算方式。

1.托收承付的适用范围

托收承付结算方式只适用于异地订有经济合同的商品交易及相关劳务款项的结算。代销、寄销、赊销商品款项不得办理托收承付。

2.托收承付的注意事项

（1）托收承付的结算方式只能在异地使用。

（2）托收承付结算每笔金额必须在10 000元以上，新华书店系统每笔金额起点为1 000元。

（3）使用托收承付方式的单位，必须是国有企业、供销合作社以及经营管理较好，并经开户银行审查同意的城乡集体所有制企业。

（4）付款单位开户银行对不足支付的托收款项可作逾期付款处理，但对拖欠单位按每日0.05%计算逾期付款赔偿金。

（5）承付方式有两种，即验单承付和验货承付。验单承付的承付期为3天，从付款人开户银行发出承付通知的次日算起；验货承付期为10天，从承运单位发出提货通知的次日算起。

3.托收承付结算的流程

托收承付结算的流程如图1-4所示。

4.托收承付的核算

托收承付的核算分为托收和承付两部分：收款企业发货后到其开户行办理托收手续，借记"应收账款"科目，贷记相关科目，付款企业承诺付款后，收款企业收到开户银行转来的收账通知，借记"银行存款"科目，贷记"应收账款"科目。

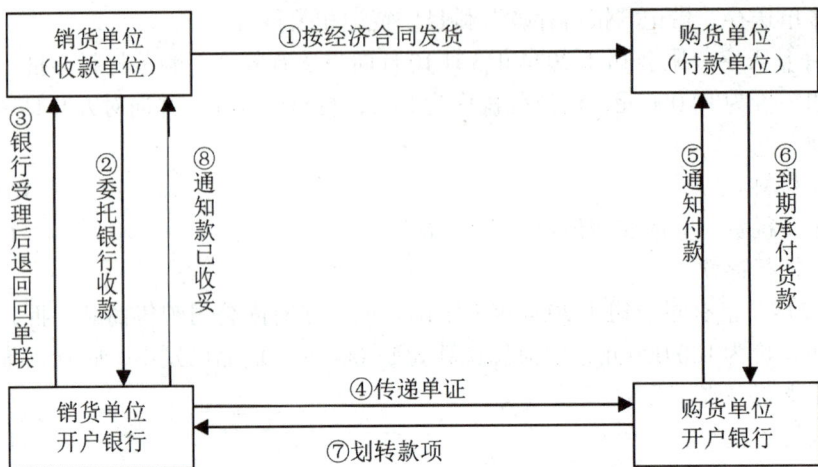

图1-4　托收承付结算的流程

【例1-8】2024年3月17日，天宇有限公司向兴华有限公司销售一批产品，增值税发票注明的货款为20 000元，增值税税款为2 600元。上述款项采取托收承付结算方式，并于3月19日办妥了托收手续，3月24日收到款项。

（1）3月19日办妥托收手续后：

借：应收账款——兴华有限公司　　　　　　　　　　　　　　　　22 600

　　贷：主营业务收入　　　　　　　　　　　　　　　　　　　　　20 000

　　　　应交税费——应交增值税（销项税额）　　　　　　　　　　2 600

（2）3月24日收到款项：

借：银行存款　　　　　　　　　　　　　　　　　　　　　　　　22 600

　　贷：应收账款——兴华有限公司　　　　　　　　　　　　　　　22 600

（三）委托收款的核算

委托收款是指收款人委托银行向付款人收取款项的结算方式。委托收款分邮寄和电汇两种。邮寄是以邮寄方式由收款人开户银行向付款人开户银行转送委托收款凭证、提供收款依据的方式；电汇则是以电报方式由收款人开户银行向付款人开户银行转送委托收款凭证、提供收款依据的方式。

1.委托收款的适用范围

凡在银行或其他金融机构开立账户的单位或个体经济户的商品交易，公用事业单位向用户收取水电费、邮电费、煤气费、公房租金等劳务款项以及其他应收款项，无论是在同城还是异地，均可使用委托收款的结算方式。

2.委托收款的注意事项

（1）委托收款结算不受金额起点限制。

（2）付款人应于接到通知的3日起书面通知银行付款。付款人未在规定期限内通知银行付款的，视为同意付款，银行应于付款人接到通知日的次日起第4日上午开始营业时，将款项划给收款人。

3.委托收款的流程

委托收款的流程如图1-5所示。

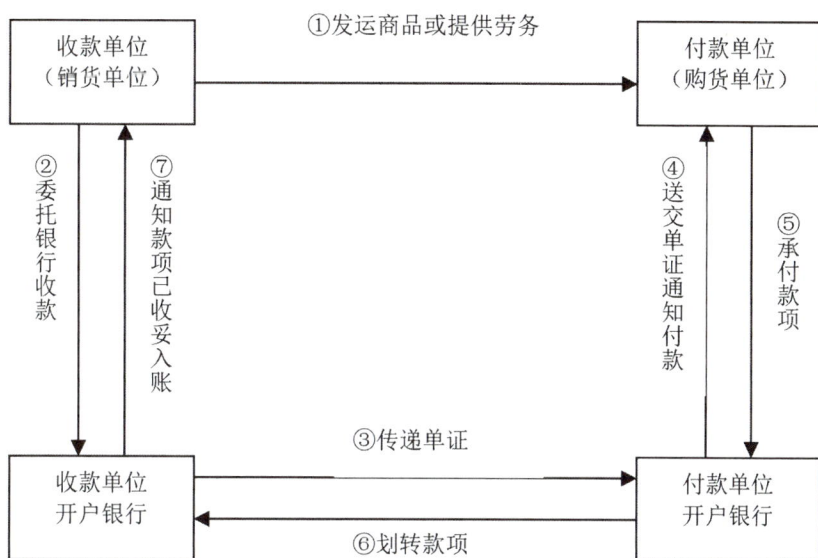

图1-5 委托收款结算的流程

4.委托收款的核算

委托收款与托收承付结算方式的核算基本相同,收款人办妥委托银行收款手续后,借记"应账收款"科目,贷记"主营业务收入""应交税费——应交增值税(销项税额)"科目;待收到银行转来的收账通知时,借记"银行存款"科目,贷记"应收账款"科目。

(四)汇兑的核算

汇兑结算是指汇款人委托银行将其款项汇给外地收款人的结算方式。汇兑分信汇、电汇两种,由汇款人选择使用。

1.汇兑的适用范围

单位和个人异地之间各种款项的结算,均可使用汇兑结算方式。

2.汇兑结算的注意事项

(1)汇款人委托银行办理汇兑,应向汇出银行填写信汇、电汇凭证,详细填明汇入地点、汇入银行名称、收款人名称、汇款金额、汇款用途(军工产品可以免填)等各项内容。

(2)汇款人确定不能转汇的,应在"备注"栏内注明。

3.汇兑结算的流程

汇兑结算的流程如图1-6所示。

4.汇兑的核算

汇兑直接通过"银行存款"科目核算。付款委托银行汇出款项后,根据相关原始凭证,借记"在途物资"等科目,贷记"银行存款"科目。

三、银行存款的清查

银行存款的清查一般在月末采取存款单位与其开户银行核对账目的方法进行。在核对双方账目前,存款单位应事先检查银行存款账户记录是否完整正确,逐一核对银行存款的收款凭证和付款凭证是否全部入账,以保证账证相符;结出银行存款日记账余额,与银行存款总账核对,做到账账相符。在收到银行送来的对账单后,应将银行存款账户上的每笔

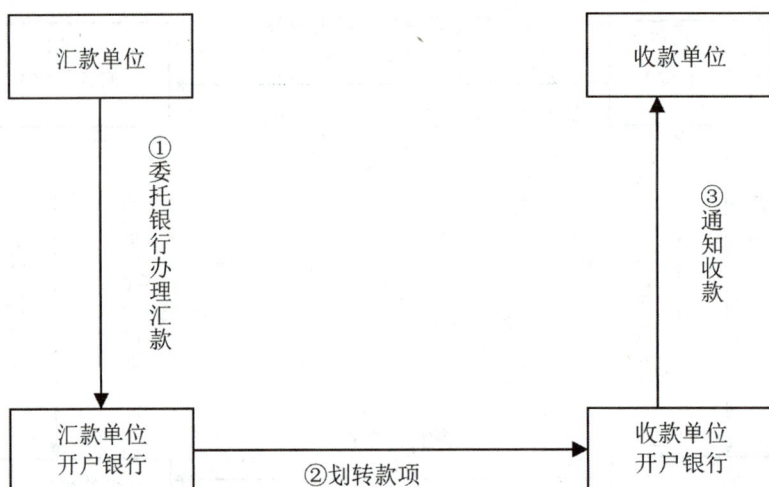

图1-6 汇兑结算的流程

业务与银行送来的对账单逐笔勾对。当发现双方账面余额不一致时，如果是双方账簿记录发生错记漏记，应及时查清更正；如果是由于双方凭证传递时间上的差异，而发生未达账项所致，则应编制"银行存款余额调节表"进行调整。所谓未达账项，是指由于收、付款的结算凭证在传递、接收时间上不一致而导致的一方已经入账，另一方没有接到凭证尚未入账的收付款项。它一般有以下四种情况：

（1）企业已经收款入账，银行还未入账的款项；

（2）企业已经开出支票或其他支款凭证，登记减少银行存款，银行尚未办理转账或支付手续，尚未记账；

（3）企业委托银行代收的款项或银行支付给企业的存款利息，银行已贷记企业存款户，企业尚未收到收账通知，还未入账；

（4）银行代付的款项，银行付款后已减记企业存款户，企业尚未收到银行的转账通知，还未销账。

（1）和（4）两种情况，会使得企业账面的存款余额大于银行对账单的存款余额；（2）和（3）两种情况，会使企业账面的存款余额小于银行对账单的存款余额。存款单位银行存款日记账、银行对账单余额和未达账项的关系是：

$$\text{企业银行存款日记账余额} + \text{银行已收而企业未收的款项} - \text{银行已付而企业未付的款项} = \text{银行对账单余额} + \text{企业已收而银行未收的款项} - \text{企业已付而银行未付的款项}$$

【例1-9】天宇有限公司2024年3月31日银行存款日记账账面余额为183 600元，开户银行送来的对账单所列示的余额为193 200元，经逐笔核对，发现未达账项如下：

1.3月29日，公司收到购货单位转账支票6 000元，根据支票填写进账单已送银行，根据进账单已记入公司银行存款账，但银行尚未记账。

2.3月30日，公司开出现金支票支付职工差旅费，计2 400元，公司已记账，持票人尚未到银行取款，故银行尚未记账。

3.3月30日，银行收到公司委托代收销货款15 000元，已收存银行，公司因未收到收款通知而未入账。

4.3月31日，银行计算公司应付银行借款利息1 800元，银行已划账，公司未收到付款通知而未入账。

编制"银行存款余额调节表"见表1-3。

表1-3   **银行存款余额调节表**

2024年3月31日   单位：元

项 目	金 额	项 目	金 额
银行存款日记账余额	183 600	银行对账单余额	193 200
加：银行已收，企业未收	15 000	加：企业已收，银行未收	6 000
减：银行已付，企业未付	1 800	减：企业已付，银行未付	2 400
调节后余额	196 800	调节后余额	196 800

调整后的银行存款余额只能说明存款单位可以动用的银行存款实有数，不能作为调整账户的依据。对于银行已经入账，存款单位尚未入账的未达账项，应该在收到有关凭证后，再进行账务处理。

经调节后，如果余额仍不相符，则是企业或银行记账错漏，应查明原因，进行错账更正。

如果发生银行存款损失，应先记入"待处理财产损溢——待处理流动资产损溢"账户，待批准核销时，再转入"管理费用"等账户。

如果有确凿证据表明存在银行或其他金融机构的款项已经部分不能收回，或者全部不能收回的，例如，吸收存款的单位已宣告破产，其破产财产不足以清偿的部分，或者全部不能清偿的，应当作为当期损失，冲减银行存款，借记"营业外支出"科目，贷记"银行存款"科目。

⋯⋯⋯⋯⋯⋯● 财经育人广角

  银行存款作为金融体系的重要组成部分，受到宏观经济政策的影响。在教学中，可以引入货币政策、财政政策等宏观经济政策的内容，让学生了解政策调整对银行存款管理和核算的影响，有助于培养学生的宏观经济意识，提高他们在复杂经济环境下处理银行存款问题的能力。企业在银行存款管理和核算过程中，不仅要追求经济效益，还要积极履行社会责任。在教学中，可以强调企业履行社会责任的重要性，介绍企业在银行存款管理和核算中如何平衡经济效益和社会效益，培养学生的社会责任感和可持续发展意识。

任务三   其他货币资金的核算

  其他货币资金是指企业除现金、银行存款以外的其他各种货币资金。其他货币资金不同于库存现金和银行存款之处在于，它们一般都有专门的用途和特定的存放地点。其他货币资金主要包括外埠存款、银行汇票存款、银行本票存款、信用卡存款、信用证保证金存款、存出投资款等。本节主要讲述其他货币资金核算的转账结算方式。

  与库存现金和银行存款一样，其他货币资金也必须按照国家的现金管理制度、银行结算办法及有关规定严格进行管理，同时，还要设置专门的账户单独进行核算。

　　为了单独反映其他货币资金的收入、支出和结存情况，应设置"其他货币资金"账户进行核算。该账户为资产类账户，借方登记其他货币资金的增加数；贷方登记其他货币资金的减少数；期末借方余额，反映其他货币资金的结存数。该账户应按其他货币资金的具体组成内容设置明细账，进行明细核算。

一、外埠存款的核算

　　外埠存款是指企业到外地进行临时或零星采购时，汇往采购地银行开设异地采购专户的款项。企业欲将采购款项汇往采购地银行，需先填写汇款委托书并加盖"采购资金"字样；汇入银行对汇入的采购款项，以汇款单位名义开立采购账户。采购专户存款不计利息，除采购员差旅费可以支取少量现金外，一律办理转账。采购专户只付不收，采购结束后，专户存款余额汇还汇出单位，结清采购专户。

　　【例1-10】天宇有限公司到外地采购材料，开出汇款委托书，委托当地开户银行将采购款60 000元汇往采购地银行开立采购专户。根据银行汇款回单联，做会计分录如下：

　　借：其他货币资金——外埠存款　　　　　　　　　　　　　　　　　60 000
　　　　贷：银行存款　　　　　　　　　　　　　　　　　　　　　　　　　　60 000

　　【例1-11】天宇有限公司收到采购人员交来的报销单据，其中材料发票列明材料货款50 000元，增值税款6 500元，车票、住宿费单据900元，材料尚未运达企业。根据增值税专用发票、差旅费报销单，做会计分录如下：

　　借：在途物资　　　　　　　　　　　　　　　　　　　　　　　　　50 000
　　　　应交税费——应交增值税（进项税额）　　　　　　　　　　　　　6 500
　　　　管理费用——差旅费　　　　　　　　　　　　　　　　　　　　　　900
　　　　贷：其他货币资金——外埠存款　　　　　　　　　　　　　　　　　57 400

　　【例1-12】天宇有限公司接当地开户银行通知，汇出的采购专户存款余额600元已经汇回，存入公司的银行存款账户。根据银行收账通知，做会计分录如下：

　　借：银行存款　　　　　　　　　　　　　　　　　　　　　　　　　　　600
　　　　贷：其他货币资金——外埠存款　　　　　　　　　　　　　　　　　　600

二、银行汇票存款的核算

　　银行汇票存款是指企业为了取得银行汇票，按规定存入银行的款项。汇款人使用银行汇票必须先向开户银行提交汇票申请书，并将票款送交银行。银行受理后，签发银行汇票并连同解讫通知一并交汇款人持往异地办理结算。对超过付款期而不能在兑付地办理结算的银行汇票，汇款人可向签发银行申请退汇。收款人收到银行汇票后，应在汇票金额内根据实际结算金额办理结算，并将实际结算金额和多余金额填入银行汇票，填写进账单送交银行，银行将实际结算金额转入收款人的存款账户，多余金额退回汇款人。

（一）银行汇票的适用范围

　　凡是各单位、个体经济户或个人在同城、异地进行商品交易、劳务供应和其他经济活动及债权债务的结算，均可使用银行汇票。银行汇票既可以用于转账结算，也可以支取现金。

（二）使用银行汇票的注意事项

　　1.单位持银行汇票购物，凡在银行汇票汇款金额之内的，可根据实际采购金额办理支付，多余款项将由银行自动退回。

　　2.银行汇票一律记名，在汇票中指定某一特定人为收款人，其他任何人无权领款；但如果指定收款人以背书方式将领款权转让给其指定的收款人，其指定的收款人有领款权。

3.银行汇票提示付款期为一个月。

4.银行汇票可以用于转账，标明"现金"字样的银行汇票可以用于支取现金，但标明"现金"字样的银行汇票不得背书转让。

（三）银行汇票结算流程

银行汇票结算流程如图1-7所示：

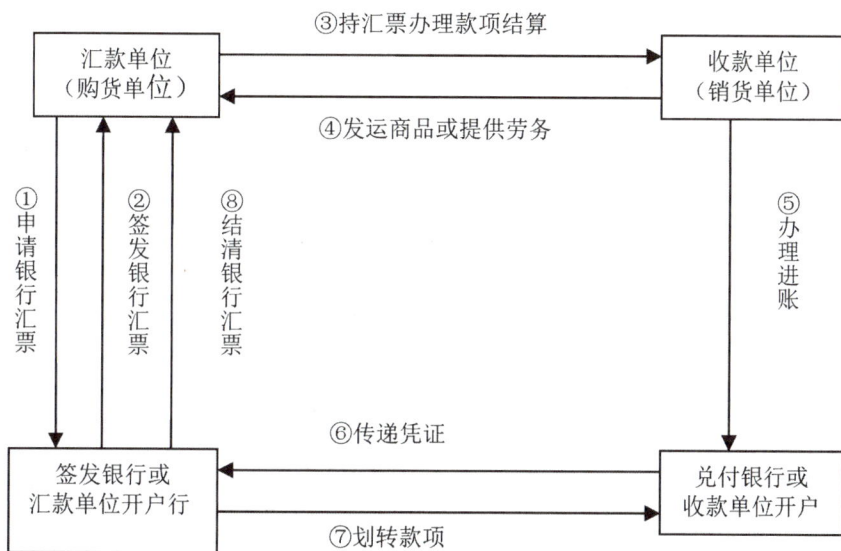

图1-7　银行汇票结算流程图

银行汇票的核算

【例1-13】天宇有限公司向开户银行申请办理银行汇票，公司开出汇票申请书并将款项9 500元交存银行，取得银行汇票。根据银行盖章退回的银行汇票申请书存根，做会计分录如下：

借：其他货币资金——银行汇票存款　　　　　　　　　　　　　　　9 500

　　贷：银行存款　　　　　　　　　　　　　　　　　　　　　　　　9 500

【例1-14】天宇有限公司用银行汇票办理采购货款的结算，其中货款8 000元，增值税1 040元，材料已验收入库。根据增值税专用发票、入库单，做会计分录如下：

借：原材料　　　　　　　　　　　　　　　　　　　　　　　　　　8 000

　　应交税费——应交增值税（进项税额）　　　　　　　　　　　　1 040

　　贷：其他货币资金——银行汇票存款　　　　　　　　　　　　　　9 040

【例1-15】结算完毕，天宇有限公司收到开户银行的收账通知，汇票余款460元已经汇还入账。根据银行多余款收账通知，做会计分录如下：

借：银行存款　　　　　　　　　　　　　　　　　　　　　　　　　460

　　贷：其他货币资金——银行汇票存款　　　　　　　　　　　　　　460

【例1-16】若该汇票因超出付款期限未曾使用，填制进账单，连同银行汇票送交银行，向开户银行申请并退回款项。根据银行盖章退回的进账单，做会计分录如下：

借：银行存款　　　　　　　　　　　　　　　　　　　　　　　　　9 500

　　　　贷：其他货币资金——银行汇票存款　　　　　　　　　　　　　　　　9 500

【例1-17】某企业销售产品收到银行汇票（含增值税9 040元），填写进账单交存银行后，凭进账单回执做会计分录如下：

　　借：银行存款　　　　　　　　　　　　　　　　　　　　　　　　　　　9 040

　　　　贷：主营业务收入　　　　　　　　　　　　　　　　　　　　　　　8 000

　　　　　　应交税费——应交增值税（销项税额）　　　　　　　　　　　　1 040

三、银行本票存款的核算

银行本票是由申请人将款项交存银行，由银行签发的，承诺在见票时无条件支付确定的金额给收款人或者持票人的票据。银行本票按照其金额是否固定可分为不定额和定额两种。不定额银行本票是指凭证上金额栏是空白的，签发时根据实际需要填写金额，起点金额为5 000元，定额银行本票是指凭证上预先印有固定面额的银行本票，定额银行本票面额为1 000元、5 000元、10 000元和50 000元。

（一）银行本票的适用范围

同一票据交换区域内的单位和个人各种款项的结算。

（二）银行本票结算的注意事项

1.银行本票提示付款期限自出票日起最长不得超过2个月。

2.银行本票见票即付，不予挂失，当场抵用。

3.银行本票可以用于转账，填明"现金"字样的银行本票，也可以用于支取现金，现金银行本票的申请人和收款人均为个人。银行本票可以背书转让，填明"现金"字样的银行本票不能背书转让。

（三）银行本票结算流程

银行本票结算流程如图1-8所示：

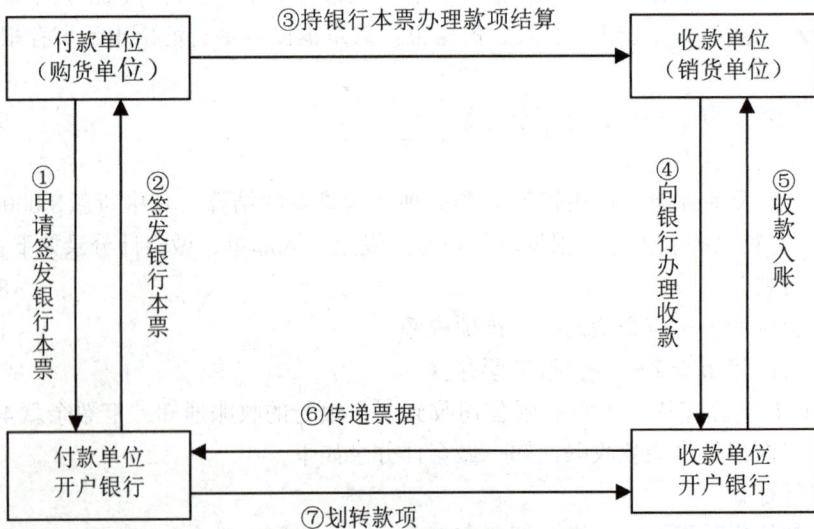

图1-8　银行本票结算流程

（四）银行本票的核算

企业使用银行本票结算，必须按规定先向银行提交本票申请书并将款项交存银行，方可取得银行本票。银行本票的账务处理与银行汇票基本一致，在此不另作举例。

四、信用卡存款的核算

信用卡存款是指企业为了取得信用卡而存入银行信用卡专户的款项。企业单位需要办理信用卡结算的，应先向银行提出申请，填写信用卡申请书，经银行审查符合条件后，企业交存信用卡备用金，银行为申请人开立信用卡存款专户，发放信用卡。企业在持卡消费时，凭信用卡结算并根据信用卡余额的变化适时地向其账户续存资金，以保证其支付能力。持卡人如有急需，可允许在规定额度内善意透支，透支后在规定期限内续存归还。在透支期限内，银行对透支金额要计收利息，超过透支额度和期限的恶意透支行为，银行除加倍处以罚息外，还要取消其使用资格。持卡人如不需要继续使用信用卡时，可向发卡银行办理销户，银行应把信用卡专户存款余额转入其基本存款账户。

【例1-18】天宇有限公司向银行申请领取信用卡，填写申请表并交存备用金30 000元，公司取得信用卡时，根据银行盖章退回的进账单回单和信用卡申请书，做会计分录如下：

借：其他货币资金——信用卡存款   30 000

贷：银行存款   30 000

【例1-19】天宇有限公司收到银行转来信用卡存款凭证及所附发票账单，招待费460元。根据银行转来的有关凭证和所附发票，做会计分录如下：

借：管理费用——业务招待费   460

贷：其他货币资金——信用卡存款   460

【例1-20】天宇有限公司不再使用信用卡结算，办理销户手续，信用卡存款余额6 600元转回基本存款账户。根据银行收款凭证，做会计分录如下：

借：银行存款   6 600

贷：其他货币资金——信用卡存款   6 600

五、信用证保证金存款的核算

信用证保证金存款指与境外供货单位采用国际信用证结算的交易，企业为了开具信用证而存入中国银行信用证保证金专户的款项。

目前，我国信用证结算方式主要应用于有国外进出口业务的企业，企业向外商开出信用证时，也必须向中国银行提出申请并填写信用证委托书，还应将信用证保证金交存银行开立专户。企业向外商开出信用证时，借记"其他货币资金——信用证保证金存款"账户，贷记"银行存款"账户；收到境外供应单位信用证结算凭证及所附发票账单，经核对无误后借记"材料采购"等账户，贷记"其他货币资金——信用证保证金存款"账户；接到银行收账通知，将未用完的信用证保证金存款余额转回开户银行时，借记"银行存款"账户，贷记"其他货币资金——信用证保证金存款"账户。

六、存出投资款的核算

存出投资款是指企业已存入证券公司但尚未进行短期投资的现金。

企业向证券公司划出资金时，应按实际划出的金额，借记"其他货币资金——存出投资款"，贷记"银行存款"；购买股票、债券等有价证券时，按实际发生的金额，借记"交易性金融资产"，贷记"其他货币资金——存出投资款"。

·········· ● 财经育人广角

　　随着金融全球化的深入发展，其他货币资金的核算不仅涉及国内法规，还与国际金融市场紧密相连。在教学中，可以引入国际金融市场的相关知识，让学生了解不同国家和地区的货币资金管理制度与核算方法，通过比较分析，培养学生的国际视野，提升他们在全球化背景下处理货币资金核算问题的能力。金融科技的发展对其他货币资金的核算产生了深远影响。在教学中，可以介绍金融科技在资金核算中的应用，如区块链技术、大数据分析等，鼓励学生积极关注金融科技创新，培养他们的创新意识和实践能力。通过讨论金融科技对传统资金核算方式的挑战和机遇，激发学生的思维活力。

项目训练一

一、单选题

1.企业将款项委托开户银行汇往采购地银行，开立采购专户时，应借记"（　　）"科目。

A.银行存款　　　　　B.其他应收款　　　　C.材料采购　　　　D.其他货币资金

2.只能用于同城结算的是（　　）结算方式。

A.商业汇票　　　　　B.银行本票　　　　　C.托收承付　　　　D.委托收款

3.不允许使用现金的项目是（　　）。

A.向个人收购废旧物品　　　　　　　　B.支付个人劳动报酬

C.出差借支差旅费　　　　　　　　　　D.购置固定资产

4.企业在资金暂时不足的情况下仍能使用的结算方式是（　　）。

A.银行本票　　　　　B.银行汇票　　　　　C.商业汇票　　　　D.支票

5.在现金清查时，经检查仍无法查明原因的现金短款，经批准后应计入（　　）。

A.管理费用　　　　　　　　　　　　　B.财务费用

C.冲减营业外收入　　　　　　　　　　D.营业外支出

二、多选题

1.属于货币资金的项目有（　　）。

A.现金　　　　　　　　　　　　　　　B.银行存款

C.其他货币资金　　　　　　　　　　　D.被冻结的银行存款

2.既可用于同城，又可用于异地的结算方法的有（　　）。

A.银行本票　　　　　B.委托收款　　　　　C.商业汇票　　　　D.银行汇票

3.下列各项中，应确认为企业其他货币资金的有（　　）。

A.企业持有的3个月内到期的债券投资

B.企业为购买股票向证券公司划出的资金

C.企业汇往外地建立临时采购专户的资金

D.企业向银行申请银行本票时拨付的资金

4.可以用现金支付的项目有（　　）。

A.出差人员的差旅费2 000元　　　　　B.向农民收购农副产品5 000元

C.购买办公用品2 000元　　　　　　　D.购入材料5 000元

5.下列各项中，属于未达账项的有（　　　）。

A.企业已收款入账，银行尚未收款入账

B.企业已付款入账，银行尚未收款入账

C.银行已收款入账，企业尚未收款入账

D.银行已付款入账，企业尚未收款入账

三、业务分析题

1.企业开出现金支票，从银行提取现金2 000元。

2.企业职工王明预借差旅费3 000元，以现金支付。

3.企业对现金进行清查中发现短缺100元，经查明，系出纳人员责任，应由其赔偿。

4.企业将50 000元交存银行，办理银行汇票，采购员持票去外地采购材料，并取得供货方开出的专用发票，价款为40 000元，增值税为5 200元，材料入库后余款退回原开户银行。

5.企业本月进行现金清查，发现短款300元。经查明原因，应由出纳人员赔偿50元，其余250元经批准作管理费用处理。

要求：根据上述经济业务，编制会计分录。

项目二　采购与付款的核算

目标导航

熟练掌握外购材料采购成本的构成内容。

记住发出存货成本的计价方法及特点。

会计算发出存货的成本。

能够独立进行原材料按实际成本计价的核算处理。

能够独立进行原材料按计划成本计价的核算处理。

能够独立进行周转材料、库存商品、委托加工物资的核算处理。

能够独立进行存货盘盈、盘亏的核算处理。

分析和掌握应付票据、应付账款、预收账款和其他应付款的核算。

任务导入

企业要进行产品的生产，首先要购买一定的材料物资，并与供应商进行款项的结算，因此，采购与付款的核算是会计处理工作中必不可少的一环。接下来，就让我们一起看看采购与付款核算的工作任务都有哪些吧。

任务一　　存货确认与计量

一、存货的概念

存货是企业在日常活动中持有以备出售的产成品或商品、处在生产过程中的在产品、在生产过程或提供劳务过程中耗用的材料和物料等，包括各类材料、在产品、半成品、产成品或库存商品以及包装物、低值易耗品、委托代销商品等。

1.企业接受外来原材料加工制造的代制品和为外单位加工修理的代修品，制造和修理完成验收入库后，应视同企业的产成品（"视同"企业的产成品，即企业为加工或修理产品发生的材料、人工费等作为企业存货核算）。

2.工程物资是为在建工程准备的，不属于存货范畴。

3.房地产企业的房屋建筑物是存货，但是一般的企业房屋不是存货，是固定资产。

4.用于出租的房屋建筑物，属于投资性房地产，也不属于存货。

二、存货的确认条件

1.与该存货有关的经济利益很可能流入企业。

2.该存货的成本能够可靠地计量。

三、存货的初始计量

企业取得的存货应当按照成本进行初始计量。存货成本包括采购成本、加工成本和其他成本。其他成本，是指除采购成本、加工成本以外的，使存货达到目前场所和状态所发生的其他支出（如为特定客户定制产品而发生的产品设计费）。

（一）外购存货的成本

外购存货的成本即存货的采购成本，指企业存货从采购到入库前所发生的全部支出，包括购买价款、相关税费、运输费、装卸费、保险费以及其他可归属于存货采购成本的费用。外购存货成本见表2-1。

表2-1   外购存货成本

购买价款	企业购入材料或商品的发票账单上列明的价款
相关税费	企业购买、自制或委托加工存货发生的进口关税、消费税、资源税和不能抵扣的增值税进项税额等 【提示】小规模纳税人购入货物相关的增值税计入存货成本；一般纳税人购入货物相关的增值税可以抵扣的不计入成本，不能抵扣的应计入成本
其他可归属于存货采购成本的费用	存货采购过程中发生的仓储费、包装费、运输途中的合理损耗、入库前的挑选整理费

注意：

1.发生合理损耗会使存货的单位成本提高。

2.入库前发生的不合理的损耗，不应计入成本。

3.入库后发生的挑选整理费用等计入管理费用。

4.采购人员的差旅费不应计入成本，计入管理费用。

（二）委托加工存货的成本

委托外单位加工存货的成本包括实际耗用的原材料或者半成品、加工费、运输费、装卸费和保险费等费用以及按规定应计入成本的税费。

委托加工存货的成本=材料成本+加工费用+相关税金+其他费用

（三）其他方式取得存货的成本

1.投资者投入存货的成本应当按照投资合同或者协议约定的价值确定，但合同或协议约定价值不公允的除外。

2.接受捐赠的存货应按以下规定确定其存货成本。

（1）捐赠方提供了有关凭据的，按凭据上标明的金额加上应支付的相关税费作为入账价值。

（2）捐赠方没有提供有关凭据的，按同类或类似存货的市场价格，作为存货入账价值。

（四）不计入存货成本的相关费用

1.非正常消耗的直接材料、直接人工和制造费用。

2.仓储费用（不包括在生产过程中为达到下一个生产阶段所必需的仓储费用）。

3.不能归属于使存货达到目前场所和状态的其他支出。

四、发出存货成本的计量

企业在确定发出存货的成本时，可以采用个别计价法、先进先出法、月末一次加权平均法和移动加权平均法。

（一）个别计价法

个别计价法也称个别认定法，是指每次发出存货的实际成本按其购入时的实际成本分别计价的方法。个别计价法的成本计算准确，符合实际情况，但在存货收发频繁情况下，其发出成本分辨的工作量较大。

对于不能替代使用的存货、为特定项目专门购入或制造的存货以及提供的劳务，通常采用个别计价法确定发出存货的成本，如飞机、重型设备、珠宝、名画等。

（二）先进先出法

先进先出法是指以先购入的存货先发出为假设条件，按照货物购入的先后顺序确定发出存货和期末存货实际成本的方法。具体方法是：收入存货时，逐笔登记收入存货的数量、单价和金额；发出存货时，按照先购进的存货先发出的原则逐笔登记存货的发出成本和结存余额。

先进先出法可以随时结出存货发出的成本，但较烦琐；如果存货收发业务较多且存货单价不稳定时，其工作量较大。在物价持续上升时，期末存货成本接近于市价，而发出成本偏低，利润偏高。

2024年4月甲材料收发存情况见表2-2。

表2-2　　　　　　　　　　　　　存货明细表

材料名称：甲材料　　　　　　　　　　　　　　　　　　　　　　　　编号（略）

规格：（略）　　　　　　　　　　　　　　　　　　　　　　　　　计量单位：千克

2024年		凭证字号	摘要	收入			发出			结余		
月	日			数量	单价/元	金额/元	数量	单价/元	金额/元	数量	单价/元	金额/元
4	1	略	期初余额							200	25	5 000
	5		购入	100	26	2 600				200	25	5 000
										100	26	2 600
	8		发出				150	25	3 750	50	25	1 250
										100	26	2 600
	13		购入	100	26	2 600				50	25	1 250
										200	26	5 200
	21		发出				50	25	1 250	150	26	3 900
							50	26	1 300			
	25		购入	100	28	2 800				150	26	3 900
										100	28	2 800
	26		发出				150	26	3 900	100	28	2 800
	30		本月合计	300		8 000	400		10 200	100	28	2 800

根据上表计算：本月发出存货成本：200×25+200×26=10 200（元）

期末结存存货成本：100×28=5 000+8 000-10 200=2 800（元）

注意：先进先出法的期末存货成本接近于市价，如果存货的市价呈上升趋势而发出成本偏低，会高估企业当期利润和库存存货价值；反之，会低估企业存货价值和当期利润。根据谨慎性原则的要求，先进先出法适用于市场价格普遍处于下降趋势的商品。

（三）月末一次加权平均法

月末一次加权平均法是指以期初存货数量加上本期全部进货数量作为权数，除以期初存货成本加上本期全部进货成本，计算出存货的加权平均单位成本，并据以计算当月发出存货的成本和期末结存存货成本的一种方法。

计算公式：

存货加权平均单价=（期初存货成本+本期全部进货成本）/（期初存货数量+本期全部进货数量）

本期发出存货的成本=本期发出存货的数量×存货加权平均单价

本期期末库存存货成本=期末库存存货的数量×存货加权平均单价

=期初结存存货实际成本+本期全部进货成本-本期发出存货成本

2024年4月甲材料收发存情况见表2-3。

表2-3 存货明细表

材料名称：甲材料 编号（略）

规格：（略） 计量单位：千克

2024年		凭证字号	摘要	收入			发出			结余		
月	日			数量	单价/元	金额/元	数量	单价/元	金额/元	数量	单价/元	金额/元
4	1	略	期初余额							200	25	5 000
	5		购入	100	26	2 600				300		
	8		发出				150			150		
	13		购入	100	26	2 600				250		
	21		发出				100			150		
	25		购入	100	28	2 800				250		
	26		发出				150			100		
	30		本月合计	300		8 000	400	26	10 400	100	26	2 600

根据表2-3计算：

存货加权平均单价=（5 000+8 000）/（200+300）=26（元）

月末库存存货成本=100×26=2 600（元）

本期发出存货的成本=400×26=10 400（元）

或 =5 000+8 000-2 600=10 400（元）

采用月末一次加权平均法时，只在月末一次计算加权平均单价，比较简单，有利于简化成本计算工作，而且在市场价格上涨或下跌时所计算出来的单位成本平均化，对存货成本的分摊较为折中。但平时无法从账上提供发出和结存存货的单价及金额，不利于对存货的日常管理和控制。在物价变动幅度较大的情况下，按加权平均单价计算的期末存货价值与现行成本有较大的差异，所以它适用于收入批次较多、数量较大，且价格差异不大的存货。

（四）移动加权平均法

移动加权平均法是指以原有库存存货的成本加上每次进货的成本，除以原有库存存货的数量加上每次进货数量，计算出加权平均单位成本，作为下次发货计价基础的一种方法。

计算公式：

存货单位成本=（原有库存存货的实际成本+本次进货的实际成本）/（原有库存存货数量+本次进货数量）

本次发出存货的成本=本次发出存货的数量×本次发货前存货的单位成本

本月月末库存存货成本=月末库存存货的数量×本月月末存货单位成本

2024年4月甲材料收发存情况见表2-4。

表2-4　　　　　　　　　　　存货明细表

材料名称：甲材料　　　　　　　　　　　　　　　　　　　　编号（略）

规格：（略）　　　　　　　　　　　　　　　　　　　　计量单位：千克

2024年		凭证字号	摘要	收入			发出			结余		
月	日			数量	单价/元	金额/元	数量	单价/元	金额/元	数量	单价/元	金额/元
4	1	略	期初余额							200	25	5 000
	5		购入	100	28	2 800				300	26	7 800
	8		发出				150	26	3 900	150	26	3 900
	13		购入	100	27	2 700				250	26.4	6 600
	21		发出				100	26.4	2 640	150	26.4	3 960
	25		购入	100	27.9	2 790				250	27	6 750
	26		发出				150	27	4 050	100	27	2 700
	30		本月合计	300		8 290	400		10 590	100	27	2 700

根据表2-4计算：

5日进货后的平均单位成本=（200×25+100×28）/（200+100）=26（元/千克）

8日发出存货的成本=150×26=3 900（元）

13日进货后的平均单位成本=（150×26+100×27）/（150+100）=26.4（元/千克）

21日发出存货成本=100×26.4=2 640（元）

25日进货后的平均单位成本=（3 960+2 790）/（150+100）=27（元/千克）

26日发出存货的成本=150×27=4 050（元）

移动加权平均法能够使管理者及时了解存货的结存情况，成本计算较为客观可信，但频繁地计算移动单位平均成本，计算工作量大，使存货核算相对烦琐。这种方法对收发货较频繁的企业不适用。

○ 财经育人广角

在存货确认与计量中，诚信和真实性是基本原则。教育学生必须坚守诚信底线，确保存货数据的真实性和准确性。通过案例分析，让学生认识到诚信在企业经营和职业生涯中的重要性，培养他们的诚信意识和职业操守。存货确认与计量需要遵循会计准则和会计制度。在教学中，强调这些规范和制度的重要性，要求学生严格按照规定进行存货确认与计量。通过模拟实操，让学生亲身体验规范操作的流程和要求，培养他们的规范意识和制度执行力。

任务二　　　　　　原材料的核算

一、材料按实际成本计价的核算

（一）账户设置

在实际成本计价法下，企业应设置"在途物资"和"原材料"等相关账户，由于结算方式的不同，还经常涉及"应付账款""应付票据""预付账款"等账户。

"在途物资"账户是用来核算企业采用实际成本计价进行材料和商品等物资的日常核算、货款已付尚未验收入库的各种物资（即在途物资）的采购成本。该账户属于资产类账户，借方登记企业购入物资的实际成本，贷方登记验收入库的物资的实际成本，期末余额在借方，反映企业在途物资的采购成本。该账户按供应单位和物资品种进行明细核算。

"原材料"账户用来核算企业库存的各种材料，包括原材料、辅助材料、外购半成品（外购件）、修理用备件（备品备件）、包装材料、燃料等的实际成本。该账户属于资产类账户，借方登记验收入库的原材料（包括回收作为原材料使用的废料）的实际成本，贷方登记发出原材料的实际成本，期末余额在借方，反映企业库存材料的实际成本。该账户按原材料类别、品种进行明细核算。

"应付账款"账户用来核算和监督企业因购买材料、商品和接受劳务供应等应付给供应单位的款项。该账户属于负债类账户，贷方登记企业因购入材料、商品和接受劳务等尚未支付的款项，借方登记偿还的应付账款，期末余额在贷方，反映企业尚未支付的应付账款。该账户按照不同的债权人设置明细账户进行明细核算。

"应付票据"账户用来核算和监督企业因购买材料、商品和接受劳务供应等而向供应单位开出、承兑商业汇票，包括银行承兑汇票和商业承兑汇票。该账户属于负债类账户，贷方登记因购买材料、商品或接受劳务供应等而开出、承兑商业汇票的数额，借方登记票据到期支付或到期无力支付转销的应付票据数额，期末余额在贷方，表示期末企业开出尚未到期的应付票据数额。该账户按照不同的债权人设置明细账户进行明细核算。

"预付账款"账户用来核算企业按照购货合同规定预付给供应单位的款项。该账户属于资产类账户，借方登记按照合同规定预付给供应单位的货款和补付的预付款项，贷方登记收到所购货物后按价款结转的数额和退回多付的预付款项，期末余额如在借方，表示企业尚未结算的多付的预付款项，期末余额如在贷方，表示企业尚未结算的少付的预付款项。该账户按供应单位设置明细账户进行明细核算。

注意：预付款项情况不多的企业可以不设置"预付账款"账户，而将此业务在"应付账款"账户核算。

（二）材料增加的核算

1.材料和结算凭证同时到达

【例2-1】天宇有限公司购入甲材料一批，收到的增值税专用发票上注明：买价为20 000元，增值税进项税额为2 600元；运费为1 000元，增值税税额为90元。开出转账支票支付上述款项，材料已验收入库。

 借：原材料——甲材料   21 000

   应交税费——应交增值税（进项税额）   2 690

  贷：银行存款   23 690

2.材料未到，结算凭证已到

【例2-2】天宇有限公司开出银行承兑汇票，购入乙材料，增值税专用发票上注明：价款为50 000元，增值税进项税额为6 500元，材料尚未入库。

 借：在途物资——乙材料   50 000

   应交税费——应交增值税（进项税额）   6 500

  贷：应付票据   56 500

3.材料入库，结算凭证未到

【例2-3】天宇有限公司购入丙材料一批，材料已验收入库，发票账单月末尚未到达企业，材料按合同价暂估为30 000元。

平时不作账务处理，月末根据合同价暂估入账：

 借：原材料——丙材料   30 000

  贷：应付账款——暂估应付账款   30 000

下月初，用红字冲回：

 借：原材料——丙材料   30 000

  贷：应付账款——暂估应付账款   30 000

4.采用预付货款方式购入材料

【例2-4】天宇有限公司向华文工厂订购甲材料一批，按照合同规定签发银行本票一张，预付货款50 000元。

 借：预付账款——华文工厂   50 000

  贷：其他货币资金——银行本票存款   50 000

【例2-5】承【例2-4】，收到华文工厂发来的甲材料并验收入库，增值税专用发票上注明：价款为60 000元，增值税税额为7 800元，对方代垫运杂费1 200元，增值税税额为108元，开出转账支票补付货款。

 借：原材料——甲材料   61 200

   应交税费——应交增值税（进项税额）   7 908

  贷：预付账款——华文工厂   69 108

补付货款时：

 借：预付账款——华文工厂   19 108

  贷：银行存款   19 108

（三）材料发出的核算

【例2-6】天宇有限公司2024年4月份领用材料汇总如下，见表2-5。

表2-5　　　　　　　　　　　　　　　　领料凭证汇总表　　　　　　　　　　　　　　　　单位：元

材料种类	领料部门及用途				金额合计
	A产品	车间耗用	管理部门	销售部门	
甲材料	20 000	10 000			30 000
乙材料		2 000	5 000		7 000
丙材料	5 000			3 000	8 000
合计	25 000	12 000	5 000	3 000	45 000

借：生产成本——A产品　　　　　　　　　　　　　　25 000

　　制造费用　　　　　　　　　　　　　　　　　　12 000

　　管理费用　　　　　　　　　　　　　　　　　　　5 000

　　销售费用　　　　　　　　　　　　　　　　　　　3 000

　　贷：原材料——甲材料　　　　　　　　　　　　　　　　30 000

　　　　　　　——乙材料　　　　　　　　　　　　　　　　7 000

　　　　　　　——丙材料　　　　　　　　　　　　　　　　8 000

二、材料按计划成本计价的核算

（一）账户设置

1．"原材料"账户

"原材料"账户用来核算企业库存原材料的计划成本。该账户借方登记入库原材料的计划成本，贷方登记发出原材料的计划成本，期末余额在借方，反映企业结存材料的计划成本。

2．"材料采购"账户

"材料采购"账户用来核算企业购入材料的实际成本。该账户借方登记企业尚未入库材料的实际成本，贷方登记入库材料的实际成本，期末余额在借方，反映企业尚未入库材料的实际成本。该账户按材料的种类进行明细分类核算。

3．"材料成本差异"账户

"材料成本差异"账户用来核算企业各种材料的计划成本与实际成本的差异。该账户属于资产类账户，借方登记购入材料实际成本大于计划成本的差异额（超支额）及发出材料应负担的节约差异，贷方登记购入材料实际成本小于计划成本的差异额（节约额）以及发出材料应负担的超支差异，期末余额如在借方，表示期末结存材料应负担的超支差异额，期末余额如在贷方，表示期末结存材料应负担的节约差异额。

（二）材料增加的核算

在计划成本核算下，材料无论是否入库，均应通过"材料采购"账户核算其实际成本，待材料入库后，按其计划成本借记"原材料"账户，按其实际成本贷记"材料采购"账户，按两者差额借记或贷记"材料成本差异"账户。

1．材料和结算凭证同时到达

【例2-7】天宇有限公司从甲公司购入甲材料一批，价款为60 000元，增值税进项税额为7 800元，发票账单已收到，计划成本为58 000元。已验收入库，款项都已通过银行存款支付。

借：材料采购——甲材料 60 000
　　应交税费——应交增值税（进项税额） 7 800
　　贷：银行存款 67 800

同时材料入库并结转材料成本差异：

借：原材料——甲材料 58 000
　　材料成本差异 2 000
　　贷：材料采购——甲材料 60 000

2.材料未到，结算凭证已到

【例2-8】天宇有限公司从甲公司购入乙材料一批，价款为30 000元，增值税进项税额为3 900元，运费为200元。款项都已通过银行存款支付，材料尚未到达。

借：材料采购——乙材料 30 200
　　应交税费——应交增值税（进项税额） 3 900
　　贷：银行存款 34 100

【例2-9】承【例2-8】，购入乙材料到达并验收入库，其计划成本为35 000元。

借：原材料——乙材料 35 000
　　贷：材料采购——乙材料 30 200
　　　　材料成本差异 4 800

3.材料入库，结算凭证未到

【例2-10】天宇有限公司购入丙材料一批，材料已验收入库，发票账单月末尚未到达企业，月末按照计划成本80 000元暂估入账。

平时不作账务处理，月末根据合同价暂估入账：

借：原材料——丙材料 80 000
　　贷：应付账款——暂估应付账款 80 000

下月初，用红字冲回：

借：原材料——丙材料 80 000
　　贷：应付账款——暂估应付账款 80 000

（三）材料发出的核算

按计划成本进行材料的核算，日常领用和发出材料时，都按计划成本计价，这样发出材料的计价工作简单。月末企业根据领料单等编制发料凭证汇总表结转发出材料的计划成本，根据所发出材料的用途，按计划成本分别记入"生产成本""制造费用""销售费用""管理费用"等账户。

【例2-11】天宇有限公司生产A产品领用甲材料一批，计划成本为35 000元。

借：生产成本——A产品 35 000
　　贷：原材料——甲材料 35 000

实际工作中，按计划成本进行材料发出的核算时，对于平时各部门领用材料的单据，企业可定期按使用部门和用途归类汇总，月末编制发料凭证汇总表，按计划成本编制各部门领用材料的记账凭证。然后，通过计算和分配发出材料应分摊的差异额，将各部门领用材料的计划成本调整为实际成本。发出材料应负担的成本差异应当按期（月）分摊，不得在季末或年末一次计算。

计算公式如下：

$$材料成本差异率=\left(\frac{月初结存材料}{成本差异额}+\frac{本月收入材料}{成本差异额}\right)/\left(\frac{月初结存材料}{计划成本}+\frac{本月收入材料}{计划成本}\right)\times100\%$$

发出材料应负担的材料成本差异=发出材料的计划成本×材料成本差异率

发出材料的实际成本=发出材料的计划成本+发出材料应负担的材料成本差异

在计算时，"材料成本差异"借方或超支差用正数，贷方或节约差用负数。

【例2-12】天宇有限公司原材料日常收发及结存采用计划成本核算。月初结存A材料的计划成本为900 000元，材料成本差异有借方余额5 000元，本月入库材料计划成本为2 300 000元，实际成本为2 255 000元，当月发出材料（计划成本）情况如下：基本车间生产产品领用200 000元，车间管理部门领用100 000元，行政管理部门领用6 000元，专设销售机构领用30 000元。

要求：

（1）计算当月材料成本差异率

材料成本差异率=［5 000+（2 255 000-2 300 000）］/（900 000+2 300 000）×100%=-1.25%

发出材料成本差异计算表见表2-6所示。

表2-6　　　　　　　　　　　　　　　发出材料成本差异计算表　　　　　　　　　　　　　单位：元

应借账户	发出材料计划成本	差异率	差异额
生产成本	200 000	-1.25%	-2 500
制造费用	100 000	-1.25%	-1 250
管理费用	6 000	-1.25%	-75
销售费用	30 000	-1.25%	-375
合计	336 000		-4 200

（2）发出材料会计分录

借：生产成本　　　　　　　　　　　　　　　　　　　　　　　200 000
　　制造费用　　　　　　　　　　　　　　　　　　　　　　　100 000
　　管理费用　　　　　　　　　　　　　　　　　　　　　　　6 000
　　销售费用　　　　　　　　　　　　　　　　　　　　　　　30 000
　　贷：原材料　　　　　　　　　　　　　　　　　　　　　　　　　336 000

（3）结转发出材料成本差异会计分录

借：材料成本差异　　　　　　　　　　　　　　　　　　　　　4 200
　　贷：生产成本　　　　　　　　　　　　　　　　　　　　　　　　2 500
　　　　制造费用　　　　　　　　　　　　　　　　　　　　　　　　1 250
　　　　管理费用　　　　　　　　　　　　　　　　　　　　　　　　75
　　　　销售费用　　　　　　　　　　　　　　　　　　　　　　　　375

原材料的核算涉及多个部门和人员的协作。在教学中，要组织学生进行小组合作学习和讨论，培养他们的团队协作精神和沟通能力。教育学生要学会与不同部门和人员有效沟通，确保核算工作的顺利进行，同时，也要强调沟通在解决核算问题和提高工作效率中的重要性。在原材料的核算中，要考虑企业的社会责任和环保意识。教育学生要关注原材料的采购来源和使用情况，优先选择环保、可持续的原材料。通过讨论环保政策和案例，激发学生的社会责任感，培养他们的环保意识和可持续发展观念。

任务三　　周转材料的核算

周转材料是指企业能够多次使用，不符合固定资产定义，逐渐转移其价值但仍保持原有形态的材料物品。

企业的周转材料包括包装物和低值易耗品，以及小企业（建筑业）的钢模板、木模板、脚手架等。

一、包装物的核算

（一）账户设置

包装物是指为了包装商品而储备的各种包装容器，如桶、箱、瓶、坛、袋等。为了反映和监督包装物的增减变动及其价值损耗、结存等情况，企业应当设置"周转材料——包装物"科目进行核算，借方登记包装物的增加，贷方登记包装物的减少，期末余额在借方，反映企业期末结存包装物的金额。

（二）包装物的账务处理

1.对于生产领用的包装物的实际成本，借记"生产成本"账户，贷记"周转材料——包装物"等账户。

2.随同商品出售而不单独计价的包装物，借记"销售费用"账户，贷记"周转材料——包装物"等账户。

3.随同商品出售且单独计价的包装物，确认销售收入，记入"其他业务收入"账户，其实际销售成本记入"其他业务成本"账户。

【例2-13】天宇有限公司对包装物采用实际成本核算，该公司生产产品领用包装物90 000元。

借：生产成本　　　　　　　　　　　　　　　　　　　　　　　90 000
　　贷：周转材料——包装物　　　　　　　　　　　　　　　　　　　90 000

【例2-14】天宇有限公司销售商品领用不单独计价包装物60 000元。

借：销售费用　　　　　　　　　　　　　　　　　　　　　　　60 000
　　贷：周转材料——包装物　　　　　　　　　　　　　　　　　　　60 000

【例2-15】天宇有限公司销售商品领用单独计价包装物80 000元，销售收入为100 000元，增值税专用发票上注明的增值税税额为13 000元，款项已存入银行。

（1）出售单独计价包装物时：

借：银行存款　　　　　　　　　　　　　　　　　　　　　　　113 000

　　贷：其他业务收入　　　　　　　　　　　　　　　　　　　100 000
　　　　应交税费——应交增值税（销项税额）　　　　　　　　　13 000
（2）结转包装物成本：
借：其他业务成本　　　　　　　　　　　　　　　　　　　　80 000
　　贷：周转材料——包装物　　　　　　　　　　　　　　　　80 000

二、低值易耗品的核算

（一）账户设置

　　低值易耗品一般划分为一般工具、专用工具、管理用具、替换设备、劳动保护用品和其他用具等。为了反映和监督低值易耗品的增减变动及其结存情况，企业应当设置"周转材料——低值易耗品"科目，借方登记低值易耗品的增加，贷方登记低值易耗品的减少，期末余额在借方，通常反映企业期末结存低值易耗品的金额。

（二）低值易耗品的账务处理

　　低值易耗品的摊销可采用一次摊销法或分次摊销法。摊销时记入"制造费用"等科目。

　　1.一次摊销法

　　采用一次摊销法，领用时，按其账面价值，借记"管理费用""生产成本""销售费用"等账户，贷记"周转材料"账户。报废时，应按报废周转材料的残料价值，借记"原材料"，贷记"管理费用""生产成本""销售费用"等账户。这种方法适用于价值较低、极易损坏（如易腐、易糟）的周转材料。

　　【例2-16】天宇有限公司采用一次摊销法核算周转材料。2024年4月8日，该公司领用低值易耗品一批，用于生产A产品，价值为30 000元。

借：生产成本——A产品　　　　　　　　　　　　　　　　　30 000
　　贷：周转材料——低值易耗品　　　　　　　　　　　　　　30 000

　　【例2-17】承【例2-16】，4月20日，天宇有限公司报废一批低值易耗品，该批低值易耗品的残料价值为3 000元。

借：原材料　　　　　　　　　　　　　　　　　　　　　　　3 000
　　贷：生产成本　　　　　　　　　　　　　　　　　　　　　3 000

　　2.分次摊销法

　　（1）领用时

借：周转材料——低值易耗品（在用）
　　贷：周转材料——低值易耗品（在库）

　　（2）摊销时

前几次摊销：

借：制造费用等
　　贷：周转材料——低值易耗品（摊销）

最后一次摊销：

借：制造费用等
　　贷：周转材料——低值易耗品（摊销）

同时：

　　借：周转材料——低值易耗品（摊销）

　　　　贷：周转材料——低值易耗品（在用）

【例2-18】天宇有限公司为增值税一般纳税人，对低值易耗品采用实际成本核算，某月基本生产车间领用专用工具一批，实际成本为100 000元，不符合固定资产定义，采用分次摊销法进行摊销。该专用工具的估计使用次数为4次。

　　（1）领用专用工具时：

　　借：周转材料——低值易耗品（在用）　　　　　　　　　100 000

　　　　贷：周转材料——低值易耗品（在库）　　　　　　　　　　　　100 000

　　（2）第一次领用时摊销其价值的1/4：

　　借：制造费用　　　　　　　　　　　　　　　　　　　　25 000

　　　　贷：周转材料——低值易耗品（摊销）　　　　　　　　　　　25 000

　　（3）第二次、第三次分别摊销其价值的1/4：

　　借：制造费用　　　　　　　　　　　　　　　　　　　　25 000

　　　　贷：周转材料——低值易耗品（摊销）　　　　　　　　　　　25 000

　　（4）最后一次领用时摊销时：

　　借：制造费用　　　　　　　　　　　　　　　　　　　　25 000

　　　　贷：周转材料——低值易耗品（摊销）　　　　　　　　　　　25 000

　　同时结转摊销额：

　　借：周转材料——低值易耗品（摊销）　　　　　　　　　100 000

　　　　贷：周转材料——低值易耗品（在用）　　　　　　　　　　　100 000

·············○ 财经育人广角

　　周转材料涉及多种方式、方法，在教学中，介绍周转材料核算的相关会计准则和制度，强调核算过程的规范性和合规性。教育学生要严格遵守制度规定，按照标准流程进行核算，不得随意更改或省略核算步骤。培养学生的规范意识和制度执行力。教育学生要关注周转材料的采购成本、使用效率等因素，合理控制成本，避免浪费。通过对比分析不同核算方法对企业成本的影响，引导学生树立成本效益观念，提高资源利用效率。

任务四　　库存商品的核算

　　库存商品是指企业已经完成全部生产过程并已验收入库，符合标准规格和技术条件，可以按照合同规定的条件送交订货单位，或可以作为商品对外销售的产品以及外购或委托加工完成验收入库用于销售的各种商品。

一、账户设置

　　库存商品用来核算企业库存的各种商品的实际成本，包括库存产成品、外购商品、存放在门市部准备出售的商品、发出展览的商品以及寄存在外的商品等。"库存商品"属于资产类账户，借方登记验收入库的库存商品成本，贷方登记发出库存商品的成本，期末余额在借方，表示结存库存商品的成本。该账户按商品的种类、品种和规格等设置明细账户。

二、账务处理

【例2-19】天宇有限公司本月生产完工A产品20件，单位成本5 000元，产品已验收入库。

借：库存商品——A产品　　　　　　　　　　　　　　　　　100 000
　　贷：生产成本——A产品　　　　　　　　　　　　　　　　　　　100 000

【例2-20】天宇有限公司本月销售A产品一批，价款为10 000元，增值税销项税额为1 300元，款项已存入银行，该产品的实际成本为8 500元。

借：银行存款　　　　　　　　　　　　　　　　　　　　　　11 300
　　贷：主营业务收入　　　　　　　　　　　　　　　　　　　　　10 000
　　　　应交税费——应交增值税（销项税额）　　　　　　　　　　　1 300
借：主营业务成本——A产品　　　　　　　　　　　　　　　　8 500
　　贷：库存商品——A产品　　　　　　　　　　　　　　　　　　　8 500

---------------⚬ 财经育人广角

　　库存商品的核算必须严格遵守相关的财经法律法规，如《中华人民共和国会计法》《企业会计准则》等。在教学中，应强调法律法规遵从的重要性，让学生明确违反法律法规可能带来的法律责任和经济损失。随着信息化技术的发展，库存商品的核算与管理越来越依赖于信息系统。在教学中，应强调数据安全与信息保护的重要性。教育学生要了解并遵守企业信息安全管理制度，确保库存商品数据的准确性和保密性。同时，通过模拟信息安全事件处理，让学生体验数据安全风险及其应对措施，培养他们的信息安全意识和应对能力。

任务五　　　　　委托加工物资的核算

一、委托加工物资概述

　　委托加工物资是指企业委托外单位加工的各种材料、商品等物资。核算内容主要包括拨付加工物资、支付加工费用和税金、收回加工物资和剩余物资等。

　　委托加工物资成本一般包括：

（1）加工中实际耗用物资的成本。

（2）支付的加工费用及应负担的运杂费等。

（3）缴纳的应计入成本的相关税费等。

二、委托加工物资的账务处理

　　为了反映和监督委托加工物资增减变动及其结存情况，企业应当设置"委托加工物资"科目，属于资产类账户，借方登记委托加工物资的实际成本，贷方登记加工完成验收入库的物资的实际成本和剩余物资的实际成本，期末余额在借方，反映企业尚未完工的委托加工物资的实际成本等。

　　1.发出委托加工物资

借：委托加工物资
　　贷：原材料等

2.支付加工费、运杂费等

借：委托加工物资

应交税费——应交增值税（进项税额）

贷：银行存款等

3.受托方代收代缴的消费税

（1）委托加工物资收回后用于直接销售：

借：委托加工物资

贷：银行存款等

（2）委托加工物资收回后继续加工的：

借：应交税费——应交消费税

贷：银行存款等

4.加工完成并验收入库

借：原材料等

贷：委托加工物资

【例2-21】天宇有限公司对材料和委托加工物资采用实际成本核算，4月委托长河量具厂加工一批量具，发出材料的计划成本为60 000元。

借：委托加工物资　　　　　　　　　　　　　　　　　　60 000

贷：原材料　　　　　　　　　　　　　　　　　　　　　　60 000

【例2-22】承【例2-21】，天宇有限公司以银行存款支付相关运费1 000元，增值税专用发票上注明的增值税税额为90元。

借：委托加工物资　　　　　　　　　　　　　　　　　　1 000

应交税费——应交增值税（进项税额）　　　　　　　　90

贷：银行存款　　　　　　　　　　　　　　　　　　　　1 090

【例2-23】承【例2-22】，天宇有限公司以银行存款支付上述量具的加工费用20 000元，增值税专用发票上注明的增值税税额为2 600元。

借：委托加工物资　　　　　　　　　　　　　　　　　　20 000

应交税费——应交增值税（进项税额）　　　　　　　　2 600

贷：银行存款　　　　　　　　　　　　　　　　　　　　22 600

【例2-24】承【例2-23】，天宇有限公司收回由长河量具厂（为增值税一般纳税人）代加工的量具（收回后直接出售），以银行存款支付运费3 000元，增值税专用发票上注明的增值税税额为270元。

（1）支付运费时：

借：委托加工物资　　　　　　　　　　　　　　　　　　3 000

应交税费——应交增值税（进项税额）　　　　　　　　270

贷：银行存款　　　　　　　　　　　　　　　　　　　　3 270

（2）量具入库时：

借：周转材料——低值易耗品　　　　　　　　　　　　　84 000

贷：委托加工物资　　　　　　　　　　　　　　　　　　84 000

　　委托加工业务通常涉及双方或多方签订的合同。在教学中，应强调合同的重要性，教育学生要具备合同意识，明确合同各方的权利和义务。同时，法治观念也是必不可少的，要引导学生了解相关的法律法规，如《中华人民共和国民法典》等，确保委托加工业务在合法合规的框架内进行。委托加工物资的核算涉及成本的计算和控制。在教学中，应培养学生的成本管理意识，让他们了解如何合理控制成本、提高效益。同时，效益观念也是重要的，要引导学生关注委托加工业务的经济效益，学会从财务角度评估业务的可行性。

任务六　存货清查的核算

一、存货清查的概念

　　存货清查是指通过对存货的实地盘点，确定存货的实有数量，并与账面结存数核对，从而确定存货实存数与账面实存数是否相符的一种专门方法。

二、账户设置

　　为了反映和监督企业在财产清查中查明的各种存货的盘盈、盘亏和毁损情况，企业应当设置"待处理财产损溢"账户。该账户属于资产类，借方登记存货的盘亏、毁损金额及盘盈的转销金额；贷方登记存货的盘盈金额及盘亏的转销金额。在期末结账前处理完毕，期末处理后不存在余额。

借　　　　　　待处理财产损溢　　　　　　贷	
财产物资的盘亏、毁损数 经批准转销的盘盈数	财产物资的盘盈数 经批准转销的盘亏、毁损数

三、账务处理

（一）存货盘盈的账务处理

1.批准前

借：原材料等
　　贷：待处理财产损溢——待处理流动资产损溢

2.批准后

借：待处理财产损溢——待处理流动资产损溢
　　贷：管理费用

【例2-25】天宇有限公司在财产清查中盘盈甲材料1 000千克，实际单位成本为60元，经查属于材料收发计量方面的错误。

　　1.批准处理前：

借：原材料　　　　　　　　　　　　　　　　　　　　　　　　60 000
　　贷：待处理财产损溢——待处理流动资产损溢　　　　　　　　　　60 000

　　2.批准处理后：

借：待处理财产损溢——待处理流动资产损溢　　　　　　　　　　　60 000
　　贷：管理费用　　　　　　　　　　　　　　　　　　　　　　　　60 000

（二）存货盘亏的账务处理

1.批准前

借：待处理财产损溢——待处理流动资产损溢
　　贷：原材料等
　　　　应交税费——应交增值税（进项税额转出）[管理不善等一般经营损失]

注意：因管理不善造成被盗、丢失、霉烂变质的损失，其进项税额不得从销项税额中抵扣。

2.批准后

借：原材料等[残料入库]
　　其他应收款[应收保险公司或责任人赔款]
　　管理费用[管理不善等一般经营损失]
　　营业外支出[自然灾害等非常损失]
　　贷：待处理财产损溢——待处理流动资产损溢

【例2-26】天宇有限公司在财产清查中发现毁损乙材料300千克，实际成本为30 000元，相关增值税专用发票上注明的增值税税额为3 900元。经查属于材料保管员的过失造成的，按规定由其个人赔偿20 000元

1.批准处理前：

借：待处理财产损溢——待处理流动资产损溢　　　　　　　　　　33 900
　　贷：原材料　　　　　　　　　　　　　　　　　　　　　　　　30 000
　　　　应交税费——应交增值税（进项税额转出）　　　　　　　　3 900

2.批准处理后：

（1）由过失人赔款部分：

借：其他应收款　　　　　　　　　　　　　　　　　　　　　　　20 000
　　贷：待处理财产损溢——待处理流动资产损溢　　　　　　　　　20 000

（2）材料毁损净损失：

借：管理费用　　　　　　　　　　　　　　　　　　　　　　　　13 900
　　贷：待处理财产损溢——待处理流动资产损溢　　　　　　　　　13 900

【例2-27】天宇有限公司为增值税一般纳税人，因台风造成一批库存材料毁损，实际成本为70 000元，相关增值税专用发票上注明的增值税税额为9 100元。根据保险合同约定，应由保险公司赔偿50 000元。

（1）批准处理前：

借：待处理财产损溢　　　　　　　　　　　　　　　　　　　　　70 000
　　贷：原材料　　　　　　　　　　　　　　　　　　　　　　　　70 000

（2）批准处理后：

借：其他应收款　　　　　　　　　　　　　　　　　　　　　　　50 000
　　营业外支出——非常损失　　　　　　　　　　　　　　　　　　20 000
　　贷：待处理财产损溢　　　　　　　　　　　　　　　　　　　　70 000

● 财经育人广角

在存货清查的核算中，诚信原则是基石。教育学生要坚守诚信底线，如实记录和报告存货的清查结果，不得为了个人利益或企业短期利益而弄虚作假。通过案例分析，让学生认识到诚信缺失对企业和个人的危害，培养他们的诚信意识和职业道德。存货清查涉及企业资产的安全和完整，因此责任重大。在教学中，应培养学生的责任意识，让他们认识到在存货清查中的每一个环节都可能对企业的财务状况产生影响。同时，鼓励学生具备担当精神，勇于承担责任，对于清查中发现的问题要及时报告和处理。

任务七　　　　　　　应付款项的核算

一、应付账款的核算

（一）应付账款的概念和入账价值

应付账款是指企业因购买材料、商品或接受服务等经营活动而应支付给供应单位的款项。

应付账款的入账价值包括购买货物的价款（接受服务的价款）、增值税进项税额、销售方代垫费用等。

（二）应付账款的账务处理

1.企业购入材料、商品等或接受劳务所产生的应付账款，按应付金额入账。

【例2-28】2024年5月1日，天宇有限公司从明发有限公司购入一批材料，增值税专用发票上注明的价款为100 000元，增值税税额为13 000元；同时，对方代垫运费1 000元，增值税税额为90元，已收到对方开具的增值税专用发票。材料验收入库，款项尚未支付。

借：原材料　　　　　　　　　　　　　　　　　　　101 000
　　应交税费——应交增值税（进项税额）　　　　　　13 090
　　　贷：应付账款——明发有限公司　　　　　　　　　　　　114 090

【例2-29】承【例2-28】，5月10日，天宇有限公司以银行存款支付购入材料相关款项114 090元。

借：应付账款——明发有限公司　　　　　　　　　　114 090
　　　贷：银行存款　　　　　　　　　　　　　　　　　　　114 090

2.企业接受供应单位提供劳务而发生的应付未付款项，按应付金额入账。

【例2-30】2024年5月20日，天宇有限公司供电车间接受某工厂提供的修理劳务，增值税专用发票上注明为价款10 000元，增值税税额为1 300元，价税款均未支付。

借：生产成本——辅助生产成本（供电车间）　　　　10 000
　　应交税费——应交增值税（进项税额）　　　　　　1 300
　　　贷：应付账款——某工厂　　　　　　　　　　　　　　11 300

3.应付账款附有现金折扣的，应按照扣除现金折扣前的应付账款总额入账。因在折扣期限内付款而获得的现金折扣，应在偿付应付账款时冲减财务费用。

【例2-31】承【例2-28】，明发有限公司规定付款条件为"2/10，n/30"，天宇有限公司于2024年6月9日付款（假定计算现金折扣不考虑增值税）。

现金折扣=101 000×2%=2 020（元）

天宇有限公司实际付款金额=114 090-2 020=112 070（元）

借：应付账款——明发有限公司 114 090
　　贷：财务费用 2 020
　　　　银行存款 112 070

若天宇有限公司付款时超过现金折扣的最后期限，应按全额付款。

借：应付账款——明发有限公司 114 090
　　贷：银行存款 114 090

4.开出商业汇票抵付时，借记"应付账款"，贷记"应付票据"。

5.转销应付账款。

应付账款确实无法偿付或无须支付时，应按其账面余额计入营业外收入。

借：应付账款
　　贷：营业外收入

【例2-32】2024年5月31日，天宇有限公司确认一笔应付某公司货款46 500元为无法支付的款项，对此予以转销。

借：应付账款 46 500
　　贷：营业外收入 46 500

二、应付票据的核算

（一）应付票据的概念和内容

应付票据是指企业购买材料、商品和接受服务等而开出、承兑的商业汇票。它包括商业承兑汇票和银行承兑汇票。

（二）应付票据的账务处理

应付票据核算企业购买材料、商品和接受劳务供应等开出、承兑的商业汇票。属于负债类账户，贷方登记企业开出、承兑的商业汇票的面值，借方登记支付商业汇票的金额，余额在贷方反映企业尚未到期的商业汇票的面值。

企业应当设置"应付票据备查簿"，详细登记商业汇票的种类、号数和出票日期、到期日、票面余额、交易合同号和收款人或单位名称以及付款日期和金额等资料。应付票据到期结清时，应当在备查簿内予以注销。

1.企业因购买材料、商品和接受劳务供应等而开出、承兑的商业汇票。

借：原材料等
　　应交税费——应交增值税（进项税额）
　　贷：应付票据

2.企业因开出银行承兑汇票而支付的银行承兑汇票手续费计入当期财务费用。

借：财务费用
　　贷：银行存款

3.偿付应付票据。

（1）商业汇票到期，企业支付票据款。

借：应付票据

　　贷：银行存款

（2）商业汇票到期，企业无力支付票款的，应将其转销。

应付商业承兑汇票的转销：

借：应付票据

　　贷：应付账款

应付银行承兑汇票的转销：

借：应付票据

　　贷：短期借款

【例2-33】2024年6月1日，天宇有限公司购入原材料一批，增值税专用发票上注明的价款为60 000元，增值税税额为7 800元，原材料验收入库。该公司开出并经开户银行承兑的商业汇票一张，面值为67 800元，期限为3个月。

借：原材料　　　　　　　　　　　　　　　　　　　　　　　60 000
　　应交税费——应交增值税（进项税额）　　　　　　　　　 7 800
　　贷：应付票据　　　　　　　　　　　　　　　　　　　　　　　　67 800

【例2-34】天宇有限公司交纳银行承兑手续费33.9元。

借：财务费用　　　　　　　　　　　　　　　　　　　　　　　 33.9
　　贷：银行存款　　　　　　　　　　　　　　　　　　　　　　　　　33.9

【例2-35】2024年9月1日商业汇票到期，天宇有限公司通知其开户银行以银行存款支付票款。

借：应付票据　　　　　　　　　　　　　　　　　　　　　　 67 800
　　贷：银行存款　　　　　　　　　　　　　　　　　　　　　　　　67 800

【例2-36】承【例2-35】，假设上述银行承兑汇票在2024年9月1日到期时，天宇有限公司无力支付票款。

借：应付票据　　　　　　　　　　　　　　　　　　　　　　 67 800
　　贷：短期借款　　　　　　　　　　　　　　　　　　　　　　　　67 800

三、预收账款的核算

（一）预收账款的概念

预收账款是指企业按照合同规定向购货单位预收的款项。与应付账款不同，预收账款所形成的负债不是以货币偿付，而是以货物偿付。

（二）账户设置

预付账款核算企业按照合同规定预收账款的取得、偿付等款项。它属于负债类账户，贷方登记发生的预收账款的数额和购货单位补付账款的数额，借方登记企业向购货方发货后冲销的预收账款数额和退回购货方多付账款的数额。余额一般在贷方，反映企业向购货单位预收款项但尚未向购货方发货的数额，余额如在借方，反映企业尚未转销的款项。企业按购货单位进行明细核算。

预收账款业务不多的企业，可以不单独设置"预收账款"科目，直接将预收的款项记入"应收账款"科目的贷方核算。

（三）账务处理

【例2-37】天宇有限公司收到康达有限公司预付一批商品货款180 000元，已存入银行。

借：银行存款 180 000

　　贷：预收账款——康达公司 180 000

【例2-38】承【例2-37】，天宇有限公司已将商品发出，开给康达有限公司的发票账单中注明，价款为150 000元，增值税税额为19 500元。

借：预收账款——康达有限公司 169 500

　　贷：主营业务收入 150 000

　　　应交税费——应交增值税（销项税额） 19 500

【例2-39】承【例2-38】，天宇有限公司将康达有限公司多付的款项退回。

借：预收账款——康达有限公司 10 500

　　贷：银行存款 10 500

【例2-40】承【例2-37】若天宇有限公司预收康达有限公司的货款是160 000元，则由康达有限公司补付货款。

借：银行存款 9 500

　　贷：预收账款——康达有限公司 9 500

四、其他应付款的核算

（一）其他应付款的概念

其他应付款是指企业除应付账款、应付票据、预收账款、应付职工薪酬、应交税费、应付利息、应付股利等经营活动以外的其他各项应付、暂收的款项。如应付经营租赁固定资产租金、租入包装物租金、存入保证金等。

（二）账户设置

其他应付款用来核算其他应付款的增减变动及其结存情况。属于负债类账户，贷方登记发生的各种应付、暂收款项，借方登记偿还或转销的各种应付、暂收款项，期末贷方余额反映企业应付未付的其他应付款项。该账户按照项目和对方单位或个人设置明细科目。

（三）业务处理

【例2-41】2024年7月1日，天宇有限公司以经营租赁方式租入管理用办公设备一批，每月租金8 000元，按季支付。9月30日，天宇有限公司以银行存款支付应付租金24 000元。

7月31日，计提应付经营租入固定资产租金：

借：管理费用 8 000

　　贷：其他应付款 8 000

8月底，计提应付经营租入固定资产租金的会计分录同上。

9月30日支付租金：

借：其他应付款 16 000

　　管理费用 8 000

　　贷：银行存款 24 000

········· ◎ 财经育人广角

企业在处理应付款项时，不仅要考虑自身的经济利益，还应关注社会责任和可持续发展。在教学中，可以引入社会责任和可持续发展的概念，让学生了解企业在应付款项管理中如何平衡经济效益与社会责任，如积极履行付款义务、支持供应商的可持续发展等。培养学生的社会责任感和可持续发展意识。

项目训练二

一、单选题

1.甲公司购入甲材料1 000千克，单价为100元/千克，增值税专用发票注明：价款为100 000元，增值税进项税额为17 000元，支付运杂费5 000元，运输途中发生合理损耗10千克，验收入库时发生挑选整理费用500元，则该批原材料的实际采购总成本为（   ）元。

A.122 000   B.104 500   C.122 500   D.105 500

2.甲企业向乙企业采购材料，收到的增值税专用发票上注明货款为300 000元，税额为39 000元。甲企业上月已预付了货款的50%，则开出支票补付余款时应（   ）元。

A.贷记"银行存款"169 500   B.贷记"预付账款"169 500

C.贷记"银行存款"189 000   D.贷记"预付账款"189 000

3.甲企业因暴雨毁损库存商品一批，其成本为100万元；收回残料价值8万元，收到保险公司赔偿款62万元。假定不考虑其他因素，经批准，甲企业确认该商品净损失的会计分录是（   ）。

A.借：营业外支出   380 000

　　贷：待处理财产损溢   380 000

B.借：管理费用   380 000

　　贷：待处理财产损溢   380 000

C.借：营业外支出   300 000

　　贷：待处理财产损溢   300 000

D.借：管理费用   300 000

　　贷：待处理财产损溢   300 000

4.商业承兑汇票到期，如企业无力支付票款，按应付票据的账面余额借记"应付票据"账户，贷记"（   ）"账户。

A.应付账款   B.短期借款   C.其他应付款   D.资本公积

5.下列各项中，不应通过"其他应付款"账户核算的是（   ）。

A.应付的客户存入保证金

B.应付的因解除劳动合同而给予员工的经济补偿

C.应付的经营租入固定资产租金

D.应付租入包装物租金

二、多选题

1.应通过"材料成本差异"账户贷方核算的项目有（   ）。

A.入库材料的成本超支额   B.入库材料的成本节约额

C.发出材料应负担的节约差异   D.发出材料应负担的超支差异

2.对于预收的款项，在账务处理上有（   ）方法可供选择。

A.单独设置"预收账款"科目核算　　　B.直接记在"应收账款"科目的借方

C.直接记在"应收账款"科目的贷方　　D.直接记在"预付账款"科目的借方

3.下列各项中,导致负债总额无变化的有(　　)。

A.开出并承兑商业汇票抵偿欠款　　　B.赊购材料

C.开出银行本票　　　　　　　　　　D.用盈余公积转增资本

4.下列各项中,企业应通过"周转材料"科目核算的有(　　)。

A.购入用于出租出借的包装物

B.为维修设备采购的价值较低的专用工具

C.为行政管理部门购买的低值易耗品

D.在建工程购入的专项材料

5.甲企业为增值税一般纳税人,委托乙企业加工一批应交消费税的材料,该批材料加工收回后用于连续生产应税消费品。下列各项中,甲企业应计入该批委托加工材料成本的有(　　)。

A.应负担的不含税运杂费　　　　　　B.支付的加工费

C.支付的可抵扣的增值税　　　　　　D.支付的消费税

三、业务分析题

胜达有限公司是增值税一般纳税人,2024年5月发生如下经济业务:

1.5月初结存甲材料2 000千克,单价为4元,计8 000元。5月份发生的有关甲材料的收发业务如下:

(1) 2日,购入甲材料1 000千克,单价为4.2元,计4 200元。

(2) 8日,发出甲材料1 600千克。

(3) 10日,购入甲材料2 000千克,单价为4.3元,计8 600元。

(4) 12日,发出甲材料2 500千克。

要求:分别用先进先出法和加权平均法,计算5月份胜达有限公司发出存货的总成本和期末存货总成本。

2.13日,委托外单位加工一批材料,发出材料的实际成本为200万元。支付加工费10万元,取得的增值税专用发票上注明的增值税税额为1.3万元,受托方代收代缴的可抵扣消费税30万元。企业收回这批材料后用于继续加工应税消费品。

要求:写出相应会计分录。

3.22日购入一批A材料,假设采用实际成本法核算,增值税专用发票上注明:价款为50 000元,增值税税额为6 500元。取得了运费的增值税专用发票,运费为700元,增值税税率为9%,开出转账支票支付价税款,材料已验收入库。

要求:写出相应会计分录。

4.26日购入一批B材料,假设采用计划成本法核算,增值税专用发票上注明:价款为70 000元,增值税税额为9 100元。该批材料的成本为75 000元,材料已验收入库,货款未付。

要求:写出相应会计分录。

项目三　销售与收款的核算

目标导航

1.明确收入的概念及确认条件。
2.能够独立进行销售商品收入、提供劳务收入及让渡资产使用权收入的核算处理。
3.理解商业汇票的概念、分类及结算流程。
4.能够独立进行应收票据、应收账款、其他应收款的核算处理。
5.能够独立进行坏账损失的核算处理。

任务导入

企业经过加工生产出的产成品要及时进行销售，并向客户收取款项，以及时回笼资金。今天，我们就来一起尝试完成销售与收款业务核算的工作任务吧。

任务一　　　　收入业务的核算

一、收入的概念

收入是指企业在日常活动中所形成的、会导致所有者权益增加的、与所有者投入资本无关的经济利益的总流入。收入通常包括销售商品收入、提供劳务收入、让渡资产使用权收入等，但不包括为第三方或客户代收的款项，如增值税、代收的款项等。

二、收入的分类

根据不同的标准，收入可以进行不同的分类。

（一）按企业从事日常活动的性质不同，收入分为销售商品收入、提供劳务收入和让渡资产使用权收入

销售商品收入是指企业通过销售商品实现的收入。如工业企业制造并销售产品、商业企业销售商品等实现的收入。企业销售的其他存货，如原材料、包装物等，也视同企业的商品。

提供劳务收入是指企业提供劳务取得的收入。企业提供劳务的种类很多，如旅游、运输、饮食、广告、咨询、代理、培训、产品安装等。有的劳务一次就能完成，且一般为现金交易，如饮食、理发、照相等；有的劳务需要花费一段较长的时间才能完成，如安装、旅游、培训、远洋运输等。

让渡资产使用权收入是企业通过让渡资产使用权所取得的收入。它包括利息收入和使用费收入等。

（二）按企业经营业务的主次不同，收入分为主营业务收入和其他业务收入，主营业务收入是指企业为完成其经营目标所从事的经常性活动所实现的收入

一般占企业收入的比重较大，对企业的经济效益产生较大的影响。

其他业务收入是指企业为完成其经营目标所从事的与经营性活动相关的活动实现的收入。其他业务收入属于企业日常活动中次要交易实现的收入，一般占企业总收入的比重较小。如固定资产经营出租收入、无形资产出租收入、销售材料取得的收入、出租包装物收入等。

三、销售商品收入的核算

（一）销售商品收入的确认与计量

1. 销售商品收入的确认

《企业会计准则》规定，销售商品收入同时满足下列条件的，才能予以确认。

（1）企业已将商品所有权上的主要风险和报酬转移给购货方

企业已将商品所有权上的主要风险和报酬转移给购货方，是指与商品所有权有关的主要风险和报酬同时转移。与商品所有权有关的风险，是指商品可能发生减值或损毁等形成的损失；与商品所有权有关的报酬，是指商品增值或通过使用商品等形成的经济利益。企业已将商品所有权上的主要风险和报酬转移给购货方，构成确认销售商品收入的重要条件。

（2）企业既没有保留通常与所有权相联系的继续管理权，也没有对已售出的商品实施有效控制

在通常情况下，企业售出商品后不再保留与商品所有权相联系的继续管理权，也不再对售出商品实施有效控制，商品所有权上的主要风险和报酬已经转移给购货方，通常应在发出商品时确认收入。

（3）相关的经济利益很可能流入企业

在销售商品的交易中，与交易相关的经济利益主要表现为销售商品的价款。相关的经济利益很可能流入企业，是指销售商品价款收回的可能性大于不能收回的可能性，即销售商品价款收回的可能性超过50%。企业在销售商品时，如估计销售价款不是很可能收回，即使收入确认的其他条件均已满足，也不应当确认收入。

（4）收入的金额能够可靠地计量

收入的金额能够可靠地计量，是指收入的金额能够合理地估计。收入金额能否合理地估计是确认收入的基本前提，如果收入的金额不能够合理估计，就无法确认收入。企业在销售商品时，商品销售价格通常已经确定。但是，由于销售商品过程中某些不确定因素的影响，也有可能存在商品销售价格发生变动的情况。在这种情况下，新的商品销售价格未确定前通常不应确认销售商品收入。

（5）相关的已发生或将发生的成本能够可靠地计量

相关的已发生或将发生的成本能够可靠地计量，是指与销售商品有关的已发生或将发生的成本能够合理的估计。通常情况下，销售商品相关的已发生或将发生的成本能够合理地估计，如库存商品的成本、商品运输费用等。如果库存商品是本企业生产的，其生产成本能够可靠地计量；如果是外购的，购买成本能够可靠地计量。有时，销售商品相关的已发生或将发生的成本不能够合理地估计，此时企业不应确认收入，若已收到价款，应将已收到的价款确认为负债。

2. 销售商品收入的计量

企业应当按照从购货商已收或应收的合同或者协议价款来确定销售商品收入金额，但

已收或应收的合同协议价款不公允的除外。

（二）销售商品收入的核算

销售商品收入的会计处理主要涉及一般销售商品业务、已经发出商品但不符合收入确认条件的销售业务、销售折让、销售退回、采用预收款方式销售商品、采用支付手续费方式委托代销商品等情况。

1. 一般销售商品业务的处理

在进行销售商品的会计处理时，首先要考虑销售商品收入是否符合收入确认条件。如果符合收入准则所规定的五项确认条件的，企业应确认收入并结转相关销售成本。

企业销售商品满足收入确认条件时，按确定的收入金额与应收取的增值税税额借记"银行存款""应收账款""应收票据"等账户，按确定的收入金额贷记"主营业务收入"账户，按应收取的增值税税额，贷记"应交税费——应交增值税（销项税额）"账户。结转成本时，借记"主营业务成本"，贷记"库存商品"账户。

【例3-1】天宇有限公司采用托收承付结算方式销售A商品一批，开出的增值税专用发票上注明售价为200 000元，增值税税额为26 000元。商品已经发出，并已向银行办妥委托托收手续。该批商品的成本为80 000元。

①借：应收账款 226 000
    贷：主营业务收入 200 000
      应交税费——应交增值税（销项税额） 26 000
②借：主营业务成本 80 000
    贷：库存商品 80 000

【例3-2】天宇有限公司向甲公司销售B商品一批，购销合同约定售价为100 000元，增值税税额为13 000元，采用商业汇票方式结算，收到对方承兑的商业承兑汇票一张，商品已发出。天宇有限公司以银行存款代垫运费1 000元。该商品的成本为60 000元。

借：应收票据 113 000
  应收账款——甲公司 1 000
    贷：主营业务收入 100 000
      应交税费——应交增值税（销项税额） 13 000
      银行存款 1 000

结转成本：

借：主营业务成本 60 000
    贷：库存商品 60 000

2. 销售折扣、折让与销售退回业务的处理

企业在商品销售过程中有可能会发生销售折扣、销售折让及销售退回等情况，当发生这些情况时应根据实际情况进行相应的会计处理。

（1）销售折扣的核算

销售折扣是指企业为了促进商品销售或为鼓励购货方尽快付款而给予的价格或债务扣除。销售折扣包括商业折扣和现金折扣。商业折扣是企业为促销而在商品标价上给予的价格扣除。商业折扣在销售时即已发生，所以在企业销售实现时，只需按扣除商业折扣后的净额确认销售收入，不需另做账务处理。现金折扣是指债权人为鼓励债务人在规定期限内

付款，而向债务人提供的债务扣除。现金折扣通常在赊销业务中发生，故现金折扣在商品销售后发生，企业在确认销售收入时不能确定相关的现金折扣，现金折扣是否发生应视买方的付款情况而定。现金折扣一般用符号"折扣/付款期限"表示，如"2/10，1/20，n/30"表示10天内付款给予2%的折扣，在20天内付款给予1%的折扣，在30天内付款则不给予折扣。

现金折扣是企业为了尽快使资金回笼而发生的理财费用，所以在发生时作为当期损益，记入"财务费用"账户。

【例3-3】2024年5月10日，天宇有限公司销售A商品500件给乙公司，合同规定销售单价为100元，货款总计50 000元，增值税税额为6 500元，现金折扣条件为"2/10，1/20，n/30"，假定计算折扣时不考虑增值税。

①5月10日在销售实现时，根据有关凭证，按总售价收入：

借：应收账款——A公司   56 500
  贷：主营业务收入   50 000
      应交税费——应交增值税（销项税额）   6 500

②如5月15日买方付清货款，则按售价的2%享受现金折扣1 000（50 000×2%）元，买方实际付款55 500元。

借：银行存款   55 500
   财务费用   1 000
  贷：应收账款——乙公司   56 500

③如5月25日买方付清货款，则按售价的1%享受现金折扣500（50 000×1%）元，买方实际付款56 000元。

借：银行存款   56 000
   财务费用   500
  贷：应收账款——乙公司   56 500

④如买方在6月4日才付款，则应按全额付款，不享受现金折扣。

借：银行存款   56 500
  贷：应收账款——乙公司   56 500

（2）销售折让的核算

销售折让是指企业售出的商品由于质量不合格或规格与合同不符等原因而在售价上给予的减让。

销售折让可能发生在销售收入确认之前，也可能发生在销售收入确认之后。发生在销售收入确认之前的折让，其会计处理与商业折扣相同；发生在销售收入确认之后的折让，应在实际发生时冲减当期的收入。发生销售折让时，如按规定允许扣减当期销项税额，除冲减"主营业务收入"外，还应红字金额冲销"应交税费——应交增值税"的"销项税额"专栏。

【例3-4】天宇有限公司销售B商品1 000件给乙公司，增值税专用发票上注明销售单价为60元，价款总计60 000元，增值税税额为7 800元。货到后买方发现商品质量不合格，经协商双方同意在价格上给予4%的折让。

①销售实现时：

借：应收账款——乙公司　　　　　　　　　　　　　　　　　　　　67 800

　　贷：主营业务收入　　　　　　　　　　　　　　　　　　　　　60 000

　　　　应交税费——应交增值税（销项税额）　　　　　　　　　　7 800

②发生销售折让时：

借：主营业务收入　　　　　　　　　　　　　　　　　　　　　　　2 400

　　贷：应交税费——应交增值税（销项税额）　　　　　　　　　　312

　　　　应收账款——乙公司　　　　　　　　　　　　　　　　　　2 712

③实际收到款项时：

借：银行存款　　　　　　　　　　　　　　　　　　　　　　　　　65 088

　　贷：应收账款——乙公司　　　　　　　　　　　　　　　　　　65 088

（3）销售退回的核算

销售退回，是指企业售出的商品由于质量、品种、规格不符合合同要求等原因而发生的退货。

企业销售收入未确认即发生销售退回的，不进行账务处理；企业销售收入确认后又发生销售退回的，不论是本年度销售的，还是以前年度销售的，通常均冲减退回当月的销售收入。如已结转销售成本的，还应冲减退回月份的销售成本（如以前销售存在现金折扣的，应在退回月份一并调整）；企业在销售退回时，按规定允许扣减当期销项税额的，用红字冲减"应交税费——应交增值税"的"销项税额"专栏。

【例3-5】天宇有限公司于当年5月份销售B商品一批给甲公司，增值税专用发票上注明货款为20 000元，增值税税额为2 600元，收到对方签发转账支票一张，商品已发出。

①企业在销售实现，确认收入时：

借：银行存款　　　　　　　　　　　　　　　　　　　　　　　　　22 600

　　贷：主营业务收入　　　　　　　　　　　　　　　　　　　　　20 000

　　　　应交税费——应交增值税（销项税额）　　　　　　　　　　2 600

②如该批商品成本为12 000元，企业于5月底已做结转销售成本。

借：主营业务成本　　　　　　　　　　　　　　　　　　　　　　　12 000

　　贷：库存商品——B商品　　　　　　　　　　　　　　　　　　12 000

③当年6月份，上述B商品因质量严重不合格被买方退回，收到退回B商品，并签发转账支票一张退回货款及税款。

借：营业外收入　　　　　　　　　　　　　　　　　　　　　　　　20 000

　　应交税费——应交增值税（销项税额）　　　　　　　　　　　　2 600

　　贷：银行存款　　　　　　　　　　　　　　　　　　　　　　　22 600

借：库存商品——B商品　　　　　　　　　　　　　　　　　　　　12 000

　　贷：主营业务成本　　　　　　　　　　　　　　　　　　　　　12 000

3. 预收销售商品业务的处理

在采用预收款方式销售时，销售方在收到最后一笔款项时才将商品交付购货方，表明商品所有权上的主要风险和报酬只有在收到最后一笔款项时才转移给购货方。企业通常应在发出商品时确认收入，在此之前预收的货款应确认为预收账款。

【例3-6】2024年5月，天宇有限公司与甲公司签订协议，采用预收款方式向甲公司销售一批商品。5月10日，收到甲公司预付的货款200 000元，存入银行。5月20日，向甲公司发出该商品，该批商品销售价格为300 000元，增值税税额为39 000元；该批商品的实际成本为160 000元。剩余款项于1个月后支付。

①5月10日，收到货款时：

借：银行存款   200 000

  贷：预收账款   200 000

②5月20日，发出商品时：

借：预收账款   339 000

  贷：主营业务收入   300 000

    应交税费——应交增值税（销项税额）   39 000

③结转该批产品成本时：

借：主营业务成本   160 000

  贷：库存商品   160 000

④1个月后，收到甲公司补付货款时：

借：银行存款   139 000

  贷：预收账款   139 000

4.销售材料等业务的处理

企业销售原材料、包装物等存货也视同商品销售，其收入确认和计量原则比照商品销售。企业销售原材料、包装物等存货实现的收入作为其他业务收入处理，结转的相关成本作为其他业务成本处理。

"其他业务收入"科目核算企业除主营业务活动以外的其他经营活动实现的收入，包括销售材料、出租包装物和商品、出租固定资产、出租无形资产等实现的收入。该科目贷方登记企业实现的各项其他业务收入，借方登记期末转入"本年利润"科目的其他业务收入，结转后该科目应无余额。

"其他业务成本"科目核算除主营业务活动以外的其他经营活动所产生的成本，包括销售材料的成本、出租固定资产的折旧额、出租无形资产的摊销额、出租包装物的成本或摊销额。该科目借方登记企业结转或发生的其他业务成本，贷方登记期末转入"本年利润"科目的其他业务成本；结转后该科目无余额。

【例3-7】天宇有限公司销售一批原材料，增值税专用发票上注明的货款为10 000元，增值税税额为1 300元，款项已存入银行。该批原材料的成本为6 000元。

①取得原材料销售收入：

借：银行存款   11 300

  贷：其他业务收入   10 000

    应交税费——应交增值税（销项税额）   1 300

②结转已销原材料的实际成本：

借：其他业务成本   6 000

  贷：原材料   6 000

四、提供劳务收入的核算

企业提供的劳务各不相同，开始和完工的日期亦不相同。企业提供劳务收入的确认原则因劳务完成时间的不同而不同。

1.劳务完成时确认收入的会计处理

对于一次就能完成的劳务，企业应在提供劳务完成时按所确定的收入金额，借记"应收账款""银行存款"等账户，贷记"主营业务收入"等账户，对于发生的有关支出，借记"主营业务成本"等账户，贷记"银行存款"等账户。

对于持续一段时间在同一会计期间内开始并完成的劳务，企业应在提供劳务完成时确认收入。有关支出确认为费用之前，企业可增设"劳务成本"账户予以归集，待确认为费用时，再借记"主营业务成本"账户，贷记"劳务成本"账户。

【例3-8】2024年6月8日，天宇有限公司下属的子公司接受了甲公司的一项设备安装任务。该安装任务可一次完成，合同总收入为50 000元，以银行存款实际支付安装费用38 000元。

（1）确认所提供的劳务收入时：

借：应收账款——甲公司　　　　　　　　　　　　　　　　　50 000
　　贷：主营业务收入　　　　　　　　　　　　　　　　　　　　　50 000

（2）发生并确认有关成本费用时：

借：主营业务成本　　　　　　　　　　　　　　　　　　　　38 000
　　贷：银行存款　　　　　　　　　　　　　　　　　　　　　　　38 000

【例3-9】2024年6月10日，天宇有限公司下属的子公司接受乙公司的一项设备安装任务，合同规定该安装任务在2024年12月31日完成，合同总收入为30 000元，以银行存款实际支付安装费用22 000元。天宇有限公司下属的子公司应作如下会计处理：

（1）发生有关成本费用时：

借：劳务成本　　　　　　　　　　　　　　　　　　　　　　22 000
　　贷：银行存款　　　　　　　　　　　　　　　　　　　　　　　22 000

（2）2024年12月31日完成劳务确认收入、费用时：

借：应收账款——乙公司　　　　　　　　　　　　　　　　　30 000
　　贷：主营业务收入　　　　　　　　　　　　　　　　　　　　　30 000
借：主营业务成本　　　　　　　　　　　　　　　　　　　　22 000
　　贷：劳务成本　　　　　　　　　　　　　　　　　　　　　　　22 000

2.按完工百分比法确认收入的会计处理

对于不能在同一会计期间内完成，但在期末能对劳务交易的结果做出可靠估计的劳务，应按完工百分比法确认收入及相关的费用。对于预收的款项，应借记"银行存款"账户，贷记"预收账款"或"应收账款"账户；对于所发生的成本，可增设"劳务成本"账户予以归集，借记"劳务成本"账户，贷记"银行存款""应付职工薪酬"等账户；确认本期的劳务收入时，按确定的金额借记"银行存款""预收账款""应收账款"等账户，贷记"主营业务收入"账户；确认本期的费用时，按确定的金额借记"主营业务成本"账户，贷记"劳务成本"账户。完工百分比法下，劳务收入和相关费用应按下列原则计算：

在劳务总收入和总成本能够可靠计量的情况下，关键是确定劳务的完成程度。企业应根据所提供劳务的特点，选择确定劳务完成程度的方法，包括通过对已经完成的工作或工程的测量确定完成程度，或按已经提供的劳务量（如已完成的工作时间）占应提供的劳务总量（如完成此项劳务所需的总的工作时间）的百分比确定完成程度，或按已经发生的成本占估计总成本的百分比确定完成程度。

【例3-10】2024年9月30日，天宇有限公司下属的子公司接受一项设备安装任务，安装期限为3个月，合同总收入500 000元，至年底已预收安装费360 000元，实际发生安装费用为210 000元（假定均为安装人员薪酬），估计还会发生安装费用90 000元。假定天宇有限公司下属的子公司按实际发生的成本占估计总成本的比例确定劳务的完工进度。

实际发生的成本占估计总成本的比例=210 000÷（210 000+90 000）= 70%

2024年12月31日确认的劳务收入=500 000×70%=350 000（元）

2024年12月31日确认劳务成本=（210 000+90 000）×70%-0=210 000（元）

（1）实际发生劳务成本时：

借：劳务成本 210 000

  贷：应付职工薪酬 210 000

（2）预收劳务款时：

借：银行存款 360 000

  贷：预收账款 360 000

（3）2024年12月31日确认劳务收入并结转劳务成本时：

借：预收账款 350 000

  贷：主营业务收入 350 000

借：主营业务成本 210 000

  贷：劳务成本 210 000

五、让渡资产使用权收入的核算

让渡资产使用权收入主要是指让渡无形资产、固定资产等资产使用权的使用费收入。此外，进行债权投资收取的利息、进行股权投资取得的现金股利等，也构成让渡资产使用权收入。

（一）让渡资产使用权收入的确认和计量

让渡资产使用权的使用费收入同时满足下列条件的，才能予以确认。

1.相关的经济利益很可能流入企业

企业在确定让渡资产使用权的使用费收入金额是否很可能收回时，应当根据对方企业的信誉和生产经营情况、双方就结算方式和期限等达成的合同或协议条款等因素，进行综合判断。如果企业估计使用费收入金额收回的可能性不大时，就不应确认收入。

2.收入的金额能够可靠地计量

当让渡资产使用权的使用费收入金额能够可靠估计时，企业才能确认收入。

让渡资产使用权的使用费收入金额，应按照有关合同或协议约定的收费时间和方法计算确定。如果合同或协议规定一次性收取使用费，且不提供后续服务的，应当视同销售该项资产一次性确认收入；提供后续服务的，应在合同或协议规定的有效期内分期确认收入。如果合同或协议规定分期收取使用费的，应按合同或协议规定的收款时间和金额或规定的收费方法计算确定的金额分期确认收入。

（二）让渡资产使用权收入的账务处理

企业让渡资产使用权的使用费收入，一般通过"其他业务收入"科目核算；所让渡资产的成本或计提的摊销额等，一般通过"其他业务成本"科目核算。企业确认让渡资产使用权的使用费收入时，按确定的收入金额入账。

【例3-11】大宇有限公司向乙公司转让某专利权的使用权，协议约定转让期为5年，每年年末收取使用费150 000元，2024年该专利权计提的摊销额为24 000元，每月计提金额为2 000元。假定不考虑其他因素和相关税费。该企业有关会计分录如下：

1. 2024年年末确认使用费收入：

借：应收账款（或银行存款）   150 000

　　贷：其他业务收入   150 000

2. 2024年每月计提专利权摊销额：

借：其他业务成本   2 000

　　贷：累计摊销   2 000

○ 财经育人广角

收入与税收紧密相连，企业的收入状况直接影响其纳税义务。在教学中，应引入税收法规，让学生了解收入与税收的关系，明确企业的纳税责任。同时，培养学生的法律意识，让他们认识到依法纳税的重要性，遵守税收法规，避免逃避缴纳税款等违法行为。同时，诚信经营是收入确认的基础，教育学生要坚守诚信底线，不得虚构收入、提前或推迟确认收入，以维护企业的信誉和声誉。

任务二　　　　　　　应收款项的核算

一、应收票据的核算

（一）应收票据的内容

1. 应收票据的含义

应收票据是指企业因销售商品、提供劳务等而持有的未到期或未兑现的商业汇票。

2. 商业汇票概述

（1）商业汇票的分类

商业汇票是出票人签发的，委托付款人在见票时或者在指定日期无条件支付确定的金额给收款人或者持票人的票据。

①商业汇票按承兑人的不同划分：分为商业承兑汇票和银行承兑汇票。两者不同之处在于承兑人不同，承兑人是指承诺并到期支付汇票金额的付款人。商业承兑汇票的承兑人是企业，银行承兑汇票的承兑人是银行，所以两者中信用较高的是银行承兑汇票。

②商业汇票按是否带息划分：分为带息票据和不带息票据。

（2）商业汇票的注意事项

①商业汇票的付款期限，最长不得超过六个月。

②商业汇票的流通性较强，持票人可以将未到期的商业汇票背书转让，向银行贴现或是抵押。

（3）商业汇票的结算流程

商业汇票的结算流程如图3-1、图3-2所示。

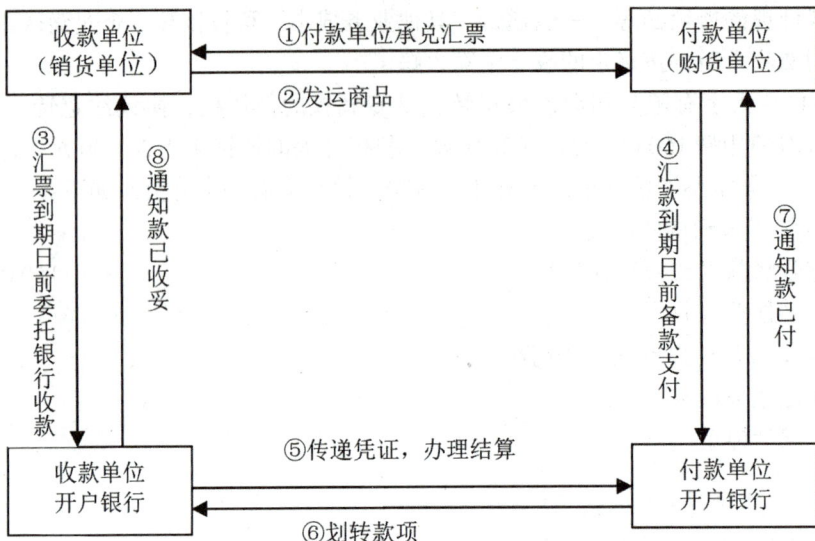

图3-1 商业承兑汇票的结算流程

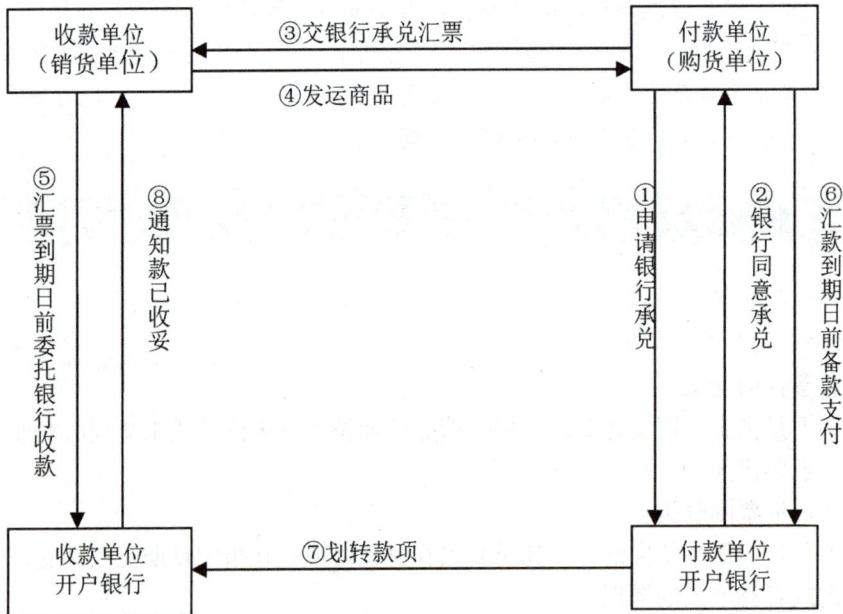

图3-2 银行承兑汇票的结算流程

（二）应收票据的账务处理

应收票据一般账务处理过程包括：取得商业汇票；如为带息的商业汇票年末计提利息、票据到期收回款项，如果票据未到期又出现资金紧张的情况还会涉及应收票据贴现和转让处理。

对应收票据的日常核算，一般可设置"应收票据"账户，核算应收票据的取得及收回票款的经济业务。

应收票据入账价值的确定存在两种方法：一种是按票面价值入账；另一种是按票面价值的现值入账。虽然按现值入账比较合理和科学（考虑到货币时间价值），但是，由于我国商业汇票的期限一般较短（不超过6个月），利息金额相对而言较小，如用现值记账，不仅计算麻烦而且折价还要逐期摊销，过于烦琐。因此，为了简化核算，一般规定，应收票据一律按照面值确定其入账价值。但对于带息的应收票据，按照现行制度的规定，应于期末（指中期期末和年度终了）按应收票据的票面价值和确定的利率计提利息，计提的利息应单独以"应收利息"予以核算和反映。

1. 不带息应收票据的核算

不带息商业汇票的到期价值等于应收票据的面值。《企业会计准则》规定，企业收到商业汇票时，应当按照实际收到的商业汇票的面值入账，借记"应收票据"账户，按实现的营业收入或应收票据抵偿应收账款的金额，贷记"主营业务收入""应收账款"等账户，按专用发票上注明的增值税，贷记"应交税费——应交增值税（销项税额）"账户。按不带息票据到期收回的面值，借记"银行存款"账户，贷记"应收票据"账户。若该商业汇票到期，承兑人违约拒付或无力偿还票款时，收款企业应将到期票据的票面金额转入"应收账款"账户核算。

【例3-12】天宇有限公司2024年7月1日向甲公司销售一批产品，货款为200 000元，尚未收到，已办妥托收手续，适用增值税税率为13%。

借：应收账款——甲公司　　　　　　　　　　　　　　　　226 000
　　贷：主营业务收入　　　　　　　　　　　　　　　　　　　200 000
　　　　应交税费——应交增值税（销项税额）　　　　　　　　26 000

7日后，天宇有限公司收到甲公司寄来一份2个月的商业承兑汇票，面值为226 000元，抵付产品货款。

借：应收票据　　　　　　　　　　　　　　　　　　　　　226 000
　　贷：应收账款——甲公司　　　　　　　　　　　　　　　　226 000

2个月后，应收票据到期收回票面金额226 000元，存入银行。

借：银行存款　　　　　　　　　　　　　　　　　　　　　226 000
　　贷：应收票据　　　　　　　　　　　　　　　　　　　　　226 000

如果该票据到期，甲公司无力偿还票款，将到期票据的票面金额转入"应收账款"账户。

其会计分录为：

借：应收账款——甲公司　　　　　　　　　　　　　　　　226 000
　　贷：应收票据　　　　　　　　　　　　　　　　　　　　　226 000

2. 带息应收票据的核算

带息应收票据应当定期计算票据利息，金额较大的可按月计提，金额较小的可按季度计提。一般而言，企业至少应于中期期末和年度终了计算票据利息，并单独以"应收利息"予以核算和反映，同时冲减财务费用。其计算公式如下：

应收票据利息=应收票据票面金额×利率×期限

上式中，利率一般以年利率表示。"期限"指签发日至到期日的时间间隔（有效期）。票据期限按月表示时，应以"对月当日"为原则确定到期日，即以到期月份中与出票日相同的那一天为到期日。如3月15日签发的一个月票据，到期日为4月15日。月末签发的票据，不论月份大小，以到期月份的月末那一天为到期日。如2023年12月31日签发的期限两个月的商业汇票，到期日为2024年2月29日。与此同时，计算利息使用的利率要换算成月利率（年利率÷12）。

票据期限按日计算时，应从出票日起按实际经历天数计算。通常出票日和到期日，只能计算其中的一天，即"算头不算尾"或"算尾不算头"。例如，3月15日签发的90天票据，其到期日为6月13日［90天-3月份剩余天数-4月份实有天数-5月份实有天数=90-（31-15）-30-31=13］。同时，计算利息使用的利率要换算成日利率（年利率÷360）。

带息的应收票据到期收回款项时，应按收到的本息，借记"银行存款"账户，按票面价值，贷记"应收票据"账户，按已计提的利息，贷记"应收利息"账户，未计提的利息部分则直接贷记"财务费用"账户。

【例3-13】天宇有限公司2024年9月1日销售一批产品给乙公司，货已发出，发票上注明的销售收入为200 000元，增值税税额为26 000元。收到乙公司开出的商业承兑汇票一张，期限为6个月，票面利率为6%。

（1）收到票据。

借：应收票据   226 000
  贷：主营业务收入   200 000
      应交税费——应交增值税（销项税额）   26 000

（2）年度终了（2024年12月31日），计提票据利息。

票据利息=226 000×6%÷12×4=4 520（元）

借：应收利息   4 520
  贷：财务费用   4 520

（3）票据到期收回货款。

2025年的票据利息=226 000×6%÷12×2=2 260（元）

借：银行存款   232 780
  贷：应收票据   226 000
      应收利息   4 520
      财务费用   2 260

3. 应收票据的贴现

当企业需要资金时，可以将未到期的票据经过背书向银行贴现。所谓贴现是指企业以支付贴现息为代价，在票据到期之前，将票据的收款权转让给银行或其他金融机构，提前取得现金的方式。票据贴现实质上是一种融资行为。在贴现中，企业贴给银行的利息称为贴现息，所用的利率称为贴现率，票据到期值和贴现所得之差为贴现所得。

企业应收票据向银行贴现的贴现息和贴现所得的计算公式如下：

票据到期值=票据面值+票据到期利息

贴现息=票据到期值×年贴现率×贴现期

贴现所得=票据到期值-贴现息

（1）不带息票据的贴现

不带息票据的到期值就是票据的面值，向银行申请贴现时，应按上述公式计算贴现息和贴现所得。

【例3-14】天宇有限公司将面值为12 000元，期限为半年的商业汇票在公司持有1个月后向银行申请贴现，贴现率为8%，贴现息和贴现所得计算如下：

贴现息=12 000×8%×5/12=400（元）

贴现所得=12 000-400=11 600（元）

①贴现时：

借：银行存款   11 600

  财务费用   400

  贷：应收票据   12 000

②上述票据到期时，如果付款单位已经付款，则不作处理；如果付款人或承兑人无力还款，企业收到贴现银行退回的票据时：

借：应收账款   12 000

  贷：银行存款（或短期借款）   12 000

③期末编制会计报表时，对于尚未到期的已贴现商业汇票，应作为企业一项或有负债，在会计报表附注说明，以便会计报告使用者更全面了解企业账务状况。

（2）带息票据的贴现

带息票据的到期值由面值和利息两部分组成，若企业向银行申请贴现，可按上述公式计算贴现息和贴现所得。如果贴现所得大于应收票据面值，说明应收票据已取得的利息大于应支付的贴现息，形成企业的利息收入；如果贴现所得小于应收票据的面值，说明企业取得的利息收入不足以支付贴现息，形成贴现的利息费用。无论是利息收入还是利息费用，均通过"财务费用"账户核算。

【例3-15】天宇有限公司于2024年8月1日将6月1日开出并承兑的面值为100 000元，年利率为8%，9月1日到期的商业承兑汇票向银行申请贴现，贴现率为10%，则贴现息和贴现所得计算如下：

票据到期值=100 000×（1+8%×90/360）=102 000（元）

贴现息=102 000×10%×30/360=850（元）

贴现所得=102 000-850=101 150（元）

借：银行存款   101 150

  贷：应收票据   100 000

    财务费用   1 150

若9月1日该商业汇票的付款人如实付款，则不作处理；如果付款人或承兑人无力还款，企业收到贴现银行退回的票据时：

借：应收账款   102 000

  贷：银行存款（或短期借款）   102 000

4. 应收票据的转让

应收票据在到期前，持票人可将其作为其他交易的结算凭证转让给交易方，如可用于抵偿购买商品的欠款、偿还债务等。商业汇票转让时同样要背书。如果付款人到期不能兑付，背书人负有连带的付款责任。在会计上，当商业汇票转让时，通常作为冲减应收票据处理，但由此产生的或有负债需要在报表附注中加以说明。

二、应收账款的核算

（一）应收账款的内容

1.应收账款的概念

应收账款是指企业因销售商品、提供劳务等经营活动，应向购货单位或接受劳务单位收取的款项。它是企业因销售商品、产品或提供劳务等经营活动所形成的债权。核算应收账款时，必须确定其入账价值，及时反映应收账款的形成、收回情况，合理地确认和计量坏账损失，并按规定计提坏账准备。

2.应收账款的计价

应收账款应按实际发生额计价入账。其入账价值包括销售货物或提供劳务应向购货方收取的货款、增值税及代购货单位垫付的包装费、运杂费等。在确认应收账款的入账价值时，还要考虑商业折扣和现金折扣等因素。商业折扣和现金折扣内容已经在收入部分介绍过，不再赘述。

（二）应收账款的账务处理

1.企业销售商品或材料等发生的全部金额借记"应收账款"账户，贷记"主营业务收入""其他业务收入""应交税费——应交增值税（销项税额）"等账户；收回款项实际发生的现金折扣作为一种理财费用，记入"财务费用"账户。收回款项时，借记"银行存款"账户，贷记"应收账款"账户。

【例3-16】天宇有限公司2024年9月10日向丙公司销售一批商品，增值税专用发票上注明的货款为100 000元，增值税税额为13 000元，代垫运费1 000元，上述款项未收到。

借：应收账款——丙公司		114 000
贷：主营业务收入	100 000	
应交税费——应交增值税（销项税额）	13 000	
银行存款	1 000	

天宇有限公司收到应收账款时：

借：银行存款	114 000
贷：应收账款——丙公司	114 000

2.企业发生的应收账款，在有商业折扣的情况下，应按扣除商业折扣后的金额入账。详见收入中商业折扣的核算。

3.企业发生的应收账款在有现金折扣的情况下，采用总价法入账，发生的现金折扣作为财务费用处理。详见收入中现金折扣的核算。

三、预付账款的核算

（一）预付账款的概念

预付账款是指企业按照购货合同规定预付给供应单位的款项。预付账款是企业暂时被供应单位占用的资金。企业预付货款后，有权要求对方按照购货合同规定发货。预付账款必须以购销双方签订的购货合同为条件，按照规定的程序和方法进行核算，预付账款按实际付出的金额入账。期末，预付账款按历史成本反映。

预付账款与应收账款都属于企业的债权，但两者产生的原因不同：应收账款是企业赊销商品后应向购货方收取的款项；预付账款是企业按照合同规定预先付给供货方的款项。

为了反映和监督预付账款的增减变动情况，企业应设置"预付账款"账户。预付账款不多的企业，可以不单独设置"预付账款"账户，将预付的货款直接记入"应付账款"账户的借方。但在编制会计报表时，仍然要将"预付账款"和"应付账款"的金额分开列示。预付账款按实际付出的金额入账。期末，预付账款按历史成本反映。

（二）预付账款的账务处理

预付账款的核算主要包括预付款项和收回货物等方面。

企业根据购货合同的规定向供货方预付账款时，应借记"预付账款"账户，贷记"银行存款"账户。企业收到预购材料或商品时，根据有关发票账单金额，借记"原材料""应交税费——应交增值税（进项税额）"等账户，贷记"预付账款"账户。

【例3-17】天宇有限公司2024年9月12日按合同规定开出转账支票一张，预付向甲公司购入的原材料款项150 000元。该公司于10月15日收到乙公司发来的材料，增值税专用发票注明价款为300 000元，增值税税额为39 000元。10月17日，天宇有限公司将不足款项以银行存款支付。

1.9月12日：

借：预付账款——甲公司　　　　　　　　　　　　　　　　　150 000

　　贷：银行存款　　　　　　　　　　　　　　　　　　　　　　　150 000

2.10月15日：

借：原材料　　　　　　　　　　　　　　　　　　　　　　　300 000

　　应交税费——应交增值税（进项税额）　　　　　　　　　　39 000

　　贷：预付账款——甲公司　　　　　　　　　　　　　　　　　339 000

3.10月17日补付：

借：预付账款——甲公司　　　　　　　　　　　　　　　　　189 000

　　贷：银行存款　　　　　　　　　　　　　　　　　　　　　　　189 000

四、其他应收款的核算

（一）其他应收款的概念

其他应收款是指企业除了应收票据、应收账款、预付账款、应收股利等以外的其他各种应收、暂付款项。其主要内容包括：

1.应收的各种赔款、罚款，如因职工工作失职造成一定损失而应向职工收取的赔款，或因企业财产等遭受意外损失而应向有关保险公司收取的赔款等。

2.应收出租包装物租金。

3.应向职工收取的各种垫付款项，如为职工垫付的水电费、应由职工负担的医药费、房租费等。

4.存出保证金，如租入包装物支付的押金。

5.其他各种应收、暂付款项。

（二）其他应收款的账务处理

1.备用金的会计处理。备用金是为了满足企业内部各部门和职工个人经营活动的需要，而暂付给有关部门和职工个人使用的备用现金。

为了反映和监督备用金的领用和使用情况，应在"其他应收款"账户下设置"备用金"明细账户，或设置"备用金"总账账户，借方登记备用金的领用数额，贷方登记备用金的使用数额。期末余额在借方，反映企业暂付周转使用的备用金数额。

根据备用金管理制度，备用金的核算分为定额备用金制和非定额备用金制两种。

（1）定额备用金制。它是根据使用部门工作的实际需要，先核定其备用金定额并依此拨付备用金，使用后再拨付现金，补足其定额的制度。

【例3-18】天宇有限公司的后勤部核定的备用金定额为1 000元，以现金拨付。

借：其他应收款—后勤部   1 000
  贷：库存现金   1 000

后勤部报销日常管理支出600元。作会计分录如下：

借：管理费用   600
  贷：库存现金   600

年终，收回后勤部备用金。作会计分录如下：

借：库存现金   1 000
  贷：其他应收款——后勤部   1 000

（2）非定额备用金制。它是为了满足临时需要而暂付给有关部门和个人的现金，使用实报实销的制度。

【例3-19】天宇有限公司采购员李刚外出预借差旅费5 000元，出纳人员以现金支付。

（1）支付预借备用金时：

借：其他应收款——李刚   5 000
  贷：库存现金   5 000

（2）李刚出差回来，报销差旅费4 600元。

借：管理费用——差旅费   4 600
  库存现金   400
  贷：其他应收款——李刚   5 000

2. 应收的各种赔款、罚款的会计处理。

【例3-20】2024年9月8日，由于自然灾害原因，天宇有限公司损失的货物按照保险合同规定，应由保险公司负责赔偿10 000元，赔偿尚未到位。

借：其他应收款——保险公司   10 000
  贷：待处理财产损溢——待处理流动资产损溢   10 000

收到保险公司赔偿款时：

借：银行存款   10 000
  贷：其他应收款——保险公司   10 000

3. 存出保证金的核算。

【例3-21】2024年9月10日，天宇有限公司租入一批包装物，支付押金2 000元。

租入包装物，支付押金时：

借：其他应收款——存出保证金   2 000
  贷：银行存款   2 000

归还包装物，收回押金时：

借：银行存款   2 000
  贷：其他应收款——存出保证金   2 000

4. 为职工垫付应收款项的核算。

【例3-22】2024年9月12日，为职工垫付水费800元，用现金支付。

为职工垫付水费时：

借：其他应收款——职工水费   800

    贷：库存现金   800

期末从应付职工薪酬金中扣除代垫款项：

借：应付职工薪酬——工资   800

    贷：其他应收款——职工水费   800

● 财经育人广角

应收款项是企业的一项重要资产，但也存在坏账、收款困难和现金流问题等风险。在教学中，应培养学生的风险管理意识，让他们了解应收款项的风险类型和评估方法。通过实际案例，引导学生学会制定合理的信用政策，建立客户信用档案以及进行定期的账龄分析，从而降低应收款项的风险。

任务三　　坏账损失的核算

一、坏账损失概述

（一）坏账损失的概念

坏账指企业无法收回或收回的可能性极小的应收款项。由于发生坏账而遭受的损失，称为坏账损失。

（二）坏账损失的确认条件

一般来讲，企业的应收款项符合下列条件之一的，应确认为坏账：

1.债务人破产或死亡，以其破产财产或遗产偿债后，确实不能收回。

2.债务单位撤销、资不抵债或现金流量严重不足，确定不能收回。

3.发生严重的自然灾害等导致债务单位停产而在短时间内无法偿付债务，确实无法收回。

4.债务人逾期未履行偿债义务超过3年，经核查确实无法收回。

二、坏账损失的核算

（一）坏账损失核算的方法

坏账损失的核算方法一般有两种：直接转销法和备抵法。在我国会计实务中，对坏账损失的核算采用备抵法。

1.备抵法的概念

备抵法是指采用一定的方法按期估计坏账损失，计入当期损益，同时建立坏账准备，当某一应收款项全部或部分被确认为坏账时，应根据其金额冲减坏账准备，同时转销相应的应收款项的一种方法。

在备抵法下，企业应设置"坏账准备"账户，该账户是资产类账户，同时也是"应收账款""其他应收款""应收票据""预付账款"等的备抵账户。贷方登记当期提取的坏账准备金额以及收回前期已确认并核销的坏账金额，借方登记实际发生的坏账损失金额和冲减多提的坏账准备金额，期末余额一般在贷方，反映企业已经提取但尚未转销的坏账准备金额。本科目应按应收款项的类别进行明细核算。

2.坏账准备金额的计算

采用备抵法，坏账准备可按下列公式计算：

$$\begin{matrix} \text{当期应提取的} \\ \text{坏账准备} \end{matrix} = \begin{matrix} \text{当期按应收款项计算} \\ \text{应提坏账准备金额} \end{matrix} - \begin{matrix} \text{"坏账准备"科目的贷方余额} \\ \text{(或 + "坏账准备"科目的借方余额)} \end{matrix}$$

3.核算方法

企业采用备抵法进行坏账损失的核算，首先应按期估计坏账损失。估计坏账损失的方法有应收账款余额百分比法、账龄分析法、销货百分比法和个别认定法。

（1）应收账款余额百分比法

应收账款余额百分比法，是指按照期末应收账款余额的一定比例来估计坏账损失、计提坏账准备的一种方法。

（2）账龄分析法

账龄分析法，是指按照应收账款账龄的长短，根据以往的经验确定坏账损失率，并据以估计坏账损失、计提坏账准备的一种方法。

在采用账龄分析法时，收到债务单位当期偿还的部分债务后，剩余的应收款项不应改变其账龄，仍应按原账龄加上本期应增加的账龄确定。存在多笔应收款项，且各笔款项账龄不同的情况下，收到债务单位当期偿还的部分债务，应逐笔确认收到的应收款项，如无法做到，则应按先发生先收回的原则确定，剩余应收款项的账龄按原账龄加上本期应增加的账龄确定。

（3）销货百分比法

销货百分比法，是指根据企业赊销金额的一定百分比来估计坏账损失、计提坏账准备的一种方法。

（4）个别认定法

个别认定法，是指对每一项应收款项进行分析，估计可能发生的坏账损失、计提坏账准备的一种方法。

（二）账务处理

财务处理通常分为三个阶段：

第一阶段：计提坏账准备。

1.首次计提时，当期期末应提坏账准备金额=当期期末应收款项账户的期末余额×坏账准备计提比例。会计分录如下：

借：信用减值损失——计提的坏账准备。

　　贷：坏账准备

2.以后年度计提时，如果"坏账准备"账户已有贷方余额，那么当期期末应提坏账准备金额=当期期末应收款项账户的期末余额×坏账准备计提比例－"坏账准备"账户贷方余额。当差额为正数时应补提，差额为负数时应冲销。

按差额补提时，会计分录如下：

借：信用减值损失——计提的坏账准备

　　贷：坏账准备

按差额冲销时，会计分录如下：

借：坏账准备

　贷：信用减值损失——计提的坏账准备

注意：如果当期按应收款项计算的应提坏账准备金额为零，应将"坏账准备"科目的余额全部冲回。

3.以后年度计提时，如果"坏账准备"账户已有借方余额，那么当期期末应提坏账准备金额=本期应收款项账户的期末余额×坏账准备计提比例+"坏账准备"账户借方余额。

第二阶段：实际发生坏账，经批准予以转销时做会计分录如下：

借：坏账准备

　贷：应收账款（或其他应收款等）

第三阶段：如果已确认并转销的坏账以后期间收回，则应按收回的金额。

借：应收账款（或其他应收款等）

　贷：坏账准备

同时

借：银行存款

　贷：应收账款（或其他应收款等）

或者会计分录如下：

借：银行存款

　贷：坏账准备

下面以应收账款余额百分比法为例介绍坏账损失的核算。

【例3-23】从2022年开始，天宇有限公司采用备抵法核算坏账损失。年末应收账款余额为1 000万元。天宇有限公司估计的坏账损失计提比例为应收账款余额的5‰。则2022年年末计提坏账准备的账务处理如下：

应计提的坏账准备：$1\,000 \times 5\text{‰} = 5$（万元）

借：信用减值损失——计提的坏账准备　　　　　　　　　　　　　　50 000

　贷：坏账准备　　　　　　　　　　　　　　　　　　　　　　　　　　50 000

【例3-24】承【例3-23】，若2023年天宇有限公司发生坏账10万元，年末应收账款余额还是1 000万元。

（1）冲减应收账款时：

借：坏账准备　　　　　　　　　　　　　　　　　　　　　　　　100 000

　贷：应收账款——某公司　　　　　　　　　　　　　　　　　　　　100 000

（2）计提坏账准备时：

2023年年末坏账准备贷方余额：$1\,000 \times 5\text{‰} = 5$（万元）

2023年年末应计提的坏账准备应是：$5 - (-5) = 10$（万元）

借：信用减值损失——计提的坏账准备　　　　　　　　　　　　　100 000

　贷：坏账准备　　　　　　　　　　　　　　　　　　　　　　　　100 000

（3）若2023年没有发生坏账，年末应收账款余额还是1 000万元，则不需计提。若年末应收账款余额1 500万元，则需补提$500 \times 5\text{‰} = 2.5$（万元）。

借：信用减值损失——计提的坏账准备　　　　　　　　　　　　　　25 000

    贷：坏账准备   25 000

  （4）若年末应收账款余额是500万元，则年末坏账准备贷方余额为2.5（500×5‰）万元，应冲减坏账准备2.5万元。

    借：坏账准备   25 000

     贷：信用减值损失——计提的坏账准备   25 000

  从上述计算过程可以看出，年末应补提坏账准备还是冲减坏账准备，关键在于年末应收账款余额和估计计提比例计算的正常余额与账面余额是否一致，如果不一致，应调整其账面余额。

  【例3-25】 承**【例3-24】**，若2024年9月20日天宇有限公司收到上年已转销的坏账10万元并已存入银行：

    借：应收账款   100 000

     贷：坏账准备   100 000

    同时：

    借：银行存款   100 000

     贷：应收账款   100 000

    或者：

    借：银行存款   100 000

     贷：坏账准备   100 000

〇 财经育人广角

  坏账损失是企业面临的一种经济风险，其发生往往与客户的信用风险、市场环境变化等因素紧密相关。在教学中，首先要培养学生的风险意识，让他们明白任何商业活动都伴随着风险，而坏账损失正是其中的一种。通过案例教学，引导学生分析坏账产生的原因，探讨如何制定和执行有效的信用政策、收款机制来减少坏账风险。坏账损失的处理往往涉及企业与客户之间的诚信问题。在教学中，应着力培养学生的诚信意识，让他们明白诚信是企业经营的基石，任何违反诚信原则的行为都可能给企业带来长远的损失。同时，引导学生讨论在处理坏账损失时如何平衡企业利益与客户关系，如何坚守职业道德底线。

项目训练三

一、填空题

  1.企业在计提坏账准备时可以采用以下方法：（ ）（ ）（ ）（ ）。

  2.收入按经营业务的主次，收入可分为（ ）（ ）。

  3.销售折扣包括（ ）和（ ）。

  4.按照承兑人不同，商业汇票分为（ ）和（ ）。

  5.某企业于3月15日销售产品一批，应收账款为100 000元，规定的付款条件为"2/10，1/20，n/30"。购货单位已于3月22日付款。该企业实际收到的金额为（ ）。

二、单选题

  1.下列项目中，不通过"应收账款"账户核算的是（ ）。

A.销售原材料应收的款项　　　　　　B.销售固定资产应收的款项

C.销售库存商品应收的款项　　　　　D.员工预借差旅费

2.下列各项中，不属于收入要素范畴的是（　　　）。

A.销售商品收入　　　　　　　　　　B.提供劳务收入

C.出租无形资产收入　　　　　　　　D.出售无形资产收入

3.某企业在2024年10月8日销售商品100件，增值税专用发票上注明的价款为10 000元，增值税税额为1 300元。企业为了及早收回货款而在合同中规定的现金折扣条件为2/10，1/20，n/30（假定计算现金折扣时不考虑增值税），买方2024年10月24日付清货款。该企业确认收入金额应为（　　　）元。

A.10 000　　　　　B.8 000　　　　　C.9 000　　　　　D.11 300

4.某企业本月通过银行收到销货款共68 000元，其中属于上月应收18 000元，本月应收30 000元，预收下月20 000元。在权责发生制下，本月确认收入应为（　　　）元。

A.50 000　　　　　B.68 000　　　　　C.30 000　　　　　D.48 000

5.下列应收、暂付款项中，不通过"其他应收款"科目核算的是（　　　）。

A.应收保险公司的赔款　　　　　　　B.应收出租包装物的租金

C.应向职工收取的各种垫付款项　　　D.应向购货方收取的代垫运杂费

三、业务分析题

1.售给大达公司A产品3 000件，售价为100元/件，增值税税率为13%，货款收到，存入银行。

2.结转本月已销产品成本50 000元，其中A产品销售成本为30 000元，B产品销售成本为20 000元。

3.企业出售不需要的A材料一批，收到价款11 300元并存入银行，其中含有1 300元增值税，该批A材料实际成本7 000元。

4.22日，收到红星公司预付的50件B商品的货款20 000元。

5.汇丰公司为增值税一般纳税人，采用应收账款余额百分比法计提坏账准备，坏账准备的提取比例为0.5%。2022年年初"坏账准备"的贷方余额为10万元。2022—2024年该公司发生如下业务：

（1）2022年发生坏账5万元，年末应收账款余额为150万元。

（2）2023年发生坏账10万元，年末应收账款余额为100万元。

（3）2024年企业收回以前转销的坏账2万元，年末应收账款余额为200万元。

要求：根据以上业务编制会计分录。

项目四　成本与费用的核算

目标导航

1. 能够独立进行主营业务成本、其他业务成本的核算处理。
2. 能够独立进行期间费用的核算处理。
3. 能够独立进行掌握产品生产成本的核算处理。
4. 熟悉辅助生产费用的分配与核算。

任务导入

企业在生产经营过程中，会发生各种成本耗费。只有准确核算成本费用，才能明确收入及利润的计算。在生产型企业中，成本核算是一项较为复杂的工作，需要同学们有足够的专业知识和耐心细致的工作态度，大家一起努力吧。

任务一　　　　　　　　　　费用的核算

一、费用的认知

(一) 费用的概念与特点

费用是企业在日常活动中发生的、会导致所有者权益减少的、与向所有者分配利润无关的经济利益的总流出。

费用包括企业日常活动所产生的经济利益的总流出，主要指企业为取得营业收入进行产品销售等营业活动所发生的企业货币资金的流出，具体包括营业成本和期间费用。企业为生产产品和提供劳务等发生的可归属于产品成本、劳务成本等的费用，应当在确认销售商品收入、提供劳务收入等时，将已销售商品、已提供劳务的成本等计入当期损益。营业成本包括主营业务成本和其他业务成本。期间费用包括管理费用、销售费用和财务费用。

(二) 费用的确认

发生费用的目的是取得收入，因此费用的确认与收入的确认相联系。确认费用应以权责发生制为基础，遵循配比原则。根据权责发生制，凡属于本期发生的费用，不论款项是否支付，均确认为本期的费用；反之，不属于本期发生的费用，即使其款项已经在本期支付，也不确认为本期费用。

按照配比原则，为产生当期收入所发生的费用，应当确认为该期的费用。

二、费用的核算

(一) 营业成本

企业为生产产品和提供劳务等发生的可归属于产品成本、劳务成本等的费用，应当在确认销售收入、提供劳务收入等时，将已销售商品、已提供劳务的成本等计入当期损益。营业成本包括主营业务成本和其他业务成本。

1.主营业务成本

主营业务成本是指企业销售商品、提供劳务等经常性活动所发生的成本。企业一般在确认销售商品、提供劳务等主营业务收入时，或在月末，将已销售商品、已提供劳务的成本转入主营业务成本。

企业应当设置"主营业务成本"科目，按主营业务的种类进行明细核算，用于核算企业销售商品、提供劳务或让渡资产使用权等日常活动而发生的实际成本，借记"主营业务成本"科目，贷记"库存商品""劳务成本"等科目。期末，将"主营业务成本"的余额转入"本年利润"科目，借记"本年利润"，贷记"主营业务成本"科目，结转后该科目无余额。

【例4-1】天宇有限公司销售一批产品给甲公司，开出的增值税专用发票上注明售价为200 000元，增值税税额为26 000元。天宇有限公司收到甲公司支付的货款226 000元，并将提货单交付给甲公司。该批产品的成本为160 000元。

（1）销售实现时：

借：银行存款　　　　　　　　　　　　　　　　　　　　226 000
　　贷：主营业务收入　　　　　　　　　　　　　　　　　　　200 000
　　　　应交税费——应交增值税（销项税额）　　　　　　　　 26 000

同时结转已销售产品成本：

借：主营业务成本　　　　　　　　　　　　　　　　　　160 000
　　贷：库存商品　　　　　　　　　　　　　　　　　　　　　160 000

（2）期末，将营业成本结转至本年利润：

借：本年利润　　　　　　　　　　　　　　　　　　　　160 000
　　贷：主营业务成本　　　　　　　　　　　　　　　　　　　160 000

2.其他业务成本

其他业务成本是指企业确认的除主营业务以外的其他日常经营活动所发生的支出。其他业务成本包括销售材料的成本、出租固定资产的折旧额、出租无形资产的摊销额、出租包装物的成本或摊销额等。采用成本模式计量投资性房地产的，其投资性房地产计提的折旧额或摊销额，也构成其他业务成本。

企业应当设置"其他业务成本"科目，核算企业确认的除主营业务活动以外的其他日常经营活动所发生的支出。该科目可按其他业务成本的种类进行明细核算。企业发生的其他业务成本，借记"其他业务成本"科目，贷记"原材料""周转材料""累计折旧""累计摊销""应付职工薪酬""银行存款"等科目。期末，本科目余额转入"本年利润"科目，借记"本年利润"科目，贷记"其他业务成本"科目，结转后本科目无余额。

【例4-2】天宇有限公司销售一批原材料给乙公司，开出的增值税专用发票上注明售价为10 000元，增值税税额为1 300元，款项已通过银行收妥。该批原材料的成本为6 000元。

（1）销售实现时：

借：银行存款　　　　　　　　　　　　　　　　　　　　 11 300
　　贷：其他业务收入　　　　　　　　　　　　　　　　　　　 10 000
　　　　应交税费——应交增值税（销项税额）　　　　　　　　　1 300

同时结转已销售材料成本：

借：其他业务成本   6 000

  贷：原材料   6 000

（2）期末，将其他业务成本结转至本年利润：

借：本年利润   6 000

  贷：其他业务成本   6 000

【例4-3】天宇有限公司将自行开发完成的非专利技术出租给丙公司，该非专利技术的成本为720 000元。双方约定租赁期为10年，天宇有限公司每月应摊销6 000元（720 000÷10÷12）。

（1）每月摊销非专利技术成本时：

借：其他业务成本   6 000

  贷：累计摊销   6 000

（2）期末，将其他业务成本结转至本年利润：

借：本年利润   6 000

  贷：其他业务成本   6 000

（二）期间费用

期间费用是指企业日常活动发生的不能计入特定核算对象的成本，而应计入发生当期损益的费用。

期间费用是企业为组织和管理整个经营活动所发生的费用，与可以确定特定成本核算对象的材料采购、产成品生产等无直接关系，因而不列入产品制造成本，而是直接计入当期损益。

期间费用包括两种情况：一是企业发生的支出不产生经济利益，或者即使产生经济利益但不符合或者不再符合资产确认条件的，应当在发生时确认为费用，计入当期损益；二是企业发生的交易或者事项导致其承担了一项负债，而又不确认为一项资产的，应当在发生时确认为费用，计入当期损益。

期间费用包括销售费用、管理费用和财务费用。

1.销售费用

销售费用是指企业销售商品和材料、提供劳务的过程中发生的各种费用，包括企业在销售商品过程中发生的包装费、保险费、展览费和广告费、商品维修费、预计产品质量保证损失、运输费、装卸费等以及为销售本企业商品而专设的销售机构（含销售网点、售后服务网点等）的职工薪酬、业务费、折旧费等经营费用。企业发生的与专设销售机构相关的固定资产修理费用等后续支出也属于销售费用。

企业应通过"销售费用"科目，核算销售费用的发生和结转情况。该科目借方登记企业所发生的各项销售费用，贷方登记期末转入"本年利润"科目的销售费用，结转后该科目应无余额。该科目应按销售费用的费用项目进行明细核算。

【例4-4】2024年9月，天宇有限公司为宣传新产品产生广告费20 000元，以银行存款支付。

借：销售费用   20 000

  贷：银行存款   20 000

【例4-5】2024年9月，天宇有限公司销售部共发生费用200 000元，其中：销售人员薪酬100 000元，销售部专用办公设备折旧费60 000元，业务费140 000元（用银行存款支付）。

借：销售费用　　　　　　　　　　　　　　　　　　　　　　　　200 000

　　贷：应付职工薪酬　　　　　　　　　　　　　　　　　　　　100 000

　　　　累计折旧　　　　　　　　　　　　　　　　　　　　　　60 000

　　　　银行存款　　　　　　　　　　　　　　　　　　　　　　140 000

【例4-6】2024年9月20日，天宇有限公司销售一批产品，销售过程中负担运输费3 000元、装卸费2 000元、保险费2 500元，均用银行存款支付。

借：销售费用——运输费　　　　　　　　　　　　　　　　　　　3 000

　　　　　　　——装卸费　　　　　　　　　　　　　　　　　　2 000

　　　　　　　——保险费　　　　　　　　　　　　　　　　　　2 500

　　贷：银行存款　　　　　　　　　　　　　　　　　　　　　　7 500

【例4-7】2024年9月30日，天宇有限公司将"销售费用"科目余额227 500元转入"本年利润"科目。

借：本年利润　　　　　　　　　　　　　　　　　　　　　　　　227 500

　　贷：销售费用　　　　　　　　　　　　　　　　　　　　　　227 500

2.管理费用

管理费用是指企业为组织和管理生产经营发生的各种费用，包括企业在筹建期间内发生的开办费、董事会和行政管理部门在企业的经营管理中发生的以及应当由企业统一负担的公司经费、行政管理部门负担的工会经费、董事会会费（包括董事会成员津贴、会议费和差旅费等）、聘请中介机构费、咨询费（含顾问费）、诉讼费、业务招待费、技术转让费、研究费用等，企业生产车间和行政管理部门发生的固定资产修理费用等后续支出，也作为管理费用核算。

企业应设置"管理费用"科目，核算管理费用的发生和结转情况。该科目借方登记企业所发生的各项管理费用，贷方登记期末转入"本年利润"科目的管理费用，结转后该科目无余额。该科目按管理费用的费用项目进行明细核算。商品流通企业管理费用不多的，可以不设本科目，相关核算内容可以并入"销售费用"科目核算。

注：本部分例题不考虑增值税因素。

【例4-8】天宇有限公司筹建期间发生办公费、差旅费等开办费24 000元，均用银行存款支付。

借：管理费用　　　　　　　　　　　　　　　　　　　　　　　　24 000

　　贷：银行存款　　　　　　　　　　　　　　　　　　　　　　24 000

【例4-9】天宇有限公司一项产品的设计方案向有关专家进行咨询，以现金支付咨询费50 000元。

借：管理费用　　　　　　　　　　　　　　　　　　　　　　　　50 000

　　贷：库存现金　　　　　　　　　　　　　　　　　　　　　　50 000

【例4-10】天宇有限公司行政部9月份共发生费用200 000元，其中：行政人员薪酬140 000元；行政部专用办公设备折旧费30 000元；行政人员差旅费20 000元（假定报销人均未预借差旅费）；其他办公费10 000元（均用银行存款支付）。

借：管理费用 200 000

　　贷：应付职工薪酬 140 000

　　　　累计折旧 30 000

　　　　银行存款 30 000

【例4-11】天宇有限公司计提公司管理部门固定资产折旧60 000元，摊销公司管理部门无形资产成本40 000元。

借：管理费用 100 000

　　贷：累计折旧 60 000

　　　　累计摊销 40 000

【例4-12】将本月"管理费用"科目余额55 000元转入"本年利润"科目。

借：本年利润 55 000

　　贷：管理费用 55 000

3.财务费用

财务费用是指企业为筹集生产经营所需资金等而发生的筹资费用，包括利息支出（减利息收入）、汇兑损益以及相关的手续费、企业发生的现金折扣或收到的现金折扣等。

企业应设置"财务费用"科目，核算财务费用的发生和结转情况。"财务费用"科目借方登记企业发生的各项财务费用，贷方登记期末转入"本年利润"科目的财务费用，结转后，"财务费用"科目应无余额。"财务费用"科目应按财务费用项目进行明细核算。

【例4-13】天宇有限公司于2024年9月1日向银行借入生产经营用短期借款240 000元，期限为6个月，年利率为5%，该借款本金到期后一次归还，利息分月预提，按季支付。

每月末，预提当月应计利息：24 000×5%÷12=1 000（元）

借：财务费用——利息支出 1 000

　　贷：应付利息 1 000

【例4-14】天宇有限公司2024年9月30日用银行存款支付本月应负担的短期借款利息16 000元。

借：财务费用——利息支出 16 000

　　贷：银行存款 16 000

【例4-15】2024年9月30日，天宇有限公司在购买材料业务中，获得对方给予的现金折扣3 000元（假定不考虑增值税）。

借：应付账款 3 000

　　贷：财务费用 3 000

【例4-16】承【例4-13】~【例4-15】，2024年9月30日，天宇有限公司将"财务费用"科目余额14 000元结转至"本年利润"科目。

借：本年利润 14 000

　　贷：财务费用 14 000

费用不仅是企业或个人为获取收入所付出的代价，更是社会资源的一种分配方式。因此，在核算费用时，需要考虑到社会公平和效率的原则，引导学生理解费用核算与社会责任的关系。在费用核算过程中，必须严格遵守国家相关的法律法规和会计准则。教师可以结合具体法律法规条款，讲解费用核算的合规性要求，强调法律法规的权威性和约束力。同时，通过案例分析，让学生了解违法违规行为的严重后果，培养他们的法律意识和合规操作能力。

任务二　　产品成本的核算概述

一、产品成本核算

产品成本是指企业在生产产品过程中发生的材料费用、职工薪酬等，以及不能直接计入而按一定标准分配计入的各种间接费用。产品成本核算是对生产经营过程中实际发生的成本、费用进行计算，并进行相应的账务处理。企业通过产品成本核算，一方面，可以审核各项生产费用和经营管理费用的支出，分析和考核产品成本计划的执行情况，促使企业降低成本和费用；另一方面，可以为计算利润、进行成本和利润预测提供数据，有助于提高企业生产技术和经营管理水平。

（一）成本核算的要求

1.做好各项基础工作

为进行成本核算，企业应当建立健全各项原始记录，做好各项材料物资的计量、收发、领退和盘点工作，并做好相应的管理工作以及定额的制定和修订工作等。

另外，企业还需要根据《企业会计准则》正确确定固定资产的折旧方法、使用年限、残值、无形资产的摊销方法、摊销期限等。各种方法一经确定，应保持相对稳定，不能随意改变，以保证成本信息的可比性。

2.正确划分各种费用支出的界限

（1）正确划分收益性支出与资本性支出的界限。

（2）正确划分成本费用、期间费用和营业外支出的界限。

（3）正确划分本期费用和以后期间费用的界限。

（4）正确划分各种产品成本费用的界限。

（5）正确划分本期完工产品和期末在产品成本的界限。

3.根据生产特点和管理要求选择适当的成本计算方法

产品成本的计算，关键是选择适当的产品成本计算方法。目前企业常用的产品成本计算方法有品种法、分批法、分步法、分类法、定额法、标准成本法等。

（二）成本核算的一般程序

成本核算的一般程序是指对企业在生产经营过程中发生的各项生产费用和期间费用，按照成本核算的要求，逐步进行归集和分配，最后计算出各种产品的生产成本和各项期间费用的过程。成本计算的一般程序如下：

（1）根据生产特点和成本管理要求，确定成本核算对象。

（2）确定成本项目。企业计算产品生产成本，一般应当设置直接材料、直接人工和制造费用等成本项目。

（3）设置有关成本和费用明细账。如生产成本明细账、制造费用明细账、产成品和自制半成品明细账。

（4）收集确定各种产品的生产量、入库量、在产品盘存量以及材料、工时、动力消耗等，并对所有已发生费用进行审核。

（5）归集所发生的全部费用，并按照确定的成本计算对象予以分配，按成本项目计算各种产品的在产品成本、产成品成本和单位成本。

（6）结转产品销售成本。

为了进行成本核算，企业一般应设置"生产成本""制造费用""管理费用""财务费用"等科目。如果需要单独核算废品损失和停工损失，还应设置"废品损失"和"停工损失"科目。

二、成本项目

为具体反映计入产品生产成本的生产费用的各种经济用途，还应将其进一步划分为若干个项目，即产品生产成本项目，简称产品成本项目或成本项目。

成本项目的设置应根据管理上的要求来确定，对工业企业而言，一般可设置"直接材料""直接人工""制造费用"等项目。其中，直接费用根据实际发生数进行核算，并按照成本核算对象进行归集，根据原始凭证或原始凭证汇总表直接计入成本。"制造费用"项目不能根据原始凭证或原始凭证汇总表直接计入成本，需要按一定的标准分配计入成本核算对象。

三、要素费用的归集和分配

（一）成本核算的账户设置

1. "生产成本"账户

该科目核算企业进行工业性生产发生的各项生产成本，包括生产各种产品（产成品、自制半成品等）、自制材料、自制工具、自制设备等。该科目借方登记所发生的各项生产费用，贷方登记完工转出的产品成本，期末借方余额反映尚未加工完成的各项在产品成本。该科目应按产品品种等成本核算对象设置"基本生产成本"和"辅助生产成本"明细科目。

基本生产成本应当分别按照基本生产车间和成本核算对象（产品的品种、类型、订单、批别、生产阶段等）设置明细账（或成本计算单），并按规定的成本项目设置专栏。

辅助生产是为基本生产服务而进行的产品生产和劳务供应。该科目按辅助生产车间和提供的产品、劳务分设辅助生产成本明细账，按辅助生产的成本项目分设专栏。期末，对共同负担的生产费用按照一定的分配标准分配至各受益对象。

2. "制造费用"账户

制造费用是工业企业为生产产品（或提供劳务）而发生的，应计入产品成本但没有专设成本项目的各项间接生产费用。本科目核算企业生产车间（部门）为生产产品和提供劳务而发生的各项间接生产费用，以及虽然直接用于产品生产但管理上不要求或不便于单独核算的费用。企业可以按不同的生产车间、部门和费用项目进行明细核算。期末，将共同负担的制造费用按照一定的分配标准分配计入各成本核算对象，除季节性生产外，本科目期末应无余额。

（二）材料费用的归集与分配

在生产经营过程中领用库存材料时，均应填制领料凭证，标明材料的品种、领料部门和用途，月末，财会部门根据领料单、限额领料单等原始凭证，按领料部门及用途编制"耗用材料分配表"进行材料费用的归集和分配。

直接用于产品生产或提供劳务的材料，记入"生产成本——基本生产成本"账户或"生产成本——辅助生产成本"账户，并记入各成本计算对象的"直接材料"成本项目内，如果为多个成本计算对象共同耗用，则应按一定的标准分配计入各成本计算对象的"直接材料"成本项目。材料费用的分配标准可以采用产品的产量、重量、体积、材料定额消耗量、材料定额费用等。车间一般消耗领用的材料，记入"制造费用"账户。行政管理部门领用的材料，记入"管理费用"账户。其他有关方面领用的材料，记入相关账户。

【例4-17】天宇有限公司材料采用实际成本法核算。根据领料凭证，2024年9月的材料领用情况如下：基本生产车间生产A产品直接耗用材料30 000元，生产B产品直接耗用材料50 000元，A、B两种产品共同耗用材料20 000元。按材料的定额消耗量分配：其中，A产品定额消耗量为2 000千克，B产品定额消耗量为3 000千克；机修车间生产耗用材料8 000元；基本生产车间耗用消耗性材料3 000元，机修车间耗用消耗性材料2 000元；行政管理部门耗用消耗性材料1 000元。

借：生产成本——基本生产成本（A产品）　　　　　　　　38 000
　　　　　　——基本生产成本（B产品）　　　　　　　　62 000
　　　　　　——辅助生产成本（机修）　　　　　　　　　8 000
　　制造费用——基本生产车间　　　　　　　　　　　　　3 000
　　　　　　——机修车间　　　　　　　　　　　　　　　2 000
　　管理费用　　　　　　　　　　　　　　　　　　　　　1 000
　　贷：原材料　　　　　　　　　　　　　　　　　　　　　　　114 000

如果材料核算采用计划成本法，还应结转材料成本差异。

（三）燃料动力费用的归集与分配

燃料费用的归集和分配可参照材料费用的归集分配方法进行，可在原材料账户下设置明细账进行核算。

动力费用可以是外购的，也可以是辅助生产车间提供的。如果为辅助生产车间提供，其费用应在"生产成本——辅助生产成本"账户中核算，其归集和分配参照后面所述辅助生产费用的归集和分配。如果为外购，在当月所耗动力费用与当月实际支付动力费用不一致的情况下，当月支付外购动力费时，要通过"应付账款"账户核算，借记"应付账款"账户，贷记"银行存款"账户，月末再对外购动力费用进行分配。如耗用地点装有仪表记录，并能分清耗用对象，可直接记入有关账户，如为生产某产品耗用，可直接记入"生产成本——基本生产成本（或辅助生产成本）"账户，如为生产车间（如车间照明、取暖等费用）或行政管理部门耗用，应分别计入"制造费用"或"管理费用"账户。如动力费用为几种产品共同耗用，不能分清耗用对象，应按照一定标准分配计入各成本计算对象，分配标准通常为实际生产工时、定额工时或动力的定额消耗量等。

（四）职工薪酬的归集与分配

职工薪酬按用途和发生地点进行归集分配。月末，财会部门应根据工资结算单和有关的生产工时记录，编制"职工工资分配表"，进行职工工资的归集和分配。

在计件工资制下、计时工资制下只生产一种产品时，职工工资属于直接费用，直接记入"生产成本——基本生产成本"账户或"生产成本——辅助生产成本"账户，并记入各成本计算对象的"直接人工"成本项目内。在计时工资制下生产几种产品时，职工工资为间接计入费用，需按一定标准分配计入各成本计算对象的直接人工成本项目内，分配标准可以是实际生产工时或定额工时。车间管理人员的职工工资属于间接费用，应记入"制造费用"账户。行政管理部门人员的职工工资属期间费用，应记入"管理费用"账户。

【例4-18】天宇有限公司2024年9月应分配的工资总额为67 000元，其中：基本生产车间生产A、B两种产品工人工资总计40 000元（按生产工时分配），A产品生产工时为6 000小时，B产品生产工时为4 000小时，基本生产车间管理人员工资9 000元，供电车间生产工人工资10 000元，供电车间管理人员工资2 000元，行政管理部门人员工资6 000元。

根据上述资料编制如下会计分录：

借：生产成本——基本生产成本（A产品）	24 000
——基本生产成本（B产品）	16 000
——辅助生产成本（供电）	10 000
制造费用——基本生产车间	9 000
——供电车间	2 000
管理费用	6 000
贷：应付职工薪酬——工资	67 000

（五）辅助生产费用的归集与分配

辅助生产的任务主要是向基本生产和管理部门提供产品或劳务。辅助生产可分为两类，即提供劳务的辅助生产（如提供动力、运输、修理等劳务）和提供产品的辅助生产（如提供工具、模具、夹具及修理用备件等辅助产品等）。辅助生产的产品、劳务成本的高低，会直接影响企业各基本生产车间产品的成本。

经过前述材料费用、职工工资费用、制造费用等的归集与分配，辅助生产费用已经归集在"生产成本——辅助生产成本"账户及其明细账中，月末可按其用途进行分配。

辅助生产费用分配的方法有直接分配法、交互分配法、顺序分配法、代数分配法、按计划成本分配法。

直接分配法，是指分配辅助生产费用时，不考虑各辅助生产车间之间相互提供产品（或劳务）的情况，而是将各种辅助生产费用直接分配给辅助生产以外的各受益单位。现举例如下。

【例4-19】天宇有限公司有供水、机修两个辅助生产车间，本月车间直接发生的费用是：供水车间82 000元，机修车间210 000元。据劳务供应通知单，各车间、部门耗用劳务量的统计见表4-1。

表4-1   耗用劳务量的统计

劳务供应部门	待分配费用	计量单位	受益对象					
			供水车间	机修车间	基本车间		行政部门	小计
					A产品	B产品		
供水车间	82 000	吨		4 000	30 000	50 000	20 000	104 000
机修车间	210 000	小时	300		2 200	1 800	1 000	5 300

根据上述资料，计算各辅助生产车间单位成本，并编制辅助生产费用分配表，见表4-2。

表4-2   辅助生产费用分配表（直接分配法）

供应车间	待分配费用（元）	供应量	单位成本	基本生产成本				管理费用	
				A产品		B产品			
				耗用量	分配金额（元）	耗用量	分配金额（元）	耗用量	分配金额（元）
供水车间	82 000	100 000吨	0.82	30 000吨	24 600	50 000吨	41 000	20 000吨	16 400
机修车间	210 000	5 000小时	42	2 200小时	92 400	1 800小时	75 600	1 000小时	42 000
合计	292 000	—			117 000	—	116 600		58 400

供水车间单位成本=8 2000/（30 000+50 000+20 000）=0.82（元/吨）

机修车间单位成本=210 000/（2 200+1 800+1000）=42（元/小时）

根据上述辅助生产费用分配表，做会计分录如下：

借：生产成本——基本生产成本（A产品）   117 000

    ——基本生产成本（B产品）   116 600

  管理费用   58 400

  贷：生产成本——辅助生产成本（供水）   82 000

    ——辅助生产成本（机修）   210 000

（六）制造费用的归集与分配

当车间只生产一种产品时，制造费用无须分配，可直接转入该产品成本。当车间生产几种产品时，如各生产小组按产品品种分工，则制造费用可直接转入各产品的成本；如各生产小组按生产工艺分工，则制造费用需分配转入各产品的成本。

制造费用的分配方法一般有以下几种：按生产工人工资分配、按生产工人工时分配、按机器工时分配、按耗用原材料的数量或成本分配、按直接成本分配（直接成本为原材料、燃料、动力、生产工人薪酬之和）、按产品数量分配。季节性生产企业还可以采用年度计划分配率分配法。企业具体采用哪种分配方法，由企业自行决定。分配方法一经确定，不得随意变更，如需变更，应在会计报表附注中予以说明。

制造费用分配率=待分配制造费用总额/分配标准之和（生产工人工资或生产工时）

各产品制造费用=制造费用分配率×该产品分配标准

【例4-20】天宇有限公司按生产工人工时分配制造费用，依据制造费用明细账记录，该企业当期一车间待分配的制造费用为180 000元，一车间共生产A、B两种产品，当期的生产工时分别为60 000小时、40 000小时，制造费用分配过程如下：

制造费用分配率=180 000/（60 000+40 000）=1.8（元/小时）

A产品制造费用=1.8×60 000=108 000（元）

B产品制造费用=1.8×40 000=72 000（元）

制造费用结转分录如下：

借：生产成本——基本生产成本（A产品）　　　　　　　　　　　108 000

　　　　　——基本生产成本（B产品）　　　　　　　　　　　72 000

　　贷：制造费用——车间　　　　　　　　　　　　　　　　　180 000

四、生产费用在完工产品与期末在产品之间的分配

通过材料费用、燃料动力费用、职工工资费用、制造费用等的归集分配，应计入本月产品成本的生产费用都归集在了"生产成本——基本生产成本"账户及相关的成本计算对象的成本计算单中。

如果某种产品本月全部生产完工，无月末在产品，则计入该产品的生产费用全部为完工产品成本。如果某种产品本月全部未生产完工，则计入该产品的生产费用全部为月末在产品成本。如果某种产品本月既有完工产品，又有月末在产品，则计入该产品的生产费用，月末应采用一定的方法，在完工产品和月末在产品之间分配，以计算完工产品成本及月末在产品成本。

月初在产品成本、本月生产费用、本月完工产品成本、月末在产品成本之间的关系可由如下公式表示：

月初在产品成本+本月生产费=本月完工产品成本+月末在产品成本

企业应根据产品的生产特点（如月末在产品数量多少及其各月变化的大小，各项费用在成本中所占比重等）、企业的管理要求和条件，选择合理的分配方法。常用的分配方法有在产品不计算成本法、在产品成本按年初数固定计算法、约当产量法、在产品成本按所耗用原材料费用计算法、在产品成本按定额成本计算法和定额成本比例法等。以下只介绍前三种方法。

1.在产品不计算成本法

在产品不计算成本法，是指月末不计算在产品的成本，即假定月末没有在产品，本月应负担的各项费用均由完工产品成本负担的方法。这种方法适用于各月末在产品数量很少的产品。

2.在产品成本按年初数固定计算法

在产品成本按年初数固定计算法，是指各月末可以不必具体计算月末在产品成本的实际数额，而固定以年初数来反映的方法。这样做，各月的月初、月末在产品成本都同样是年初数，则各月的本月投入生产费用全部为完工产品成本。计算公式如下：

月初在产品成本=月末在产品成本

本月生产费用=本月完工产品成本

这种方法适用各月末在产品数量较小或虽数量较大，但各月末在产品成本相差不多的产品。

3.约当产量法

约当产量法，是指月末首先在将在产品数量按完工程度折合为完工产品数量，称为在产品约当产量，然后按照完工产品数量和月末在产品约当产量的比例，分配生产费用，计算完工产品和月末在产品的成本的方法。这种方法适用于各月末在产品数量较多，变化较大，且各项生产费用在成本中所占比重相差不多的产品。

约当产量法的计算公式如下：

在产品约当产量=月末在产品数量×完工（投料）程度

$$各项费用分配率 = \frac{月初在产品费用 + 本月发生费用}{完工产品数量 + 月末在产品约当产量}$$

完工产品费用=完工产品数量×各项费用分配率

月末在产品费用=月末在产品约当产量×各项费用分配率

如费用分配率不能整除，为避免尾差，计算月末在产品费用时，应采用倒减的方式，计算公式如下：

月末在产品费用=月初在产品费用+本月发生费用–完工产品费用

计算时，由于生产费用的归集和分配是按成本计算对象分成本项目进行，各成本项目费用的发生程度不完全相同，所以在分配不同项目的费用时要用不同的约当产量，分配材料费用时要计算分配材料费用的约当产量，分配其他加工费用（如职工工资费、燃料动力费用及制造费用等）时要计算分配加工费用的约当产量。

（1）加工费用完工程度的确定。

第一，如果所生产的产品在各工序的在产品数量相差不多，且单位产品在各工序的加工量也相差不多时，可将全部在产品的完工程度估计为50%。

第二，如果所生产的产品在各工序的在产品数量相差较大，且单位产品在各工序的加工量也相差较大时，应分工序确定各工序的产品的完工程度。计算公式如下：

$$某工序在产品完工程度 = \frac{前面各工序工时定额之和 + 本工序工时定额 × 50\%}{单位产品工时定额}$$

【例4-21】甲产品需经三道工序生产完工，甲产品工时定额为20小时，其中第一、二、三工序的工时定额分别为4小时、6小时、10小时，甲产品本月月末在产品为600件，其中第一、二、三工序分别为100件、200件、300件，计算各工序在产品的完工程度及月末在产品的约当产量如下：

$$第一工序完工程度 = \frac{4 × 50\%}{20} = 10\%$$

$$第二工序完工程度 = \frac{4 + 6 × 50\%}{20} = 35\%$$

$$第三工序完工程度 = \frac{4 + 6 + 10 × 50\%}{20} = 75\%$$

月末在产品约当产量=100×10%+200×35%+300×75%=305（件）

（2）直接材料完工程度的确定。

第一，如果直接材料在生产开工时一次投入，则完工程度为100%，即月末在产品约当产量就等于月末在产品数量。

第二，如果直接材料分工序陆续投入，且投料程度与加工进度不一致，则应分工序确定各工序在产品的完工程度，其计算公式如下：

$$某工序在产品完工程度 = \frac{前面各工序材料定额之和 + 本工序材料定额 \times 50\%}{单位产品材料定额}$$

【例4-22】甲产品需经二道工序生产完工，甲产品材料消耗量定额为10千克。其中第一、二工序的材料消耗量定额分别为4千克、6千克，甲产品本月月末在产品为300件，其中第一、二工序分别为100件、200件，计算各工序在产品的完工程度及月末在产品的约当产量如下：

$$第一工序完工程度 = \frac{4 \times 50\%}{10} = 20\%$$

$$第二工序完工程度 = \frac{4 + 6 \times 50\%}{10} = 70\%$$

月末在产品约当产量=100×20%+200×70%=160（件）

第三，如果在每一道工序开工时一次投入本工序所需直接材料，则应分工序确定各工序在产品的完工程度，其计算公式如下：

$$某工序在产品完工程度 = \frac{前面各工序材料定额之和 + 本工序材料定额}{单位产品材料定额}$$

【例4-23】乙产品需经三道工序生产完工，乙产品材料消耗量定额为20千克，其中第一、二、三工序的材料消耗量定额分别为4千克、6千克、10千克，甲产品本月月末在产品为350件，其中第一、二、三工序分别为100件、50件、200件，计算各工序在产品的完工各程度及月末有产品的约当产量如下：

$$第一工序完工程度 = \frac{4}{20} \times 100\% = 20\%$$

$$第二工序完工程度 = \frac{4 + 6}{20} \times 100\% = 50\%$$

$$第三工序完工程度 = \frac{4 + 6 + 10}{20} \times 100\% = 100\%$$

月末在产品约当产量=100×20%+50×50%+200×100%=245（件）

计算确定了在产品完工程度及在产品约当产量后，即可据以分配各项费用，计算完工产品成本和月末在产品的成本。

·······○ 财经育人广角

成本管理不仅是一项技术活动，还与企业文化密切相关。在讲授产品成本核算时，可以关注成本管理与企业文化之间的联系。通过介绍不同企业的成本管理实践和文化特点，引导学生理解成本管理如何受到企业文化的影响，并探讨如何在企业文化中融入成本管理的理念。这样的教学有助于培养学生的跨文化意识和综合素质，为他们未来在不同企业文化背景下工作做好准备。

项目训练四

一、单选题

1.应记入"财务费用"账户的是（   ）。

A.商业折扣　　　　　B.现金折扣　　　　C.销售退回　　　　D.销售折让

2.不属于费用的项目是（　　　）。

A.董事会费　　　　　　　　　　B.劳动保险费

C.销售人员工资　　　　　　　　D.车间管理人员工资

3.企业的银行存款利息收入应贷记的账户是（　　　）。

A."财务费用"　　　　　　　　　B."其他业务收入"

C."营业外收入"　　　　　　　　D."投资收益"

4.某年甲公司支付销售人员工资9.5万元，计提专设销售机构使用房屋折旧1.5万元，支付业务招待费5万元，支付行政部门发生的固定资产修理费用5万元，计提固定资产减值准备2万元，计提车间固定资产折旧3万元。甲公司该年应确认的期间费用为（　　　）万元。

A.26　　　　　　　　B.21　　　　　　　C.14.5　　　　　　　D.16

5.下列关于工业企业"生产成本"账户设置的说法中，不正确的是（　　　）。

A.生产产品发生的各项生产费用在"生产成本"账户借方登记

B."生产成本"账户贷方反映的是完工转出的产成品成本

C.期末贷方余额反映的是尚未加工完成的在产品成本

D.可以设置基本生产成本和辅助生产成本二级科目

二、多选题

1.应计入管理费用的有（　　　）。

A.劳动保险费　　　　　　　　　B.筹建期间的办公费

C.车船税　　　　　　　　　　　D.业务招待费

2.下列各项费用中，应通过"管理费用"科目核算的有（　　　）。

A.诉讼费　　　　　　　　　　　B.研究费用

C.业务招待费　　　　　　　　　D.日常经营活动聘请中介机构费

3.下列费用中，可以计入销售费用的有（　　　）。

A.产品的展览费　　　　　　　　B.企业销售人员的工资

C.专设销售机构固定资产的折旧费　D.销售产品的广告费

4.下列各项中，应计入当期生产成本的有（　　　）。

A.行政管理部门计提的固定资产折旧

B.生产人员的薪酬

C.行政管理部门发生的固定资产修理费

D.生产产品耗用的材料成本

5.下列各项中，属于期间费用的有（　　　）。

A.董事会费　　　　　　　　　　B.行政管理人员劳动保险费

C.销售人员工资　　　　　　　　D.季节性停工损失

三、业务分析题

某企业2024年6月份发生如下经济业务：

1.仓库发出甲材料16吨，单价为每吨1 000元，用于A产品生产，发出乙材料8吨，单价为每吨500元，其中6吨用于B产品生产，2吨用于车间一般性耗用。

2.签发转账支票支付广告费8 000元。

3.开出转账支票支付业务招待费3 000元。

4.用银行存款支付银行承兑汇票的手续费为87.75元。

5.以银行存款支付本月水电费，其中车间耗用4 000元，行政管理部门耗用1 000元。

6.结算本月份应付职工工资15 000元，其中：制造A产品工人工资5 000元，制造B产品工人工资7 000元，车间管理人员工资1 000元，厂部管理人员工资2 000元。

7.以银行存款支付办公费390元。

8.月末按生产工人工资分配并结转制造费用。

要求：根据以上业务编制会计分录。

项目五　职工薪酬的核算

目标导航

1.熟知职工薪酬的内容。
2.能够独立进行工资与社会保险的核算处理。
3.能够独立进行货币性福利与非货币性福利的核算处理。

任务导入

"月薪多少?""有五险一金吗?",这是在招聘会上求职者最关注的话题。另外,职工薪酬也是构成企业产品成本的重要组成部分,其会计核算的准确与否直接关系到企业和职工的利益。我们共同努力,认真完成职工薪酬核算的工作任务吧。

任务一　　工资与社会保险的核算

一、职工薪酬的内容

职工薪酬,是指企业为获得职工提供的服务或解除劳动关系而给予职工的各种形式的报酬或补偿。职工薪酬包括:

(一)短期薪酬

短期薪酬,是指企业在职工提供相关服务的年度报告期间结束后十二个月内需要全部予以支付的职工薪酬,因解除与职工的劳动关系给予的补偿除外。短期薪酬具体包括:

1.职工工资、奖金、津贴和补贴,是指按照构成工资总额的计时工资、计件工资、支付给职工的超额劳动报酬和增收节支的劳动报酬、为补偿职工特殊或额外的劳动消耗和因其他特殊原因支付给职工的津贴,以及为保证职工工资水平不受物价影响支付给职工的物价补贴等。其中,企业按照短期奖金计划向职工发放的奖金属于短期薪酬,按照长期奖金计划向职工发放的奖金属于其他长期职工福利。

2.职工福利费,是指企业向职工提供的生活困难补助、丧葬补助费、抚恤费、职工异地安家费、防暑降温费等职工福利支出。

3.医疗保险费、工伤保险费和生育保险费等社会保险费,是指企业按照国家规定的基准和比例计算,向社会保险经办机构缴纳的医疗保险费、工伤保险费和生育保险费。

4.住房公积金,是指企业按照国家规定的基准和比例计算,向住房公积金管理机构缴存的住房公积金。

5.工会经费和职工教育经费,是指企业为了改善职工文化生活、为职工学习先进技术和提高文化水平和业务素质,用于开展工会活动和职工教育及职业技能培训等相关支出。

6.短期带薪缺勤,是指职工虽然缺勤但企业仍向其支付报酬的安排,包括年休假、病假、婚假、产假、丧假、探亲假等。长期带薪缺勤属于其他长期职工福利。

7.短期利润分享计划，是指因职工提供服务而与职工达成的基于利润或其他经营成果提供薪酬的协议。长期利润分享计划属于其他长期职工福利。

8.其他短期薪酬，是指除上述薪酬以外的其他为获得职工提供的服务而给予的短期薪酬。

（二）离职后福利

离职后福利，是指企业为获得职工提供的服务而在职工退休或与企业解除劳动关系后，提供的各种形式的报酬和福利，短期薪酬和辞退福利除外。

（三）辞退福利

辞退福利，是指企业在职工劳动合同到期之前解除与职工的劳动关系，或者为鼓励职工自愿接受裁减而给予职工的补偿。

（四）其他长期职工福利

其他长期职工福利，是指除短期薪酬、离职后福利、辞退福利之外所有的职工薪酬，包括长期带薪缺勤、长期残疾福利、长期利润分享计划等。

二、工资与社会保险的账务处理

企业应当通过"应付职工薪酬"科目，核算应付职工薪酬的提取、结算、使用等情况。该科目的贷方登记已分配计入有关成本费用项目的职工薪酬的数额，借方登记实际发放职工薪酬的数额，包括扣还的款项等；该科目期末贷方余额，反映企业应付未付的职工薪酬。"应付职工薪酬"科目应当按照"工资""社会保险费""住房公积金""工会经费""职工教育经费"等应付职工薪酬项目设置明细科目，进行明细核算。

（一）工资、奖金、津贴和补贴的核算

1.确认工资的核算

按照应发工资本着谁受益谁负担的原则：

借：生产成本

　　制造费用

　　管理费用

　　销售费用等科目

　　贷：应付职工薪酬——工资、奖金、津贴和补贴（应发金额）

【例5-1】天宇有限公司2024年9月份的工资汇总表见表5-1，请做出企业确认职工薪酬的账务处理。

表5-1　　　　　　　　天宇有限公司2024年9月份工资汇总表　　　　　　单位：元

| 部门 | 基本工资 | 奖金 | 津贴 | 补贴 | 应付工资 | 代扣款项 | | | | | 实发工资 |
						养老保险	医疗保险	失业保险	住房公积金	个人所得税	
生产A产品工人	210 000	1 000	2 000	1 000	214 000	16 500	4 200	2 100	21 000	14 000	156 200
生产B产品工人	200 000	1 000	2 000	1 000	204 000	15 800	4 000	2 000	20 000	14 000	148 200

续表

| 部门 | 基本工资 | 奖金 | 津贴 | 补贴 | 应付工资 | 代扣款项 | | | | | 实发工资 |
						养老保险	医疗保险	失业保险	住房公积金	个人所得税	
车间管理人员	55 000	1 000	2 000	1 000	59 000	4 500	1 200	600	6 000	4 000	42 700
行政管理部门	46 000	500	1 000	500	48 000	3 800	1 100	550	5 500	3 000	34 050
销售部门	12 000	1 000	500	500	14 000	1 100	300	150	1 500	1 000	9 950
合计	523 000	4 500	7 500	4 000	539 000	41 700	10 800	5 400	54 000	36 000	391 100

借：生产成本——A产品　　　　　　　　　　　　　　　　　214 000
　　　　　　　——B产品　　　　　　　　　　　　　　　　204 000
　　制造费用　　　　　　　　　　　　　　　　　　　　　 59 000
　　管理费用　　　　　　　　　　　　　　　　　　　　　 48 000
　　销售费用　　　　　　　　　　　　　　　　　　　　　 14 000
　贷：应付职工薪酬——工资　　　　　　　　　　　　　　 539 000

计量应付职工薪酬时，国家规定了计提基础和计提比例的，应按照国家规定的标准计提。国家没有规定计提基础和计提比例的，企业应当根据历史经验数据和实际情况，合理预计当期应付职工薪酬。当期实际发生金额大于预计金额的，应当补提应付职工薪酬；当期实际发生金额小于预计金额的，应当冲回多提的应付职工薪酬。

2.发放工资的核算

借：应付职工薪酬——工资 （应发金额）
　贷：其他应付款——养老保险（代扣个人负担的部分）
　　　　　　　　　——医疗保险（代扣个人负担的部分）
　　　　　　　　　——失业保险（代扣个人负担的部分）
　　　　　　　　　——住房公积金（代扣个人负担的部分）
　　　应交税费——应交个人所得税（代扣代缴个人所得税）
　　　库存现金或银行存款（实际发放金额）

【例5-2】承【例5-1】，天宇有限公司从银行提取现金391 100元，备发工资。

借：库存现金　　　　　　　　　　　　　　　　　　　　 391 100
　贷：银行存款　　　　　　　　　　　　　　　　　　　　 391 100

【例5-3】承【例5-2】，天宇有限公司发放工资。

借：应付职工薪酬——工资　　　　　　　　　　　　　　 539 000
　贷：其他应付款——养老保险　　　　　　　　　　　　　 41 700
　　　　　　　　　——医疗保险　　　　　　　　　　　　 10 800
　　　　　　　　　——失业保险　　　　　　　　　　　　　5 400
　　　　　　　　　——住房公积金　　　　　　　　　　　 54 000

   贷：应交税费——应交个人所得税   36 000

     库存现金   391 100

  （二）社会保险费与住房公积金的核算

  1. 确认五险一金的核算

  企业应当在职工为其提供服务的会计期间，根据规定的计提基础和计提比例计算确定相应的职工薪酬金额，并确认相关负债，按照受益对象计入当期损益或相关资产成本。

  【例5-4】天宇有限公司2024年9月份的五险一金明细表见表5-2，请做出企业确认职工薪酬的账务处理。

表5-2   天宇有限公司2024年9月份五险一金明细表   单位：元

部门	应付工资	养老保险	医疗保险	失业保险	工伤保险	生育保险	住房公积金	五险一金合计
生产A产品工人	214 000	42 000	21 000	4 200	2 100	1 650	21 000	91 950
生产B产品工人	204 000	40 000	20 000	4 000	2 000	1 580	20 000	87 580
车间管理人员	59 000	12 000	6 000	1 200	600	450	6 000	26 250
行政管理部门	48 000	11 000	5 500	1 100	550	380	5 500	24 030
销售部门	14 000	3 000	1 500	300	150	110	1 500	6 560
合计	539 000	108 000	54 000	10 800	5 400	4 170	54 000	236 370

  借：生产成本——A产品   91 950

      ——B产品   87 580

    制造费用   26 250

    管理费用   24 030

    销售费用   6 560

   贷：应付职工薪酬——养老保险   108 000

        ——医疗保险   54 000

        ——失业保险   10 800

        ——工伤保险   5 400

        ——生育保险   4 170

        ——住房公积金   54 000

  2. 支付五险一金的核算

  【例5-5】天宇有限公司支付五险一金时的账务处理。

  借：应付职工薪酬——养老保险   108 000

        ——医疗保险   54 000

        ——失业保险   10 800

        ——工伤保险   5 400

        ——生育保险   4 170

        ——住房公积金   54 000

借：其他应付款——养老保险	41 700
——医疗保险	10 800
——失业保险	5 400
——住房公积金	54 000
贷：银行存款	111 900

（三）工会经费和职工教育经费的核算

1.确认工会经费和职工教育经费的核算

企业应当按照国家相关规定，分别按照职工工资总额的2%和2.5%计量应付职工薪酬（工会经费、职工教育经费）金额和应相应计入成本费用的薪酬金额，再根据受益对象计入相关资产的成本或当期费用。

【例5-6】天宇有限公司2024年9月份的工会经费和职工教育经费明细表见表5-3，请做出企业确认职工薪酬的账务处理。

表5-3　　　　天宇有限公司2024年9月份的工会经费和职工教育经费明细表　　　　单位：元

部门	计提基数	工会经费（2%）	职工教育经费（2.5%）	合计
生产A产品工人	214 000	4 280	5 350	9 630
生产B产品工人	204 000	4 080	5 100	9 180
车间管理人员	59 000	1 180	1 475	2 655
行政管理部门	48 000	960	1 200	2 160
销售部门	14 000	280	350	630
合计	539 000	10 780	13 475	24 255

借：生产成本——A产品	9 630
——B产品	9 180
制造费用	2 655
管理费用	2 160
销售费用	630
贷：应付职工薪酬——工会经费	10 780
——职工教育经费	13 475

2.支付工会经费和职工教育经费的核算

【例5-7】天宇有限公司支付工会经费和职工教育经费时的账务处理。

会计分录如下：

借：应付职工薪酬——工会经费	10 780
——职工教育经费	13 475
贷：银行存款	24 255

·············· ○ 财经育人广角

工资核算应注重公平性和合理性，确保员工获得与其劳动贡献相匹配的报酬。这有助于培养学生的公平意识和正义感。阐述国家制定的工资和社会保险政策与国民经济发展、社会稳定的关系，引导学生理解个人收入与社会保障受国家大局影响，需与国家发展目标保持一致。介绍我国社会保险制度的改革历程和取得的成就，强调国家治理体系和治理能力现代化在完善社会保险制度方面的重要作用。这有助于增强学生的国家认同感和自豪感。

任务二　　职工福利的核算

职工福利费是企业准备用于职工医疗卫生、职工困难补助和其他福利方面的资金。按现行政策规定，企业的职工福利费可以按实际发生额列支，计入相关的成本费用。若与税收政策规定不一致时，应做纳税调整，年末账户余额清算结零。职工福利费包括货币性福利和非货币性福利。

一、货币性福利的核算

（一）确认货币性福利的核算

对于职工福利费，企业应当在实际发生时根据实际发生额计入当期损益或相关资产成本。

借：生产成本
　　制造费用
　　管理费用
　　销售费用等科目
　　贷：应付职工薪酬——职工福利（实际发生金额）

【例5-8】天宇有限公司下设一所职工食堂，每月根据在岗职工数量及岗位分布情况、相关历史经验数据等计算需要补贴食堂的金额，从而确定企业每期因补贴职工食堂需要承担的福利费金额。2024年9月，企业在岗职工共计200人，其中管理部门60人，生产车间140人，企业的历史经验数据表明，每个职工每月需补贴食堂200元。

借：生产成本　　　　　　　　　　　　　　　　　　　　28 000
　　管理费用　　　　　　　　　　　　　　　　　　　　12 000
　　贷：应付职工薪酬——职工福利　　　　　　　　　　　　　40 000

（二）发放货币性福利的核算

借：应付职工薪酬——职工福利（实际发生金额）
　　贷：库存现金

【例5-9】天宇有限公司用现金支付员工张某的生活困难补贴800元。

借：应付职工薪酬——职工福利　　　　　　　　　　　　800
　　贷：库存现金　　　　　　　　　　　　　　　　　　　　　800

二、非货币性福利的核算

（一）确认非货币性福利的核算

企业以其自产产品作为非货币性福利发放给职工的，以及将企业拥有的房屋等资产无偿提供给职工使用的，应当分别根据受益对象，按照该产品的公允价值或该住房每期应计提的折旧计入相关资产成本或当期损益。租赁住房等资产供职工无偿使用的，应当根据受益对象，将每期应付的租金计入相关资产成本或当期损益，并确认应付职工薪酬，难以认定受益对象的非货币性福利，直接计入当期损益和应付职工薪酬。

借：生产成本
　　　制造费用
　　　管理费用等科目
　　　贷：应付职工薪酬——非货币性福利

【例5-10】天宇有限公司共有职工200名，其中140名为直接参加生产的职工，60名为管理人员。2024年9月，该公司以其生产的成本为100元/台的电暖气作为福利发放给公司每名职工。该型号的电暖气市场价为200元/台，适用的增值税税率为13%。

借：生产成本　　　　　　　　　　　　　　　　　　　　　　31 640
　　管理费用　　　　　　　　　　　　　　　　　　　　　　13 560
　　　贷：应付职工薪酬——非货币性福利　　　　　　　　　　　　　45 200

本例中，应确认的应付职工薪酬=200×200×（1+13%）=45 200（元）。其中，应记入"生产成本"科目的金额=140×200×（1+13%）=31 640（元）；应记入"管理费用"科目的金额=60×200×（1+13%）=13 560（元）。

【例5-11】天宇有限公司决定，为各部门经理级别以上职工配备桑塔纳汽车一辆，假定每辆桑塔纳汽车每月计提折旧1 000元；为副总裁以上高级管理人员每人租赁住房一套，假设住房面积为200平方米并带有家具和电器等，月租金为8 000元/套。经统计，该公司的部门经理以上职工20名，副总裁以上高级管理人员5名。

应确认的应付职工薪酬=20×1 000+5×8 000=60 000（元）

其中，提供汽车供职工使用的非货币性福利=20×1 000=20 000（元）；租赁住房给职工使用的非货币性福利=5×8 000=40 000（元）。

借：管理费用　　　　　　　　　　　　　　　　　　　　　　60 000
　　　贷：应付职工薪酬——非货币性福利　　　　　　　　　　　　　60 000

（二）支付非货币性职工薪酬的核算

1.企业以其自产产品作为非货币性福利发放给职工的支付过程。（视同销售）

借：应付职工薪酬——非货币性福利
　　　贷：主营业务收入
　　　　　应交税费——应交增值税（销项税额）
借：主营业务成本
　　　贷：库存商品

【例5-12】承【例5-10】，天宇有限公司向职工发放电暖气作为福利，应确认主营业务收入，同时要根据相关税收规定，计算增值税销项税额。

借：应付职工薪酬——非货币性福利　　　　　　　　　　　　45 200
　　　贷：主营业务收入　　　　　　　　　　　　　　　　　　　　40 000
　　　　　应交税费——应交增值税（销项税额）　　　　　　　　　　5 200
借：主营业务成本　　　　　　　　　　　　　　　　　　　　20 000
　　　贷：库存商品——电暖气　　　　　　　　　　　　　　　　　20 000

本例中，应确认的主营业务收入=200×2 00=40 000（元）；应确认的增值税销项税额=200×200×13%=5 200（元）；应结转的销售成本=200×100=20 000（元）。

2.租赁住房等资产供职工无偿使用的支付过程：

借：应付职工薪酬——非货币性福利

　　贷：累计折旧

【例5-13】承【例5-11】，天宇有限公司应将其无偿给职工使用的20辆桑塔纳汽车，按照该部分非货币性福利20 000元，借记"应付职工薪酬——非货币性福利"账户，贷记"累计折旧"账户。

借：应付职工薪酬——非货币性福利　　　　　　　　　　　　20 000

　　贷：累计折旧　　　　　　　　　　　　　　　　　　　　　　20 000

同时，天宇有限公司还应将其每月支付的5套住房租金，按照该部分非货币性福利40 000元，借记"应付职工薪酬——非货币性福利"账户，贷记"银行存款"账户。

借：应付职工薪酬——非货币性福利　　　　　　　　　　　　40 000

　　贷：银行存款　　　　　　　　　　　　　　　　　　　　　　40 000

○ 财经育人广角

　　职工福利的核算需要关注不同群体的需求差异。针对不同岗位、不同地区的员工，企业需要制定差异化的福利政策，以满足他们的实际需求。这有助于培养学生的包容性和同理心，让他们更加关注社会弱势群体，积极参与社会公益事业。职工福利的核算还要求企业诚实守信、遵纪守法。企业不得通过虚假核算、逃避缴纳税款等手段损害国家和员工的利益。这有助于培养学生的诚信意识和法治观念，让他们认识到诚信是企业经营之本，法治是保障社会公平正义的重要基石。

项目训练五

一、单选题

1.企业从应付职工薪酬中代扣的职工房租，应贷记的会计科目是（　　）。

A.应付职工薪酬　　　B.应交税费　　　　　C.其他应收款　　　　D.其他应付款

2.下列各项职工薪酬中，能直接在"管理费用"中列支的是（　　）。

A.生产人员的薪酬　　　　　　　　　B.行政人员的薪酬

C.车间管理人员的薪酬

3.应由生产产品负担的职工薪酬，计入（　　）。

A.产品成本　　　　B.劳务成本　　　　　C.固定资产成本　　　D.无形资产成本

4.下列各项中，不应当在"应付职工薪酬"科目核算的是（　　）。

A.应付职工的医疗保险费　　　　　　B.应付职工的差旅费

C.应付职工的离职后福利　　　　　　D.应付职工的辞退福利

5.某企业为增值税一般纳税人，年末将本企业生产的一批饮料发放给职工作为福利。发放的饮料市场售价为12万元（不含增值税），增值税适用税率为13%，实际成本为10万元。假定不考虑其他因素，该企业应确认的应付职工薪酬为（　　）万元。

A.10　　　　　　　B.11.7　　　　　　　C.13.56　　　　　　D.14.04

二、多选题

1.工业企业在月份终了，应将当月工资分配计入（　　）。

A.生产成本   B.制造费用   C.销售费用   D.管理费用

2.下列项目中，属于其他应付款的有（   ）。

A.应付租入包装物的租金   B.付息

C.应付职工福利费   D.存入保证金

3.职工薪酬包括（   ）。

A.职工工资、资金、津贴、和补贴   B.失业保险

C.住房公积金   D.因解除与职工的劳动关系给予的补偿

4.下列各项中，应确认应付职工薪酬的有（   ）。

A.社会保险费   B.住房公积金

C.短期利润分享计划   D.工会经费

5.企业将拥有的小汽车无偿提供给本单位高级管理人员使用，下列会计处理正确的有（   ）。

A.借：管理费用
    贷：累计折旧

B.借：管理费用
    贷：应付职工薪酬

C.借：应付职工薪酬
    贷：累计折旧

D.借：管理费用
    贷：其他应收款

三、业务分析题

1.根据"工资结算汇总表"结算上月应付职工工资总额1 724 000元，代扣职工房租120 000元，代扣职工个人所得税160 000元，以存款实发工资为1 444 000元。

2.以现金支付职工张某生活困难补助3 000元。

3.以银行存款缴纳职工医疗保险费、工伤保险费583 200元。

4.月末，根据工资费用分配汇总表中列示：产品生产人员工资为1 080 000元，车间管理人员工资为280 000元，企业行政管理人员工资为236 000元，销售人员工资为128 000元。

5.月末，根据国家规定的计提标准，企业应缴纳职工医疗保险费、工伤保险费等共计583 200元，其中，应计入基本生产车间生产成本的金额为384 000元，应计入制造费用的金额为84 000元，应计入管理费用的金额为115 200元。

项目六　应交税费的核算

目标导航

能够独立进行一般纳税人增值税的核算处理。

熟悉小规模纳税人增值税的核算。

掌握消费税的征税方法和核算。

能够独立进行城建税、教育费附加的核算处理。

任务导入

著名的本杰明·富兰克林有句名言：人的一生有两件事是不可避免的，死亡和纳税。税收是国家财政收入的重要来源之一。企业作为营利性组织，依法纳税是其应尽的义务，应交税费的核算是一项重要的会计工作，就让我们共同努力完成工作任务吧。

任务一　增值税的核算

一、应交税费概述

企业根据税法规定应缴纳的各种税费包括：增值税、消费税、企业所得税、城市维护建设税、资源税、土地增值税、房产税、车船税、城镇土地使用税、教育费附加、印花税、耕地占用税、契税、车辆购置税等。

企业应通过"应交税费"科目核算各种税费的应缴、缴纳等情况。该科目贷方登记应缴纳的各种税费等，借方登记实际缴纳的税费；期末余额一般在贷方，反映企业尚未缴纳的税费，期末余额如在借方，反映企业多缴或尚未抵扣的税费。本科目按应缴税费项目设置明细科目进行明细核算。

企业代扣代缴的个人所得税，也通过"应交税费"科目核算，而企业缴纳的印花税、耕地占用税等不需要预计应交数的税金，不通过"应交税费"科目核算。

二、应交增值税

（一）增值税认知

1.增值税征税范围和纳税义务人

增值税是以商品（含应税劳务、应税行为）在流转过程中实现的增值额作为计税依据而征收的一种流转税。按照我国现行增值税制度的规定，在我国境内销售货物、加工修理修配劳务、服务、无形资产和不动产以及进口货物的企业、单位和个人为增值税的纳税人。其中，"服务"是指提供交通运输服务、建筑服务、邮政服务、电信服务、金融服务、现代服务、生活服务。

根据经营规模大小及会计核算水平的健全程度，增值税纳税人分为一般纳税人和小规模纳税人。

一般纳税人是指年应税销售额超过财政部、国家税务总局规定标准的增值税纳税人。小规模纳税人是指年应税销售额未超过规定标准，并且会计核算不健全，不能够提供准确税务资料的增值税纳税人。

2.增值税的计税方法

计算增值税的方法分为一般计税方法和简易计税方法。

增值税的一般计税方法，是先按当期销售额和适用的税率计算出销项税额，然后以该销项税额对当期购进项目支付的税款（即进项税额）进行抵扣，间接算出当期的应纳税额。应纳税额的计算公式如下：

应纳税额=当期销项税额-当期进项税额

公式中的"当期销项税额"是指纳税人当期销售货物、加工修理修配劳务、服务、无形资产和不动产时按照销售额和增值税税率计算并收取的增值税税额。其中，销售额是指纳税人销售货物、加工修理修配劳务、服务、无形资产和不动产向购买方收取的全部价款和价外费用，但是不包括收取的销项税额。当期销项税额的计算公式：

销项税额=销售额×增值税税率

公式中的"当期进项税额"是指纳税人购进货物、加工修理修配劳务、服务、无形资产或者不动产，支付或者负担的增值税税额。下列进项税额准予从销项税额中抵扣：（1）从销售方取得的增值税专用发票（含税控机动车销售统一发票，下同）上注明的增值税税额。（2）从海关进口增值税专用缴款书上注明的增值税税额。（3）购进农产品，除取得增值税专用发票或者海关进口增值税专用缴款书外，按照农产品收购发票或者销售发票上注明的农产品买价和9%的扣除率计算的进项税额；如用于生产销售或委托加工13%税率货物的农产品，按照农产品收购发票或者销售发票上注明的农产品买价和10%的扣除率计算的进项税额。（4）从境外单位或者个人购进劳务、无形资产或者不动产，从税务机关或者扣缴义务人取得的解缴税款的完税凭证上注明的增值税税额。（5）一般纳税人支付的道路、桥、闸通行费，凭取得的通行费发票上注明的收费金额和规定的方法计算的可抵扣的增值税进项税额。（6）纳税人购进国内旅客运输服务，其进项税额允许从销项税额中抵扣。

当期销项税额小于当期进项税额不足抵扣时，其不足部分可以结转下期继续抵扣。

一般纳税人采用的税率分为13%、9%、6%和零税率。

一般纳税人销售货物、劳务、有形动产租赁服务或者进口货物，税率为13%。

一般纳税人销售或者进口粮食等农产品、食用植物油、食用盐、自来水、暖气、冷气、热水、煤气、石油液化气、天然气、二甲醚、沼气、居民用煤炭制品、图书、报纸、杂志、音像制品、电子出版物、饲料、化肥、农药、农机、农膜以及国务院及其有关部门规定的其他货物，税率为9%；提供交通运输、邮政、基础电信、建筑、不动产租赁服务，销售不动产，转让土地使用权，税率为9%；其他应税行为，税率为6%。

一般纳税人出口货物，税率为零；但是，国务院另有规定的除外。境内单位和个人发生的跨境应税行为税率为零，具体范围由财政部和国家税务总局另行规定。

增值税的简易计税方法是按照销售额与征收率的乘积计算应纳税额，不得抵扣进项税额。应纳税额的计算公式如下：

应纳税额=销售额×征收率

公式中的销售额不包括其应纳税额，如果纳税人采用销售额和应纳税额合并定价方法的，应按照公式"销售额=含税销售额÷（1+征收率）"还原为不含税销售额计算。

增值税一般纳税人计算增值税大多采用一般计税方法；小规模纳税人一般采用简易计税方法；一般纳税人发生财政部和国家税务总局规定的特定应税销售行为，也可以选择简易计税方式计税，但是不得抵扣进项税额。

采用简易计税方式的增值税征收率为3%，国家另有规定的除外。

（二）一般纳税人的账务处理

1. 增值税核算应设置的会计科目

为了核算企业应交增值税的发生、抵扣、缴纳、退税及转出等情况，增值税一般纳税人应当在"应交税费"科目下设置"应交增值税""未交增值税""预交增值税""待抵扣进项税额""待认证进项税额""待转销项税额""增值税留抵税额""简易计税""转让金融商品应交增值税""代扣代交增值税"等明细科目。

（1）"应交增值税"明细科目，核算一般纳税人进项税额、销项税额抵减、已交税金、转出未交增值税、减免税款、出口抵减内销产品应纳税额、销项税额、出口退税、进项税额转出、转出多交增值税等情况。

该明细账设置以下专栏：

① "进项税额"专栏，记录一般纳税人购进货物、加工修理修配劳务、服务、无形资产或不动产而支付或负担的、准予从当期销项税额中抵扣的增值税税额；

② "销项税额抵减"专栏，记录一般纳税人按照现行增值税制度规定因扣减销售额而减少的销项税额。

③ "已交税金"专栏，记录一般纳税人当月已缴纳的应交增值税税额。

④ "转出未交增值税"和"转出多交增值税"专栏，分别记录一般纳税人月度终了转出当月应交未交或多交的增值税税额。

⑤ "减免税款"专栏，记录一般纳税人按现行增值税制度规定准予减免的增值税税额。

⑥ "出口抵减内销产品应纳税额"专栏，记录实行"免、抵、退"办法的一般纳税人按规定计算的出口货物的进项税抵减内销产品的应纳税额。

⑦ "销项税额"专栏，记录一般纳税人销售货物、加工修理修配劳务、服务、无形资产或不动产应收取的增值税税额。

⑧ "出口退税"专栏，记录一般纳税人出口货物、加工修理修配劳务、服务、无形资产按规定退回的增值税税额。

⑨ "进项税额转出"专栏，记录一般纳税人购进货物、加工修理修配劳务、服务、无形资产或不动产等发生非正常损失以及其他原因而不应从销项税额中抵扣、按规定转出的进项税额。

（2）"未交增值税"明细科目，核算一般纳税人月度终了从"应交增值税"或"预交增值税"明细科目转入当月应交未交、多交或预交的增值税税额，以及当月缴纳以前期间未交的增值税税额。

（3）"预交增值税"明细科目，核算一般纳税人转让不动产、提供不动产经营租赁服务、提供建筑服务、采用预收款方式销售自行开发的房地产项目等，以及其他按现行增值税制度规定应预交的增值税税额。

（4）"待抵扣进项税额"明细科目，核算一般纳税人已取得增值税扣税凭证并经税务机关认证，按照现行增值税制度规定准予以后期间从销项税额中抵扣的进项税额。

（5）"待认证进项税额"明细科目，核算一般纳税人由于未经税务机关认证而不得从当期销项税额中抵扣的进项税额。包括：一般纳税人已取得增值税扣税凭证、按照现行增值税制度规定准予从销项税额中抵扣，但尚未经税务机关认证的进项税额；一般纳税人已申请稽核但尚未取得稽核相符结果的海关缴款书进项税额。

（6）"待转销项税额"明细科目，核算一般纳税人销售货物、加工修理修配劳务、服务、无形资产或不动产，已确认相关收入（或利得）但尚未发生增值税纳税义务而需于以后期间确认为销项税额的增值税税额。

（7）"简易计税"明细科目，核算一般纳税人采用简易计税方法发生的增值税计提、扣减、预缴、缴纳等业务。

（8）"转让金融商品应交增值税"明细科目，核算增值税纳税人转让金融商品发生的增值税税额。

（9）"代扣代交增值税"明细科目，核算纳税人购进在境内未设经营机构的境外单位或个人在境内的应税行为代扣代缴的增值税。

2. 取得资产、接受劳务或服务

（1）一般纳税人购进货物、加工修理修配劳务、服务、无形资产或者不动产，按应计入相关成本费用或资产的金额，借记"材料采购""在途物资""原材料""库存商品""生产成本""无形资产""固定资产""管理费用"等科目，按当月已认证的可抵扣增值税税额，借记"应交税费——应交增值税（进项税额）"科目，按当月未认证的可抵扣增值税税额，借记"应交税费——待认证进项税额"科目，按应付或实际支付的金额，贷记"应付账款""应付票据""银行存款"等科目。购进货物等发生的退货，应根据税务机关开具的红字增值税专用发票编制相反的会计分录，如原增值税专用发票未做认证，应将发票退回并做相反的会计分录。

企业购进农产品，除取得增值税专用发票或者海关进口增值税专用缴款书外，按照农产品收购发票或者销售发票上注明的农产品买价和9%的扣除率计算的进项税额；购进用于生产销售或委托加工13%税率货物的农产品，按照农产品收购发票或者销售发票上注明的农产品买价和10%的扣除率计算的进项税额，借记"应交税费——应交增值税（进项税额）"科目，按农产品买价扣除进项税额后的差额，借记"材料采购""在途物资""原材料""库存商品"等科目，按照应付或实际支付的价款，贷记"应付账款""应付票据""银行存款"等科目。

【例6-1】天宇有限公司为增值税一般纳税人，销售商品适用的增值税税率为13%，原材料按实际成本核算，销售商品价格为不含增值税的公允价格。2024年9月份发生交易或事项以及相关的会计分录如下：

①6日，购入原材料一批，增值税专用发票上注明的价款为140 000元，增值税税额为18 200元，材料尚未到达，全部款项已用银行存款支付。

借：在途物资　　　　　　　　　　　　　　　　　　　　　140 000
　　应交税费——应交增值税（进项税额）　　　　　　　　　　18 200

　　　　贷：银行存款　　　　　　　　　　　　　　　　　　　　　　　　158 200

　②13日，收到6日购入的原材料并验收入库，与运输公司结清运输费用，增值税专用发票上注明的运输费用为6 000元，增值税税额为540元，运输费用和增值税税额已用转账支票付讫。

　　支付运费：

　　借：在途物资　　　　　　　　　　　　　　　　　　　　　　　　　6 000

　　　　应交税费——应交增值税（进项税额）　　　　　　　　　　　　 540

　　　　贷：银行存款　　　　　　　　　　　　　　　　　　　　　　　6 540

　　材料验收入库：

　　借：原材料　　　　　　　　　　　　　　　　　　　　　　　　　146 000

　　　　贷：在途物资　　　　　　　　　　　　　　　　　　　　　　146 000

　③15日，购入不需要安装的生产设备一台，增值税专用发票上注明的价款为50 000元，增值税税额为6 500元，款项尚未支付。

　　借：固定资产　　　　　　　　　　　　　　　　　　　　　　　　 50 000

　　　　应交税费——应交增值税（进项税额）　　　　　　　　　　　　6 500

　　　　贷：应付账款　　　　　　　　　　　　　　　　　　　　　　 56 500

　④22日，购入农产品一批，农产品收购发票上注明的买价为400 000元，规定的增值税扣除率为9%，货物尚未到达，价款已用银行存款支付。

　　　进项税额=购买价款×扣除率=400 000×9% =36 000（元）

　　借：在途物资　　　　　　　　　　　　　　　　　　　　　　　　364 000

　　　　应交税费——应交增值税（进项税额）　　　　　　　　　　　36 000

　　　　贷：银行存款　　　　　　　　　　　　　　　　　　　　　　400 000

　⑤26日，公司管理部门委托外单位修理机器设备，取得对方开具的增值税专用发票上注明的修理费用为10 000元，增值税税额为1 300元，款项已用银行存款支付。

　　借：管理费用　　　　　　　　　　　　　　　　　　　　　　　　 10 000

　　　　应交税费——应交增值税（进项税额）　　　　　　　　　　　　1 300

　　　　贷：银行存款　　　　　　　　　　　　　　　　　　　　　　 11 300

　⑥29日，该公司购进一幢简易办公楼作为固定资产核算，并投入使用。已取得增值税专用发票并经税务机关认证，增值税专用发票上注明的价款为2 500 000元，增值税税额为225 000元，全部款项以银行存款支付。不考虑其他相关因素。

　　借：固定资产　　　　　　　　　　　　　　　　　　　　　　 2 500 000

　　　　应交税费——应交增值税（进项税额）　　　　　　　　　　225 000

　　　　贷：银行存款　　　　　　　　　　　　　　　　　　　　 2 725 000

　（2）货物等已验收入库但尚未取得增值税扣税凭证。

　企业购进的货物等已到达并验收入库，但尚未收到增值税扣税凭证并未付款的，应在月末按货物清单或相关合同协议上的价格暂估入账，不需要将增值税的进项税额暂估入账。下月初，用红字冲销原暂估入账金额，待取得相关增值税扣税凭证并经认证后，按应计入相关成本费用或资产的金额，借记"原材料""库存商品""固定资产""无形资产"等科目，按可抵扣的增值税额，借记"应交税费——应交增值税（进项税额）"科目，按应付或实际支付的金额，贷记"应付账款""应付票据""银行存款"等科目。

【例6-2】承【例6-1】，2024年9月30日，天宇有限公司购进原材料一批已验收入库，但尚未收到增值税扣税凭证，款项也未支付。随货同行的材料清单列明的原材料销售价格为300 000元。

借：原材料　　　　　　　　　　　　　　　　　　　　　　300 000
　　贷：应付账款　　　　　　　　　　　　　　　　　　　　　　　　300 000
下月初，用红字冲销原暂估入账金额：
借：原材料　　　　　　　　　　　　　　　　　　　　　　300 000
　　贷：应付账款　　　　　　　　　　　　　　　　　　　　　　　　300 000

10月10日，取得相关增值税专用发票上注明的价款为300 000元，增值税税额为39 000元，增值税专用发票已经认证。全部款项以银行存款支付。

借：原材料　　　　　　　　　　　　　　　　　　　　　　300 000
　　应交税费——应交增值税（进项税额）　　　　　　　　　 39 000
　　贷：银行存款　　　　　　　　　　　　　　　　　　　　　　　　339 000

（3）进项税额转出。

企业已单独确认进项税额的购进货物、加工修理修配劳务或者服务、无形资产或者不动产但其事后改变用途（如用于简易计税方法计税项目、免征增值税项目、非增值税应税项目等），或发生非正常损失，原已计入进项税额、待抵扣进项税额或待认证进项税额，按照现行增值税制度规定不得从销项税额中抵扣。这里所说的"非正常损失"，根据现行增值税制度规定，是指因管理不善造成货物被盗、丢失、霉烂变质，以及因违反法律法规造成货物或者不动产被依法没收、销毁、拆除的情形。

进项税额转出的账务处理为，借记"待处理财产损溢""应付职工薪酬""固定资产""无形资产"等科目，贷记"应交税费——应交增值税（进项税额转出）""应交税费——待抵扣进项税额"或"应交税费——待认证进项税额"科目。属于转作待处理财产损失的进项税额，应与非正常损失的购进货物、在产品或库存商品、固定资产或无形资产的成本一并处理。

【例6-3】承【例6-1】，2024年9月份，天宇有限公司发生进项税额转出事项如下：

①8日，库存材料因管理不善发生被盗损失，材料实际成本为30 000元，相关增值税专用发票上注明的增值税税额为3 900元。天宇有限公司将毁损库存材料作为"待处理财产损溢"入账。

借：待处理财产损溢——待处理流动资产损溢　　　　　　　 33 900
　　贷：原材料　　　　　　　　　　　　　　　　　　　　　　　　 30 000
　　　　应交税费——应交增值税（进项税额转出）　　　　　　　　 3 900

②15日，领用一批外购原材料用于集体福利，该批原材料的实际成本为70 000元，相关增值税专用发票上注明的增值税税额为9 100元。

借：应付职工薪酬——职工福利费　　　　　　　　　　　　 79 100
　　贷：原材料　　　　　　　　　　　　　　　　　　　　　　　　 70 000
　　　　应交税费——应交增值税（进项税额转出）　　　　　　　　 9 100

需要说明的是，一般纳税人购进货物、加工修理修配劳务、服务、无形资产或不动产，用于简易计税方法计税项目、免征增值税项目、集体福利或个人消费等，即使取得的增值税专用发票上已注明增值税进项税额，该税额按照现行增值税制度规定也不得从销项税额中抵扣的，取得增值税专用发票时，应将待认证的目前不可抵扣的增值税进项税额，借记"应交税费——待认证进项税额"科目，贷记"银行存款""应付账款"等科目。经税务机关认证为不可抵扣的增值税进项税额时，借记"应交税费——应交增值税（进项税额）"科目，贷记"应交税费——待认证进项税额"科目；同时，将增值税进项税额转出，借记相关成本费用或资产科目，贷记"应交税费——应交增值税（进项税额转出）"科目。

【例6-4】承【例6-1】，2024年9月28日，天宇有限公司外购空调扇200台作为福利发放给直接从事生产的职工，取得的增值税专用发票上注明的价款为180 000元、增值税税额为23 400元，以银行存款支付了购买空调扇的价款和增值税进项税额，增值税专用发票尚未经税务机关认证。

①购入时：

借：库存商品——空调扇　　　　　　　　　　　　　　　180 000

　　应交税费——待认证进项税额　　　　　　　　　　　　23 400

　　贷：银行存款　　　　　　　　　　　　　　　　　　　　　203 400

②经税务机关认证不可抵扣时：

借：应交税费——应交增值税（进项税额）　　　　　　　23 400

　　贷：应交税费——待认证进项税额　　　　　　　　　　　　23 400

同时：

借：库存商品——空调扇　　　　　　　　　　　　　　　23 400

　　贷：应交税费——应交增税（进项税额转出）　　　　　　23 400

③实际发放时：

借：应付职工薪酬——非货币性福利　　　　　　　　　　203 400

　　贷：库存商品——空调扇　　　　　　　　　　　　　　　203 400

3. 销售等业务的账务处理

（1）企业销售货物、加工修理修配劳务、服务、无形资产或不动产，应当按应收或已收的金额，借记"应收账款""应收票据""银行存款"等科目，按取得的收益金额，贷记"主营业务收入""其他业务收入""固定资产清理"等科目，按现行增值税制度规定计算的销项税额（或采用简易计税方法计算的应纳增值税额），贷记"应交税费——应交增值税（销项税额）"或"应交税费"——简易计税"科目。

企业销售货物等发生销售退回的，应根据税务机关开具的红字增值税专用发票作相反的会计分录。根据会计准则相关规定的收入或利得确认时点早于按照现行增值税制度确认增值税纳税义务发生时点的，应将相关销项税额记入"应交税费——待转销项税额"科目。待实际发生纳税义务时再转入"应交税费——应交增值税（销项税额）"或"应交税费——简易计税"科目。按增值税制度确认增值税纳税义务发生时点早于根据会计准则相关规定收入或利得确认时点的，应将应纳增值税额，借记"应收账款"科目，贷记"应交税费——应交增值税（销项税额）"或"应交税费——简易计税"科目，根据会计准则相关规定确认收入或利得时，应按扣除增值税销项税额后的金额确认收入或利得。

【例6-5】承【例6-1】，2024年9月，天宇有限公司发生与销售相关的交易或事项如下：

①13日，销售产品一批，开具的增值税专用发票上注明的价款为3 500 000元，增值税税额为455 000元，提货单和增值税专用发票已交给买方，款项尚未收到。

借：应收账款　　　　　　　　　　　　　　　　　　　　　3 955 000

　　贷：主营业务收入　　　　　　　　　　　　　　　　　　　3 500 000

　　　　应交税费——应交增值税（销项税额）　　　　　　　　455 000

②28日，为外单位代加工电脑桌450个，每个收取加工费70元，已加工完成。开具的增值税专用发票上注明的价款为31 500元，增值税税额为4 095元，款项已收到并存入银行。

借：银行存款　　　　　　　　　　　　　　　　　　　　　　35 595

　　贷：主营业务收入　　　　　　　　　　　　　　　　　　　31 500

　　　　应交税费——应交增值税（销项税额）　　　　　　　　4 095

（2）视同销售。企业有些交易和事项按照现行增值税制度规定，应视同对外销售处理，计算应交增值税。视同销售需要缴纳增值税的事项主要有：企业将自产或委托加工的货物用于集体福利或个人消费；作为投资提供给其他单位或个体工商户、分配给股东或投资者、对外捐赠等。在这些情况下，企业应当根据视同销售的具体内容，按照现行增值税制度规定计算的销项税额（或采用简易计税方法计算的应纳增值税税额），借记"长期股权投资""应付职工薪酬""利润分配""营业外支出"等科目，贷记"应交税费——应交增值税（销项税额）"或"应交税费——简易计税"科目。

【例6-6】承【例6-1】，2024年9月，天宇有限公司发生的视同销售交易或事项如下：

①10日，以公司生产的产品对外捐赠，该批产品的实际成本为150 000元，市场不含税售价为200 000元，开具的增值税专用发票上注明的增值税税额为26 000元。

天宇有限公司以自产产品对外捐赠应交的增值税销项税额=200 000×13%=26 000（元）

借：营业外支出　　　　　　　　　　　　　　　　　　　　　176 000

　　贷：库存商品　　　　　　　　　　　　　　　　　　　　　150 000

　　　　应交税费——应交增值税（销项税额）　　　　　　　　26 000

②23日，天宇有限公司用一批原材料对外进行长期股权投资。该批原材料实际成本为650 000元，双方协商不含税价值为780 000元，开具的增值税专用发票上注明的增值税税额为101 400元。

天宇有限公司对外投资原材料应交的增值税销项税额=780 000×13%=101 400（元）

借：长期股权投资　　　　　　　　　　　　　　　　　　　　881 400

　　贷：其他业务收入　　　　　　　　　　　　　　　　　　　780 000

　　　　应交税费——应交增值税（销项税额）　　　　　　　　101 400

同时：

借：其他业务成本　　　　　　　　　　　　　　　　　　　　650 000

　　贷：原材料　　　　　　　　　　　　　　　　　　　　　　650 000

4.交纳增值税

企业交纳当月应交的增值税，借记"应交税费——应交增值税（已交税金）"科目，贷记"银行存款"科目；企业交纳以前期间未交的增值税，借记"应交税费——未交增值税"科目，贷记"银行存款"科目。

【例6-7】承【例6-1】~【例6-6】，2024年9月，天宇有限公司当月发生增值税销项税额合计为586 495元，增值税进项税额转出合计为36 400元，增值税进项税额合计为349 940元。

当月应交增值税=586 495 +36 400-349 940=272 955（元）

天宇有限公司当月实际缴纳增值税税款202 955元，编制如下会计分录：

借：应交税费——应交增值税（已交税金）   202 955
　　贷：银行存款   202 955

5.月末转出多交增值税和未交增值税

月度终了，企业应当将当月应交未交或多交的增值税自"应交增值税"明细科目转入"未交增值税"明细科目。对于当月应交未交的增值税，借记"应交税费——应交增值税（转出未交增值税）"科目，贷记"应交税费——未交增值税"科目；对于当月多交的增值税，借记"应交税费——未交增值税"科目，贷记"应交税费——应交增值税（转出多交增值税）"科目。

【例6-8】承【例6-7】，2024年9月30日，天宇有限公司将尚未缴纳的其余增值税税款70 000元进行转出。

借：应交税费——应交增值税（转出未交增值税）   70 000
　　贷：应交税费——未交增值税   70 000

10月份，天宇有限公司缴纳9月未交的增值税70 000元。

借：应交税费——未交增值税   70 000
　　贷：银行存款   70 000

需要说明的是，企业购入材料、商品等不能取得增值税专用发票的，发生的增值税应计入材料采购成本，借记"材料采购""在途物资""原材料""库存商品"等科目，贷记"银行存款"等科目。

（三）小规模纳税人的账务处理

小规模纳税人核算增值税时采用简化的方法，即购进货物、应税服务或应税行为，取得增值税专用发票上注明的增值税，一律不予抵扣，直接计入相关成本费用或资产。小规模纳税人销售货物、应税服务或应税行为时，按照不含税的销售额和规定的增值税征收率计算应缴纳的增值税（即应纳税额），但不得开具增值税专用发票。

一般来说，小规模纳税人采用销售额和应纳税额合并定价的方法并向客户结算款项，销售货物、应税劳务或应税行为后，应进行价税分离，确定不含税的销售额。不含税的销售额计算公式如下：

不含税销售额=含税销售额÷（1+征收率）

应纳税额=不含税销售额×征收率

小规模纳税人进行账务处理时，只需在"应交税费"科目下设置"应交增值税"明细科目，该明细科目不再设置增值税专栏。"应交税费——应交增值税"科目贷方登记应缴纳的增值税，借方登记已缴纳的增值税；期末贷方余额，反映小规模纳税人尚未缴纳的增值税，期末借方余额，反映小规模纳税人多缴纳的增值税。

　　小规模纳税人购进货物、应税服务或应税行为，按照应付或实际支付的全部款项（包括支付的增值税税额），借记"材料采购""在途物资""原材料""库存商品"等科目，贷记"应付账款""应付票据""银行存款"等科目；销售货物、应税服务或应税行为，应按全部价款（包括应交的增值税税额），借记"银行存款"等科目，按不含税的销售额，贷记"主营业务收入"等科目，按应缴纳的增值税，贷记"应交税费——应交增值税"科目。

　　【例6-9】假设天宇有限公司为增值税小规模纳税人，适用增值税征收率为3%，原材料按实际成本核算。该公司发生经济业务如下：

　　（1）购入原材料一批，取得增值税专用发票上注明的价款为50 000元，增值税税额为6 500元，全部款项以银行存款支付，材料已验收入库。

　　借：原材料　　　　　　　　　　　　　　　　　　　　　56 500
　　　　贷：银行存款　　　　　　　　　　　　　　　　　　　　　56 500

　　（2）销售产品一批，开具的普通发票上注明的货款（含税）为72 100元，款项已存入银行。

不含税销售额=含税销售额÷（1+征收率）=72 100÷（1+3%）=70 000（元）

应纳增值税=不含税销售额×征收率=70 000×3%=2 100（元）

　　借：银行存款　　　　　　　　　　　　　　　　　　　　　72 100
　　　　贷：主营业务收入　　　　　　　　　　　　　　　　　　　70 000
　　　　　　应交税费——应交增值税　　　　　　　　　　　　　　　2 100

　　（3）缴纳增值税。

　　借：应交税费——应交增值税　　　　　　　　　　　　　　　2 100
　　　　贷：银行存款　　　　　　　　　　　　　　　　　　　　　2 100

---------------- ○ 财经育人广角

　　在教学中融入增值税改革内容，从营改增到税率的下调，让学生体会到国家让利百姓，扶持企业发展，降低企业的负担。同时对增值税税收优惠政策进行解读，让学生深刻感受到国家对弱势群体的关爱，鼓励青年创业，支持偏远地区经济发展。强化学生的爱国主义情操，提升国家认同感，增强中华民族自豪感，从而帮助学生树立正确的人生观和价值观。

任务二　　　　　　　消费税的核算

一、消费税概述

　　消费税是指在我国境内生产、委托加工和进口应税消费品的单位和个人，按其流转额缴纳的一种税。消费税有从价定率、从量定额、从价定率和从量定额复合计税（简称"复合计税"）三种征收方法。采取从价定率方法征收的消费税，以不含增值税的销售额为税基，按照税法规定的税率计算。企业的销售收入包含增值税的，应将其换算为不含增值税的销售额。采取从量定额计征的消费税，按税法确定的企业应税消费品的数量和单位应税消费品应缴纳的消费税计算确定。采取复合计税计征的消费税，由以不含增值税的销售额为税基，按照税法规定的税率计算的消费税和根据按税法确定的企业应税消费品的数量和单位应税消费品应缴纳的消费税计算的消费税合计确定。

二、消费税的账务处理

企业应在"应交税费"科目下设置"应交消费税"明细科目，核算应交消费税的发生、缴纳情况。该科目贷方登记应交缴纳的消费税，借方登记已缴纳的消费税，期末贷方余额，反映企业尚未交纳的消费税，期末借方余额，反映企业多交纳的消费税。

（一）销售应税消费品

企业销售应税消费品应交的消费税，应借记"税金及附加"科目，贷记"应交税费——应交消费税"科目。

【例6-10】假设天宇有限公司生产化妆品，2024年9月10日，销售所生产的化妆品，价款为2 000 000元（不含增值税），开具的增值税专用发票上注明的增值税税额为260 000元，适用的消费税税率为15%，款项已存入银行。

1.取得价款和税款时：

借：银行存款　　　　　　　　　　　　　　　　　　　2 260 000
　　贷：主营业务收入　　　　　　　　　　　　　　　　　　2 000 000
　　　　应交税费——应交增值税（销项税额）　　　　　　　　260 000

2.计算应缴纳的消费税：

应纳消费税税额=2 000 000×15% =300 000（元）

借：税金及附加　　　　　　　　　　　　　　　　　　　300 000
　　贷：应交税费——应交消费税　　　　　　　　　　　　　　300 000

（二）自产自用应税消费品

企业将生产的应税消费品用于在建工程等非生产机构时，按规定应缴纳的消费税，借记"在建工程"等科目，贷记"应交税费——应交消费税"科目。

【例6-11】天宇有限公司在建工程领用自产润滑油4 000升，成本为40 000元，应纳消费税6 080元。不考虑其他相关税费。

借：在建工程　　　　　　　　　　　　　　　　　　　　46 080
　　贷：库存商品　　　　　　　　　　　　　　　　　　　　40 000
　　　　应交税费——应交消费税　　　　　　　　　　　　　　6 080

【例6-12】天宇有限公司下设的职工食堂享受企业提供的补贴，本月领用自产产品一批，该产品的成本为25 000元，市场不含税售价为34 000元，适用的增值税税率为13%、消费税税率为10%。

借：应付职工薪酬——职工福利费　　　　　　　　　　　38 420
　　税金及附加　　　　　　　　　　　　　　　　　　　 3 400
　　贷：主营业务收入　　　　　　　　　　　　　　　　　　34 000
　　　　应交税费——应交增值税（销项税额）　　　　　　　　4 420
　　　　　　　　——应交消费税　　　　　　　　　　　　　 3 400

同时：

借：主营业务成本　　　　　　　　　　　　　　　　　　25 000
　　贷：库存商品　　　　　　　　　　　　　　　　　　　　25 000

（三）委托加工应税消费品

企业如有应交消费税的委托加工物资，一般应由受托方代收代缴消费税。委托加工物资收回后，直接用于销售的，应将受托方代收代缴的消费税计入委托加工物资的成本，借记"委托加工物资"等科目，贷记"应付账款""银行存款"等科目；委托加工物资收回后用于连续生产应税消费品的，按规定准予抵扣的，应按已由受托方代收代缴的消费税，借记"应交税费——应交消费税"科目，贷记"应付账款""银行存款"等科目，待用委托加工的应税消费品生产出应纳消费税的产品销售时，再缴纳消费税。

【例6-13】天宇有限公司委托乙公司代为加工一批应交消费税的材料（非金银首饰）。天宇有限公司发出材料的成本为3 000 000元，应付加工费为450 000元，增值税税率为13%，由乙公司代收代缴的消费税为180 000元。材料已经加工完成，天宇有限公司收回并验收入库，加工费及相关税金尚未支付。天宇有限公司采用实际成本法进行原材料的核算。

1.委托加工物资收回继续用于生产应税消费品：

借：委托加工物资	3 000 000	
贷：原材料		3 000 000
借：委托加工物资	450 000	
应交税费——应交增值税（进项税额）	58 500	
——应交消费税	180 000	
贷：应付账款		688 500
借：原材料	3 450 000	
贷：委托加工物资		3 450 000

2.如果委托加工物资收回直接对外销售：

借：委托加工物资	3 000 000	
贷：原材料		3000 000
借：委托加工物资	630 000	
应交税费——应交增值税（进项税额）	58 500	
贷：应付账款		688 500
借：原材料	3 630 000	
贷：委托加工物资		3 630 000

（四）进口应税消费品

企业进口应税物资缴纳的消费税由海关代征。应交的消费税按照组成计税价格和规定的税率计算，消费税计入该项物资成本，借记"在途物资""材料采购""原材料""库存商品"科目，贷记"银行存款"等科目。

【例6-14】某公司从国外进口一批需要缴纳消费税的商品，已知该商品关税完税价格为540 000元，按规定应缴纳关税108 000元，假定进口的应税消费品的消费税税率为10%，增值税税率为13%。货物报关后，自海关取得的"海关进口消费税专用缴款书"注明的消费税为72 000元，"海关进口增值税专用缴款书"注明的增值税为93 340元。进口商品已验收入库，全部货款和税款已用银行存款支付。

进口商品的入账成本=540 000+108 000+72 000=720 000（元）

```
借：库存商品                                            720 000
    应交税费——应交增值税（进项税额）                    93 340
  贷：银行存款                                                    813 340
```
其中：

应交消费税税额=〔（540 000 + 108 000）÷（1- 10%）〕×10% =72 000（元）

应交增值税税额=（540 000 + 108 000+72 000）×13% =93 340（元）

-------------- ◯ 财经育人广角

　　通过对消费税税制改革、税收范围的讲解，让学生体会国家通过立法对消费观念的引导。同时结合课程内容，要求学生反思自己的消费观、价值观，引导学生正确消费，鼓励节俭，树立正确的消费观和价值观，养成注重环保、节约资源、低碳生活的理念。

任务三　　　　　其他税费的核算

　　其他应交税费是指除上述应交税费以外的其他各种应上交国家的税费，包括应交资源税、应交城市维护建设税、应交土地增值税、应交所得税、应交房产税、应交城镇土地使用税、应交车船税、应交教育费附加、应交个人所得税等。企业应当在"应交税费"科目下设置相应的明细科目进行核算，贷方登记应缴纳的有关税费，借方登记已交纳的有关税费，期末贷方余额，反映企业尚未交纳的有关税费。

一、应交资源税

　　资源税是对在我国境内开采矿产品或者生产盐的单位和个人征收的税。对外销售应税产品应交纳的资源税应记入"税金及附加"科目，借记"税金及附加"科目，贷记"应交税费——应交资源税"科目；自产自用应税产品应缴纳的资源税应记入"生产成本""制造费用"等科目，借记"生产成本""制造费用"等科目，贷记"应交税费——应交资源税"科目。

　　【例6-15】天宇有限公司本期对外销售资源税应税矿产品4 000吨、将自产资源税应税矿产品600吨用于其产品生产，税法规定每吨矿产品应交资源税5元。

　　1.计算对外销售应税矿产品应交资源税：

该公司对外销售应税产品而应交的资源税=4 000×5=20 000（元）

```
借：税金及附加                                          20 000
  贷：应交税费——应交资源税                                    20 000
```

　　2.计算自用应税矿产品应交资源税：

该公司自产自用应税矿产品而应交纳的资源税=600×5=3 000（元）

```
借：生产成本                                            3 000
  贷：应交税费——应交资源税                                    3 000
```

　　3.交纳资源税：

```
借：应交税费——应交资源税                              23 000
  贷：银行存款                                                  23 000
```

二、应交城市维护建设税

城市维护建设税是以增值税和消费税为计税依据征收的税种。其纳税人为缴纳增值税和消费税的单位和个人，以纳税人实际缴纳的增值税和消费税税额为计税依据，并分别与两项税金同时缴纳。税率因纳税人所在地不同从1%~7%不等。应纳税计算公式如下：

应纳税额=（实际缴纳的增值税+实际缴纳的消费税）×适用税率

企业按规定计算出应缴纳的城市维护建设税，借记"税金及附加"等科目，贷记"应交税费——应交城市维护建设税"科目。缴纳城市维护建设税时，借记"应交税费——应交城市维护建设税"科目，贷记"银行存款"科目。

【例6-16】2024年9月份，假设天宇有限公司实际缴纳增值税540 000元、消费税210 000元，适用的城市维护建设税税率为7%。

1.计算应交城市维护建设税：

应交的城市维护建设税=（540 000 +210 000）×7% =52 500（元）

借：税金及附加   52 500
　　贷：应交税费——应交城市维护建设税   52 500

2.用银行存款交纳城市维护建设税：

借：应交税费——应交城市维护建设税   52 500
　　贷：银行存款   52 500

三、应交教育费附加

教育费附加是指为了加快发展地方教育事业、扩大地方教育经费资金来源而向企业征收的附加费用。教育费附加以各单位实际缴纳的增值税、消费税的税额为计征依据，按其一定比例分别与增值税、消费税同时缴纳。企业按规定计算出应缴纳的教育费附加，借记"税金及附加"等科目，贷记"应交税费——应交教育费附加"科目。

【例6-17】天宇有限公司按税法规定计算，2024年第四季度应缴纳教育费附加350 000元，款项已经用银行存款支付。

1.计算应缴纳的教育费附加：

借：税金及附加   350 000
　　贷：应交税费——应交教育费附加   350 000

2.缴纳教育费附加：

借：应交税费——应交教育费附加   350 000
　　贷：银行存款   350 000

四、应交土地增值税

土地增值税是对转让国有土地使用权、地上的建筑物及其附着物（简称"转让房地产"）并取得增值性收入的单位和个人所征收的一种税。

土地增值税按照转让房地产所取得的增值额和规定的税率计算征收。转让房地产的增值额是转让收入减去税法规定扣除项目金额后的余额，其中，转让收入包括货币收入、实物收入和其他收入；扣除项目主要包括取得土地使用权所支付的金额、开发土地的成本及费用、新建房及配套设施的成本及费用、与转让房地产有关的税金、旧房及建筑物的评估价格、财政部确定的其他扣除项目等。土地增值税采用四级超率累进税率，其中最低税率为30%，最高税率为60%。

五、应交房产税、城镇土地使用税和车船税

房产税是国家对在城市、县城、建制镇和工矿区征收的由产权所有人缴纳的一种税。房产税依照房产原值一次减除10%~30%后的余额计算交纳。没有房产原值作为依据的，由房产所在地税务机关参考同类房产核定；房产出租的，以房产租金收入为房产税的计税依据。

城镇土地使用税是以城市、县城、建制镇、工矿区范围内使用土地的单位和个人为纳税人，以其实际占用的土地面积和规定税额计算征收。

车船税是以车辆、船舶（简称"车船"）为课征对象，向车船的所有人或者管理人征收的一种税。

企业应交的房产税、城镇土地使用税、车船税，记入"税金及附加"科目，借记"税金及附加"科目，贷记"应交税费——应交房产税、应交城镇土地使用税、应交车船税"科目。

【例6-18】某公司按税法规定本期应缴纳房产税180 000元、车船税36 000元、城镇土地使用税42 000元。

1.计算应缴纳的上述税金：

借：税金及附加	258 000
贷：应交税费——应交房产税	180 000
——应交城镇土地使用税	42 000
——应交车船税	36 000

2.用银行存款缴纳上述税金：

借：应交税费——应交房产税	180 000
——应交城镇土地使用税	42 000
——应交车船税	36 000
贷：银行存款	258 000

六、应交个人所得税

企业职工按规定应缴纳的个人所得税通常由单位代扣代缴。企业按规定计算的代扣代缴的职工个人所得税，借记"应付职工薪酬"科目，贷记"应交税费——应交个人所得税"科目；企业缴纳个人所得税时，借记"应交税费——应交个人所得税"科目，贷记"银行存款"等科目。

【例6-19】天宇有限公司结算本月应付职工工资总额500 000元，按税法规定应代扣代缴的职工个人所得税共计5 000元，实发工资495 000元。

1.代扣个人所得税：

借：应付职工薪酬——工资	5 000
贷：应交税费——应交个人所得税	5 000

2.缴纳个人所得税：

借：应交税费——应交个人所得税	5 000
贷：银行存款	5 000

·············● 财经育人广角

　　结合娱乐圈曝光的明星"阴阳合同"事件，教育学生应依法纳税，并通过说明税收的作用，让学生理解依法纳税的重要性，培养学生崇德向善、诚实守信的品质，树立依法纳税的观念，提高学生崇尚宪法、遵守法律、遵规守纪的意识，并告诫学生绝不可知法犯法，懂法更要守法。

项目训练六

一、填空题

　　1.某企业为增值税一般纳税人，2023年应交各种税金为：增值税350万元，消费税150万元，城市维护建设税35万元，房产税10万元，车船税5万元，所得税250万元。上述各项税金应计入税金及附加的全额为（　　　　）万元。

　　2.某企业为增值税一般纳税人，适用的城市维护建设税是7%，教育费附加是3%。2024年9月应交增值税350万元、消费税150万元，计算应交城市维护建设税（　　　　）万元、教育费附加（　　　　）万元。

二、选择题

　　1.企业从应付职工薪酬中扣还的个人所得税，应贷记"（　　　　）"账户。

　　A.其他应收款　　　　　　　　　　　　B.应交税费——应交个人所得税

　　C.银行存款　　　　　　　　　　　　　D.其他应付款

　　2.企业销售商品缴纳的下列各项税费，记入"税金及附加"科目的有（　　　　）。

　　A.消费税　　　　　　　　　　　　　　B.增值税

　　C.教育费附加　　　　　　　　　　　　D.城市维护建设税

　　3.根据增值税法律制度的规定。下列各项中适用增值税税率为6%的是（　　　　）。

　　A.有形动产租赁　　　　　　　　　　　B.不动产租赁

　　C.转让土地使用权　　　　　　　　　　D.金融服务

　　4.企业应通过"税金及附加"账户核算有（　　　　）。

　　A.教育费附加　　　B.消费税　　　　　C.房产税　　　　　　D.城市维护建设税

三、业务分析题

　　某企业2024年11月发生如下经济业务：

　　1.购入材料一批，价款为300 000元，增值税为39 000元，以银行存款支付，材料已验收入库。

　　2.销售应税消费品一批，价款为600 000元，增值税为78 000元，收到货款并存入银行，消费税适用税率为10%，该批商品的成本是500 000元。

　　要求：计算本月应交的城市维护建设税（税率7%）和教育费附加（税率3%）。

项目七　筹资业务的核算

目标导航

能够独立进行短期借款借入和偿还的核算处理。

熟悉长期借款和利息的核算。

能够独立进行实收资本、资本公积、盈余公积和未分配利润的核算处理。

任务导入

企业筹集资金有两大主要渠道：一个是借款；另一个是投资者投入资金。今天，我们就来学习完成筹资业务核算的工作任务，同学们，你们准备好了吗？加油吧！

任务一　短期借款的核算

短期借款是指企业向银行或其他金融机构等借入的期限在1年以下（含1年）的各种借款。短期借款一般是企业为了满足正常生产经营所需的资金或是为了抵偿某项债务而借入的。短期借款的债权人不仅是银行，还包括其他非银行金融机构或其他单位和个人。

企业应设置"短期借款"科目核算短期借款的取得、偿还情况。该科目贷方登记取得借款本金的金额，借方登记偿还短期借款的本金金额，期末余额在贷方，反映企业尚未偿还的短期借款。本科目可按借款种类、贷款人和币种设置明细科目进行明细核算。

一、借入短期借款

企业取得短期借款时，借记"银行存款"科目，贷记"短期借款"科目。

企业借入短期借款时应支付利息。在实际工作中，如果短期借款利息是按期支付的，如按季度支付利息，或者利息是在借款到期时连同本金一起归还，并且其数额较大的，企业于月末应采用预提方式进行短期借款利息的核算。短期借款利息属于企业的筹资费用，应当在发生时作为财务费用直接计入当期损益。在资产负债表日，企业应当按照计算确定的短期借款利息费用，借记"财务费用"科目，贷记"应付利息"科目；实际支付利息时，借记"应付利息"科目，贷记"银行存款"或"库存现金"科目。

如果企业的短期借款利息按月支付，或者在借款到期时连同本金一起归还，数额不大的可以不采用预提的方法，而在实际支付或收到银行的计息通知时，直接计入当期损益，借记"财务费用"科目，贷记"银行存款"科目。

二、归还短期借款

短期借款到期时，应及时归还。短期借款到期偿还本金时，企业应借记"短期借款"科目，贷记"银行存款"科目。如果在借款到期时连同本金一起归还利息的，企业应将归还的利息通过"应付利息"或"财务费用"科目核算。

【例7-1】天宇有限公司于2024年7月1日从某银行借入200 000元，年利率为6%、期限为6个月的临时借款，利息于每月月末支付，期满一次归还本金。

取得借款存入银行：

借：银行存款　　　　　　　　　　　　　　　　　　200 000

　贷：短期借款——某银行（临时借款）　　　　　　　　　200 000

每月支付借款利息：

月利息额=200 000×6%÷12=1 000（元）

借：财务费用　　　　　　　　　　　　　　　　　　1 000

　贷：银行存款　　　　　　　　　　　　　　　　　　　1 000

借款期满归还本金：

借：短期借款——某银行（临时借款）　　　　　　　200 000

　贷：银行存款　　　　　　　　　　　　　　　　　　　200 000

【例7-2】承【例7-1】，假定天宇有限公司与银行签订的借款合同为按季支付利息，到期归还本金，则7月、8月、10月、11月，每月应计提借款利息。

借：财务费用　　　　　　　　　　　　　　　　　　1 000

　贷：应付利息　　　　　　　　　　　　　　　　　　　1 000

9月，实际支付本季度借款利息（3 000元，下同）：

借：应付利息　　　　　　　　　　　　　　　　　　2 000

　　财务费用　　　　　　　　　　　　　　　　　　1 000

　贷：银行存款　　　　　　　　　　　　　　　　　　　3 000

2024年12月31日支付本金和第四季度利息：

借：应付利息　　　　　　　　　　　　　　　　　　2 000

　　财务费用　　　　　　　　　　　　　　　　　　1 000

　　短期借款——某银行（临时借款）　　　　　　　200 000

　贷：银行存款　　　　　　　　　　　　　　　　　　　203 000

○ 财经育人广角

　　了解短期借款取得与偿还对企业融资的重要作用，引导学生重视诚信，养成诚信行为习惯，共建诚信社会。同时通过讲解借款利息作为筹资成本，在借入债务时应提前做好预判，精确计算债务的资金成本，明确企业的偿债风险及应对方式，提升学生的风险意识。

任务二　长期借款的核算

一、长期借款概述

长期借款是指企业向银行或其他金融机构借入的期限在1年以上（不含1年）的各项借款。

长期借款主要包括固定资产投资借款、更新改造借款、科研开发借款等。固定资产投资借款主要用于固定资产的新建、改建、扩建等基本建设项目；更新改造借款主要用于企业对原有设备进行更新或技术改造；科研开发借款主要用于企业根据国家规定的任务采用新技术，研究、开发新产品。

二、长期借款的具体核算

为了核算企业向银行或其他金融机构借入的期限在1年以上（不含1年）的各项长期借款，企业应当设置"长期借款"账户。该账户的贷方反映企业借入的各项借款，借方反映企业归还的各项借款，期末贷方余额反映企业尚未偿还的长期借款。该账户按贷款的单位和贷款种类设置明细账户，并分别"本金"和"利息调整"进行明细核算。

"长期借款"账户主要核算本金金额，一般不核算利息。由于长期借款通常都是分期付息，到期付息的情况通常不存在，因此，对于一次还本付息，计提的利息通过"长期借款——应计利息"账户核算；对于分期付息的，计提的利息通过"应付利息"账户核算。

1.取得借款

企业借入长期借款时，借记"银行存款"账户，贷记"长期借款"账户。

【例7-3】2023年1月1日，天宇有限公司从银行借入1 200 000元，期限为2年，年利率为10%，每年末支付一次利息，到期还本。该借款用于新建办公楼，建造期为一年。

借：银行存款 1 200 000
　贷：长期借款——本金 1 200 000

2.计提长期借款利息

企业在资产负债表日计提长期借款利息时，应按以下原则计入有关成本、费用：

（1）属于筹建期间的，计入管理费用。

（2）属于生产经营期间的，计入财务费用。

（3）如果长期借款用于需要经过相当长时间的购建或者生产经营才能达到预定可使用或者可销售状态的固定资产、投资性房地产和存货等资产的，应当予以资本化，计入相关资产成本。

在固定资产尚未达到预定可使用状态前所发生的应当资本化的利息支出，计入所购建固定资产的价值，借记"在建工程"账户，贷记"应付利息"账户。

在固定资产尚未达到预定可使用状态后所发生的利息支出数，计入当期损益，借记"财务费用"账户，贷记"应付利息"账户。

每期末支付应付利息时，借记"应付利息"账户，贷记"银行存款"账户。

【例7-4】承【例7-3】，2023年天宇有限公司每月计提借款利息。

利息金额=1 200 000×10%÷12=10 000（元）

借：在建工程——办公楼 10 000
　贷：应付利息 10 000

【例7-5】2024年天宇有限公司每月计提借款利息。

借：财务费用 10 000
　贷：应付利息 10 000

3.归还本金和利息

【例7-6】2023年12月31日，天宇有限公司支付第一年的利息时。

借：应付利息 120 000
　贷：银行存款 120 000

【例7-7】2024年12月31日，天宇有限公司支付本金和第二年的利息。

```
借：长期借款                                          1 200 000
    应付利息                                            120 000
    贷：银行存款                                                    1 320 000
```

○ 财经育人广角

　　在讲授长期借款取得、持有、归还的核算时，引入《最高人民法院对民间借贷的规定》《企业会计准则》，要求学生在掌握业务处理的同时，明确法律的规定，做到诚实、守信、知法、守法，并在未来工作中引导公司财务和管理人员知法、守法。同时拓展并分析各种现金贷案例的危害，增强自身的安全意识、防范意识，在未来工作中提高公司员工的的风险防范意识和守法意识。

任务三　　　　投入资本的核算

一、实收资本概述

　　实收资本是指企业按照章程规定或合同、协议约定，接受投资者投入企业的资本。实收资本的构成比例或股东的股份比例，是确定所有者在企业所有者权益中份额的基础，也是企业进行利润或股利分配的主要依据。

　　《中华人民共和国公司法》规定，股东可以用货币出资，也可以用实物、知识产权、土地使用权等可以用货币估价并可以依法转让的非货币财产作价出资；但是，法律、行政法规规定不得作为出资的财产除外。企业收到所有者投入企业的资本后，应根据有关原始凭证（如投资清单、银行通知单等），分别以不同的出资方式进行会计处理。

二、实收资本的核算

（一）在企业设立时投资者投资的核算

　　现金出资方式包括投入的人民币和各种外币。投入的人民币不存在计价问题。投入的外币就需要采用不同的汇率进行折算为记账本位币。如果合同没有约定汇率，资产账户和"实收资本"账户均按收到外币出资额当日的市场汇率折合的人民币金额记账；如果合同约定了汇率，对"实收资本"账户，按合同约定汇率折合，对资产账户仍按收到外币出资额当日的市场汇率折合的人民币金额记账；因汇率不同产生的折合差额，作为资本公积处理。

　　投资者以现金投入的资本，应按实际收到或者存入企业开户银行的金额，借记"银行存款"账户，贷记"实收资本"账户。

　　【例7-8】天宇有限公司由李丽、张萍分别出资人民币40万元、60万元组建设立。已将现金存入开户银行。

```
借：银行存款                                          1 000 000
    贷：实收资本——李丽                                            400 000
            ——张萍                                            600 000
```

　　投资者以非现金资产投入的资本，应按双方确认的价值入账，借记"固定资产"或"无形资产"等资产类账户，贷记"实收资本"账户。

　　【例7-9】天宇有限公司分别由甲公司投资现金100万元，乙公司投资机器设备50万元，发票注明税额为65 000元，丙公司投资土地使用权100万元，乙和丙投入资产价值均得到投资各方的确认。

借：银行存款	1 000 000	
固定资产	500 000	
应交税费——应交增值税（进项税额）	65 000	
无形资产——土地使用权	1 000 000	
贷：实收资本——甲公司		1 000 000
——乙公司		565 000
——丙公司		1 000 000

（二）设立运作后，吸收新的投资者投资的核算

企业在设立后，经过一段时期的生产经营，收到新的投资者投入的资本，应借记有关资产类账户，贷记"实收资本"和"资本公积"账户。

三、资本公积的核算

（一）资本公积的构成

资本公积是指企业收到投资者的超出企业注册资本（或股本）中所占份额的投资，以及直接计入所有者权益的利得和损失等。资本公积包括资本溢价（或股本溢价）和直接计入所有者权益的利得和损失等。其中，资本溢价（或股本溢价）是指企业投资者投入的资金超过其在注册资本中所占份额的部分。

资本公积属于资本范畴，与企业的利润无关。现行公司法规定，资本公积主要是用来转增资本，从而更好地反映投资者的权益。

（二）资本公积的核算

1.资本（股本）溢价

（1）一般企业资本溢价。在有两个以上投资者共同出资经营的企业（不含股份有限公司）中，在企业创立时，其出资者认缴的出资额全部记入"实收资本"账户。在企业进行生产运作后，如果有新投资者加入时，企业为了维护原投资者的权益，新投资者的出资额并不一定能够全部作为实收资本处理。这是因为，在企业正常经营过程中投入的资金即使与企业创立时投入的资金在金额上一致，但其获利能力却是不一致的。企业创立时，要经过筹建、开辟产品市场等过程，从投入资金到取得投资回报，时间长、风险较大，资本利润率往往很低。而企业进行正常生产经营后，在一般情况下，资本利润率要高于企业初创阶段。企业经营过程中实现的一部分净利润留在企业，形成留存收益，而留存收益也属于投资者权益，但未转入实收资本。因此，由于出资时间不同，相同数量的投资，对企业的影响程度不同，由此而带给投资者的权利也不同。所以，新投资者要付出大于原投资者的出资额，才能取得同等的投资比例。投资者投入的资本中按其投资比例计算的出资额部分，应记入"实收资本"账户，大于的部分应记入"资本公积——资本溢价"账户。

【例7-10】假设天宇有限公司由甲、乙两位股东各投资50万元人民币设立。设立时的实收资本为100万元。经过5年的生产运作，使第5年末所有者权益总额为200万元，比设立时增加了100万元。这时，有丙投资者愿意加入该企业，丙表示愿意出资100万元，享有甲、乙两位股东同等的权利，甲、乙两位股东表示同意。

在进行账务处理时，应将丙股东投入资金中的50万元记入"实收资本"账户，其余的50万元即资本溢价，应记入"资本公积"账户。

借：银行存款　　　　　　　　　　　　　　　　　　　　　　　　　1 000 000
　　贷：实收资本　　　　　　　　　　　　　　　　　　　　　　　　500 000
　　　　资本公积——资本溢价　　　　　　　　　　　　　　　　　　500 000

（2）股份有限公司股本溢价。

【例7-11】某股份有限公司委托证券公司发行股票100万股，每股面值为1元，按1.5元/股的价格发行。与证券公司约定，按发行收入的2%支付手续费，全部款项存入银行。

借：银行存款　　　　　　　　　　　　　　　　　　　　　　　　　1 470 000
　　贷：股本　　　　　　　　　　　　　　　　　　　　　　　　　1 000 000
　　　　资本公积——股本溢价　　　　　　　　　　　　　　　　　　470 000

2.其他资本公积

其他资本公积是指除资本溢价（或股本溢价）项目以外所形成的资本公积，其中主要是直接计入所有者权益的利得和损失。如长期股权投资采用权益法核算时，在持股比例不变的情况下，对因被投资单位除净损益、其他综合收益和利润分配以外的所有者权益的其他变动，应按持股比例计算其应享有或应分担被投资单位所有者权益的增减数额。在处置长期股权投资时，应转销与该笔投资相关的其他资本公积。

3.资本公积转增资本

企业用资本公积转增资本时，应冲减资本公积，同时按照转增资本前的实收资本（或股本）的结构或比例，将转增的金额记入"实收资本"（或"股本"）科目下各所有者的明细分类账。

借：资本公积
　　贷：实收资本或股本

【例7-12】某上市公司2024年12月31日董事会决定，并经股东会同意，用其他资本公积100万元转增资本：

借：资本公积——其他资本公积　　　　　　　　　　　　　　　　1 000 000
　　贷：股本　　　　　　　　　　　　　　　　　　　　　　　　1 000 000

⦿ 财经育人广角

以"某集团投资国足过度"为例，教育学生投资要有度，不能盲目跟风。引导学生树立正确的金融观念以及风险控制观念，了解国家的相关的方针政策，避免滋生虚荣心，培养学生守法经营、合规经营的意识，守好会计人员的道德底线。

任务四　留存收益的核算

一、留存收益概述

留存收益是指企业从历年实现的利润中提取或形成的留存于企业的内部积累，包括盈余公积和未分配利润两部分。

盈余公积是指企业按照有关规定从净利润中提取的积累资金。盈余公积一般包括法定盈余公积和任意盈余公积。法定盈余公积是指企业按照规定的比例从净利润中提取的盈余公积。公司制企业（包括股份有限公司和有限责任公司）按净利润的10%提取，当盈余公积累计已达到注册资本的50%时，可以不再提取。任意盈余公积是指企业按照股东会或股东大会决议提取的盈余公积。

企业提取的盈余公积经批准可用于弥补亏损、转增资本或发放现金股利或利润等。转增资本后盈余公积不得少于注册资本的25%。

未分配利润是指企业实现利润后尚未进行分配的利润或经利润分配后剩余的利润，或者发生亏损后尚未进行弥补的亏损。

二、账户设置

留存收益的核算主要涉及以下三个账户：

1."盈余公积"账户，属于所有者权益类账户，核算企业从净利润中提取的盈余公积。该账户的贷方登记提取的盈余公积数；借方登记盈余公积的支出数，包括弥补亏损、转增资本等；期末贷方余额，反映企业提取的盈余公积余额。

2."本年利润"账户，属于所有者权益类账户，核算本年度实现的利润或发生的亏损数。贷方登记转入的收入数额，借方登记转入的费用数额。期末余额若在贷方，表示本年度实现的累计盈利；若在借方，表示本年度累计发生的亏损数。年末，将余额全部转入"利润分配——未分配利润"账户，结转后无余额。

3."利润分配"账户，属于所有者权益类账户，核算净利润的分配情况或亏损的弥补情况。贷方登记年末从"本年利润"账户转入的净利润，借方登记对净利润的分配情况或从"本年利润"账户转入的净亏损。期末余额若在贷方，表示历年累计尚未分配的利润；若在借方，表示历年累计尚未弥补的亏损数。本账户应当分别设置"提取法定盈余公积""提取任意盈余公积""应付现金股利或利润""盈余公积补亏"和"未分配利润"等账户进行明细核算。

三、留存收益的具体核算

（一）未分配利润的核算

企业期末结转利润时，应将各损益类科目的余额转入"本年利润"账户，结平各类损益类账户。年度终了，应将本年实现的净利润或净亏损，从"本年利润"账户转入"利润分配——未分配利润"账户。同时，将"利润分配"科目所属的其他明细科目的余额，转入"未分配利润"明细科目。结转后，"未分配利润"明细科目的贷方余额，就是未分配利润的金额；如出现借方余额，则表示未弥补亏损的金额。"利润分配"科目所属的其他明细科目应无余额。

【例7-13】天宇有限公司年初"未分配利润"明细账户无余额。本年实现净利润3 000 000元，提取法定盈余公积300 000元，经股东会决议向投资者分配股利900 000元。天宇有限公司的账务处理如下：

1.结转实现净利润时：

借：本年利润 3 000 000
　　贷：利润分配——未分配利润 3 000 000

如果企业当年发生亏损，则应借记"利润分配——未分配利润"科目，贷记"本年利润"科目。

2.提取法定盈余公积：

借：利润分配——提取法定盈余公积　　　　　　　　　　　300 000

　　贷：盈余公积——法定盈余公积　　　　　　　　　　　　　　300 000

3.向投资者分配股利：

借：利润分配——应付股利　　　　　　　　　　　　　　900 000

　　贷：应付股利　　　　　　　　　　　　　　　　　　　　　　900 000

4.结转"利润分配"明细账户：

借："利润分配——未分配利润　　　　　　　　　　　　1 200 000

　　贷：利润分配——提取法定盈余公积　　　　　　　　　　　 300 000

　　　　　　　　——应付股利　　　　　　　　　　　　　　　 900 000

结转后，如果"未分配利润"明细科目的余额在贷方，表示累积未分配的利润；如果余额在借方，则表示累积未弥补的亏损。

(二) 盈余公积的核算

盈余公积的核算主要包括按当年补亏后的净利润的一定比例计提盈余公积，用盈余公积转增资本、补亏等内容。

1.提取盈余公积

【例7-14】天宇有限公司本年实现净利润为5 000 000元（假设没有以前年度未弥补亏损），按10%的比例提取法定盈余公积。

借：利润分配——提取法定盈余公积　　　　　　　　　　　500 000

　　贷：盈余公积——法定盈余公积　　　　　　　　　　　　　　500 000

本年提取法定盈余公积金额=5 000 000×10%=500 000（元）

2.盈余公积转增资本（或股本）

盈余公积转增资本或股本使盈余公积减少，实收资本（或股本）增加。

【例7-15】天宇有限公司经股东大会批准，在本期将盈余公积400 000元转增资本。

借：盈余公积——法定盈余公积　　　　　　　　　　　　400 000

　　贷：实收资本　　　　　　　　　　　　　　　　　　　　　　400 000

3.盈余公积弥补亏损

盈余公积金弥补亏损，借记"盈余公积"账户，贷记"利润分配"账户。

【例7-16】天宇有限公司经股东会批准，用以前年度提取的盈余公积弥补当期亏损600 000元。

借：盈余公积——法定盈余公积　　　　　　　　　　　　600 000

　　贷：利润分配——盈余公积补亏　　　　　　　　　　　　　　600 000

年终将利润分配明细账户进行结转时：

借：利润分配——盈余公积补亏　　　　　　　　　　　　600 000

　　贷：利润分配——未分配利润　　　　　　　　　　　　　　　600 000

此时，利润分配——未分配利润账户被结平，表明亏损已被全部弥补。

○ 财经育人广角

通过留存收益内容的学习，引导学生正确提取盈余公积，不允许有任何歪曲和弄虚作假行为。同时通过实例培养学生对于组织的责任感和奉献精神，树立正确的价值观，达到践行教育的初心和使命。

📖 项目训练七

一、单选题

1. 当提取的法定盈余公积达到注册资本的（　　）时，可不再提取盈余公积。

A.20%　　　　　　B.30%　　　　　　C.50%　　　　　　D.60%

2. 甲企业收到乙公司作价投入的库存商品一批，增值税专用发票上注明的价值为200 000元，增值税为26 000元，甲企业应计入"实收资本"科目的金额为（　　）。

A.200 000　　　　B.226 000　　　　C.201 000　　　　D.243 000

3. 企业收到以固定资产所做的投资时，应当按该资产的（　　）做账务处理。

A.重置价值　　　B.评估价值　　　C.购建价值　　　D.账面价值

4. 短期借款的利息应作为（　　）。

A.管理费用　　　B.财务费用　　　C.其他业务支出　　　D.营业外支出

5. 企业每期期末计提用于购建固定资产的一次还本付息的长期借款利息，对其中应当予以资本化的部分，下列会计处理正确的是（　　）。

A.借：财务费用
　　贷：长期借款

B.借：财务费用
　　贷：应付利息

C.借：在建工程
　　贷：长期借款

D.借：在建工程
　　贷：应付利息

二、多选题

1. 企业的留存收益包括（　　）。

A.实收资本　　　B.资本公积　　　C.盈余公积　　　D.未分配利润

2. 企业的盈余公积包括（　　）。

A.法定盈余公积　　B.任意盈余公积　　C.法定公益金　　D.应付福利费

3. 企业在不变更注册登记的情况下，可自行弥补亏损的渠道包括（　　）。

A.用实收资本弥补　　　　　　　　　B.用资本公积弥补

C.用盈余公积弥补　　　　　　　　　D.用未分配利润弥补

4. 企业提取的法定盈余公积和任意盈余公积，其用途主要有（　　）。

A.弥补亏损　　　　　　　　　　　　B.转增资本

C.分配股利或利润　　　　　　　　　D.A和B

5. 下列关于短期借款的表述中，正确的有（　　）。

A.短期借款利息如果是按月支付的，并且数额不大，可以不采用预提方法

B.企业取得短期借款的利息费用计入财务费用

C.短期借款可以按借款种类及贷款人进行明细账的设置

D.短期借款是向银行等金融机构借入期限在1年以下（含1年）的各种款项

三、判断题

1.当企业投资者投入的资本高于其注册资本时，应当将高出部分计入营业外收入。

（　　）

2.投资者投入企业的资本应全部记入"实收资本"账户。　　　　　　　（　　）

3.企业的留存收益就是指企业的未分配利润。　　　　　　　　　　　（　　）

4.短期借款利息在预提或实际支付时均应通过"短期借款"科目核算。　（　　）

5.对于到期一次还本付息的长期借款确认的利息应记入"应付利息"科目。（　　）

项目八　投资业务的核算

🔖 目标导航

了解金融资产的内容及分类。

能够独立进行交易性金融资产的核算处理。

能够独立进行固定资产取得、处置的核算处理。

熟练掌握固定资产折旧的计提方法。

能够独立进行无形资产的核算处理。

熟悉长期待摊费用的核算。

🔖 任务导入

企业在生产经营中，会涉及对外投资和对内投资。本书中企业对外投资以金融资产中的交易性金融资产为例，对内投资主要涉及固定资产和无形资产，投入金额较大，回收期较长。今天，我们就来学习投资业务的核算。

任务一　金融资产

一、金融资产的内容

金融资产通常包括企业的库存现金、应收账款、应收票据、贷款、其他应收款、股权投资、债权投资和衍生金融资产等。

二、金融资产的分类

企业应当根据其管理金融资产的业务模式和金融资产的合同现金流量特征，将金融资产划分为以下三类：

1.以摊余成本计量的金融资产

金融资产同时符合下列条件的，应当分类为以摊余成本计量的金融资产：（1）企业管理该金融资产的业务模式是以收取合同现金流量为目标。（2）该金融资产的合同条款规定，在特定日期产生的现金流量，仅为支付的本金和以未偿付本金金额为基础的利息。

2.以公允价值计量且其变动计入其他综合收益的金融资产

金融资产同时符合下列条件的，应当分类为以公允价值计量且其变动计入其他综合收益的金融资产：（1）企业管理该金融资产的业务模式既以收取合同现金流量为目标又以出售该金融资产为目标。（2）该金融资产的合同条款规定，在特定日期产生的现金流量，仅为支付的本金和以未偿付本金金额为基础的利息。

3.以公允价值计量且其变动计入当期损益的金融资产

企业分类为以摊余成本计量的金融资产和以公允价值计量且其变动计入其他综合收益

的金融资产之外的金融资产，企业应当分类为以公允价值计量且其变动计入当期损益的金融资产。

以上所述是对金融资产类型的具体划分。金融资产，又称为金融工具或证券，是代表未来收益或资产合法要求权的一切凭证，也指单位或个人拥有的以价值形态存在的资产，是一种索取实物资产的权利。

·············●　财经育人广角

教学中介绍各种金融产品及其优缺点，引导学生树立正确的金融观念，培养学生守法经营、合规经营的意识，避免出现立场不坚定、职业精神缺乏的情况，引导学生养成理性分析、科学严谨的职业精神，守好会计人员道德底线。

任务二　　交易性金融资产的核算

一、交易性金融资产概述

（一）交易性金融资产的含义

交易性金融资产是指企业以赚差价为目的持有，准备近期内出售而持有的债券投资、股票投资和基金投资。

（二）交易性金融资产的账户设置

为了核算和监督交易性金融资产的取得、现金股利或利息收到、出售等情况，设置"交易性金融资产""公允价值变动损益""投资收益"等科目进行核算。

1. "交易性金融资产"科目

该科目核算企业为交易目的所持有的债券投资、股票投资、基金投资等交易性金融资产的公允价值及企业持有的直接指定为以公允价值计量且其变动计入当期损益的金融资产。

"交易性金融资产"科目借方登记交易性金融资产的取得成本、资产负债表日其公允价值高于账面余额的差额等；贷方登记资产负债表日其公允价值低于账面余额的差额，以及企业出售交易性金融资产时结转的成本和公允价值变动。

2. "公允价值变动损益"科目

该科目核算企业交易性金融资产等账面价值因市价（公允价值）变动而形成的应计入当期损益的利得或损失。

"公允价值变动损益"科目的借方登记资产负债表日其企业持有的交易性金融资产等的市价（公允价值）低于账面余额的差额：贷方登记资产负债表日其企业持有的交易性金融资产等的市价（公允价值）高于账面余额的差额。

3. "投资收益"科目

该科目核算企业持有交易性金融资产等的期间内取得的投资损益。借方登记企业出售交易性金融资产等发生的投资损失及交易费用，贷方登记企业持有交易性金融资产等的期间内取得的投资收益以及出售交易性融资产等实现的投资收益。

二、交易性金融资产的账务处理

（一）交易性金融资产的取得

企业取得交易性金融资产时，应当按照该金融资产取得时的公允价值，即支付的市场交易价款，作为初始入账金额。记入"交易性金融资产——成本"科目。实际支付的价款中包含的已宣告但尚未发放的现金股利或已到付息期但尚未领取的债券利息，应当单独确认为应收项目，记入"应收股利"或"应收利息"科目。

需要指出的是，取得交易性金融资产所发生的交易费用应计入投资收益的借方。交易费用是指可直接归属于购买、发行或处置金融工具新增的外部费用，包括支付给代理机构、咨询公司、券商等的手续费和佣金及其他必要支出。

【例8-1】2024年3月5日，天宇有限公司从股票市场购入A公司股票20 000股，价格为10元/股，短期持有，将其划分为交易性金融资产。另支付相关交易费用500元。应作如下会计处理：

借：交易性金融资产——成本   200 000
    投资收益   500
    贷：其他货币资金——存出投资款   200 500

【例8-2】2024年4月10日，天宇有限公司从证券市场购入B公司债券，支付价款500 000元，以进行交易为目的，不准备持有到期。购买价款中包含已到付息期但尚未领取的债券利息5 000元。购买该债券另支付交易费用200元。款项以银行存款支付。

借：交易性金融资产——成本   500 000
    应收利息   5 000
    投资收益   200
    贷：其他货币资金——存出投资款   505 200

（二）交易性金融资产持有期间收到的股利、利息

交易性金融资产在持有期间可以凭持有的交易性金融资产依法获得相关的股利或债券利息收入。

在会计处理上，交易性金融资产持有期间被投资单位宣告发放的现金股利，或在资产负债表日按分期付息、一次还本债券的票面利率计算的利息，应作为交易性金融资产持有期间实际实现的投资收益，借记"应收股利或""应收利息"科目，贷记"投资收益"科目。

实际收到股利或债券利息时，借记"银行存款""其他货币资金"等科目，贷记"应收股利""应收利息"科目。

【例8-3】承【例8-1】，2024年3月31日，A公司宣告分配现金股利0.1元/股。

借：应收股利   2 000
    贷：投资收益   2 000

【例8-4】承【例8-2】，2024年4月30日，天宇有限公司收到B公司分来的债券利息5 000元。由天宇有限公司在购入该债券时已将此利息记入了"应收利息"。

借：银行存款   5 000
    贷：应收利息   5 000

（三）交易性金融资产的期末计价

交易性金融资产以获取价差为目的。为了使交易性金融资产能够反映预计给企业带来的经济利益以及交易性金融资产预计获得价差的能力，在资产负债表日，应按当日各项交易性金融资产的公允价值对其账面价值进行调整。

$$\begin{matrix}交易性金融\\资产账面价值\end{matrix}=\begin{matrix}交易性金融\\资产（成本）\end{matrix}+\begin{matrix}交易性金融资产（公允价值变动借方余额）或\\-交易性金融资产（公允价值变动贷方余额）\end{matrix}$$

资产负债表日，交易性金融资产公允价值高于其原有账面价值的差额应增加交易性金融资产的账面价值，并确认为公允价值变动收益。交易性金融资产公允价值低于其原有账面价值的差额应减少交易性金融资产的账面价值，并确认为公允价值变动损失。即交易性金融资产公允价值高于其账面价值时，应按其差额借记"交易性金融资产——公允价值变动"账户，贷记"公允价值变动损益"；交易性金融资产公允价值低于其账面价值时，应按其差额作相反分录。

【例8-5】承【例8-1】，2024年12月31日，天宇有限公司持有A公司20 000股股票的账面价值为："交易性金融资产——成本"（借方余额）200 000元。

12月31日，该股票当日收盘价为9元/股，当日的公允价值为180 000元，应调低该股票账面价值20 000元。

借：公允价值变动损益　　　　　　　　　　　　　　　　　　　　20 000

　　贷：交易性金融资产——公允价值变动　　　　　　　　　　　　　20 000

【例8-6】承【例8-2】，12月31日，天宇有限公司持有B公司债券的账面价值为："交易性金融资产——成本"（借方余额）500 000元。

12月31日，若该债券的公允价值为503 000元，应调增债券的账面价值3 000元。

借：交易性金融资产——公允价值变动　　　　　　　　　　　　　3 000

　　贷：公允价值变动损益　　　　　　　　　　　　　　　　　　　　3 000

（四）交易性金融资产的出售

交易性金融资产出售时，其损益已经实现。实现的损益应通过"投资收益"账户反映。

交易性金融资产出售所实现的损益由两部分构成：出售该交易性金融资产时的出售收入与其账面价值的差额；原来已经作为公允价值变动损益入账的金额。

交易性金融资产出售后，出售收入与其账面价值的差额，以及原来已经作为公允价值变动损益入账的金额，均应作为投资收益入账，以集中反映出售该交易性金融资产实际实现的损益。如果交易性金融资产是部分出售的，无论是其账面价值，还是原来已经计入公允价值变动损益的金额，均应按出售的交易性金融资产占该交易性金融资产的比例计算。

出售交易性金融资产时，按实际收到的金额借记"银行存款""其他货币资金"等账户，按出售交易性金融资产的成本贷记"交易性金融资产——成本"，按该项交易性金融资产的公允价值变动借记（原来记录的公允价值变动贷方余额）或贷记（原来记录的公允价值变动借方余额）"交易性金融资产——公允价值变动"账户，按两者的差额借记或贷记"投资收益"。

出售交易性金融资产时，应同时将出售的交易性金融资产的公允价值变动损益转为"投资收益"，借记"公允价值变动损益"账户，贷记"投资收益"账户；或者借记"投资收益"账户，贷记"公允价值变动损益"账户。

【例8-7】承【例8-5】，天宇有限公司持有的交易性金融资产（A公司股票）次年1月31日账户内反映的数据如下：

借方余额：交易性金融资产——成本	200 000
贷方余额：交易性金融资产——公允价值变动	20 000

假设天宇有限公司当日将该交易性金融资产出售，出售收入为205 000元，款项存入银行。会计处理如下：

借：银行存款	205 000
交易性金融资产——公允价值变动	20 000
贷：交易性金融资产——成本	200 000
投资收益	25 000

同时，将原来作为公允价值变动损益的金额作为已实现损益调整入账，即原来金额借记"公允价值变动损益"20 000元中，现已经实现，应转为"投资收益"。

借：投资收益	20 000
贷：公允价值变动损益	20 000

以上两笔分录反映出售该交易性金融资产实际实现投资收益5 000元，即：该交易性金融资产购买成本为200 000元，出售收入为205 000元，因此实际实现投资收益5 000元。在会计处理上，该投资收益由两部分构成：一是出售交易性金融资产售价高于账面价值的差额25 000元（205 000-180 000）；二是原来已经作为公允价值变动损益反映的本期已实现损失20 000元。

如果将上述两笔分录合并一笔分录，则为：

借：银行存款	205 000
交易性金融资产——公允价值变动	20 000
贷：交易性金融资产——成本	200 000
公允价值变动损益	20 000
投资收益	5 000

从上面的分录，我们可以看出天宇有限公司将此交易性金融资产出售所实现的实际投资收益为5 000元，就是其出售收入205 000元与购入成本200 000元的差额。

【例8-8】承【例8-6】，天宇有限公司持有的交易性金融资产（B公司债券）次年1月31日账户内反映的数据如下：

借方余额：交易性金融资产——成本	500 000
借方余额：交易性金融资产——公允价值变动	3 000

假设天宇有限公司当日将该交易性金融资产全部出售，出售收入为510 000元，款项存入银行。

借：银行存款	510 000
贷：交易性金融资产——成本	500 000
——公允价值变动	3 000
投资收益	7 000

同时，将原来作为公允价值变动损益的金额作为已实现损益调整入账，即原来金额贷

记"公允价值变动损益"3 000元，现已经全部实现了，应转为"投资收益"。

借：公允价值变动损益　　　　　　　　　　　　　　　　　　　3 000
　　贷：投资收益　　　　　　　　　　　　　　　　　　　　　　　3 000

以上两笔分录反映出售该交易性金融资产实际实现投资收益10 000元。即：该交易性金融资产购买成本为500 000元，出售100%的成本为500 000元，出售收入为510 000元，因此实际实现投资收益10 000元。在会计处理上，该投资收益由两部分构成：一是出售交易性金融资产售价高于账面价值的差额7 000元（510 000−503 000）；二是原来已经作为公允价值变动损益反映的本期已实现收益3 000元。

借：银行存款　　　　　　　　　　　　　　　　　　　　　　510 000
　　公允价值变动损益　　　　　　　　　　　　　　　　　　　　3 000
　　贷：交易性金融资产——成本　　　　　　　　　　　　　　　500 000
　　　　　　　　　　——公允价值变动　　　　　　　　　　　　　3 000
　　　　投资收益　　　　　　　　　　　　　　　　　　　　　　10 000

从上面的分录，我们可以看出天宇有限公司将此交易性金融资产出售所实现的实际投资收益为10 000元，就是其出售收入510 000元与购入成本500 000元的差额。

值得说明的是，交易性金融资产有关的"公允价值变动损益"和"投资收益"两个账户均属于损益类账户，期末均会计入利润表（营业利润）。在出售交易性金融资产时，"公允价值变动损益"和"投资收益"账户的结转分录，是不影响企业营业利润的。但是"公允价值变动损益"反映的是待实现损益，而"投资收益"反映的是已实现的损益。

（五）交易性金融资产的披露

交易性金融资产属于企业的流动资产，在资产负债表中列示为流动资产的项目，排在货币资金项目之后。资产负债表中列示的交易性金融资产反映的是它在资产负债表日的公允价值。

-------------- ◉ 财经育人广角

　　教学过程中引入"碳中和"绿色金融债券，引导学生积极主动保护地球家园环境，树立绿色低碳的生活习惯，培养环保意识，关注并践行世界绿色投资或责任投资活动，成为有环境素养的良好世界公民。

任务三　　　　　　　　　固定资产

一、固定资产概述

（一）固定资产的概念和特征

1.固定资产的概念

固定资产是指企业为生产商品、提供劳务、出租或经营管理而持有的，使用年限超过一个会计年度的有形资产。

2.固定资产的特征

（1）企业持有固定资产的目的是生产商品、提供劳务、出租或经营管理，而不是直接用于出售。这一特征是固定资产区别于库存商品等流动资产的重要标志，即企业持有的固定资产是企业的劳动工具或手段，而不是直接用于出售的产品。其中，出租是指以经营租赁方式出租的机器设备等，以经营租赁方式出租的建筑物属于企业的投资性房地产。

（2）固定资产的使用寿命超过一个会计年度，且使用过程中保持原来的物质形态不变。这意味着固定资产属于长期资产，有别于流动资产。通常情况下，固定资产的使用寿命是指企业使用固定资产的预计期间，或者该固定资产所能生产产品或提供劳务的数量。例如，房屋建筑物通过其使用年限来表示，而汽车等交通工具通过其最高行驶里程数量来表示。

（3）固定资产必须是有形资产。企业资产按照是否具有实物形态，可以分为有形资产和无形资产两种。有形资产是具有实物形态的资产。固定资产一般表现为企业的房屋建筑物、机器、机械、运输工具以及其他与生产经营有关的具有实物形态的资产，这一特征将固定资产和无形资产区分开来。有些无形资产可能同时符合固定资产的其他特征，如无形资产是为生产商品、提供劳务而持有，使用寿命超过一个会计年度，但是，由于其没有实物形态，所以不属于固定资产。有生命的动物和植物属于生物资产，应当按照生物资产准则的有关规定进行会计处理。

（二）固定资产的确认条件

在符合固定资产定义的前提下，同时满足以下两个条件时方可确认为固定资产：

1.与固定资产有关的经济利益很可能流入企业。

2.该固定资产的成本能够可靠地计量。

固定资产的各组成部分具有不同使用寿命或者以不同方式为企业提供经济利益，适用不同折旧率或折旧方法的，应当分别将各组成部分确认为单项固定资产。

企业由于安全或环保的要求购入设备等，虽然不能直接给企业带来未来经济利益，但有助于企业从其他相关资产的使用中获得未来经济利益，也应确认为固定资产。

（三）固定资产的分类

固定资产种类繁多，为了加强管理应对固定资产进行分类。根据不同的管理需要和核算要求以及不同的分类标准，固定资产可以进行不同的分类，主要有以下几种分类方法：

1.按经济用途分类

按经济用途分类，固定资产可分为生产经营用固定资产、非生产经营用固定资产。

生产经营用固定资产，是指直接服务于企业生产、经营过程的各种固定资产，如生产经营用的房屋、建筑物、机器、设备、器具、工具等。

非生产经营用固定资产，是指不直接服务于生产、经营过程的各种固定资产，如职工宿舍、食堂、浴室、理发室等使用的房屋、设备和其他固定资产等。

2.按使用情况分类

按使用情况分类，固定资产可分为使用中固定资产、未使用固定资产、出租固定资产和不需用固定资产等。

3.综合分类

按固定资产的经济用途和使用情况综合分类，企业的固定资产可划分为七大类：

（1）生产经营用固定资产。

（2）非生产经营用固定资产。

（3）出租固定资产（指企业在经营租赁方式下出租给外单位使用的固定资产）。

（4）不需用固定资产。

（5）未使用固定资产。

（6）租入固定资产（指企业除短期租赁和低价值资产租赁租入的固定资产，该资产在租赁期内，应作为使用权资产进行核算和管理）。

（7）土地（指过去已经估价单独入账的土地。因征地而支付的补偿费，应计入与土地有关的房屋、建筑物的价值内，不单独作为土地价值入账。企业取得的土地使用权，应作为无形资产管理和核算，不作为固定资产管理和核算）。

（四）固定资产核算应设置的账户

为了反映和监督固定资产的取得、计提折旧和处置等情况，企业一般需要设置"固定资产""累计折旧""在建工程""工程物资""固定资产清理""资产处置损益"等账户。

1."固定资产"账户

"固定资产"账户属于资产类账户，用以核算企业持有的固定资产原始价值或原价。该账户的借方登记固定资产原价的增加，贷方登记固定资产原价的减少，期末余额在借方，反映企业期末固定资产的账面价值。企业应当设置"固定资产登记簿"和"固定资产卡片"，按固定资产类别、使用部门和项目进行明细核算。

2."累计折旧"账户

"累计折旧"账户属于资产类备抵账户，是固定资产的调整账户，用以核算企业固定资产计提的累计折旧。该账户贷方登记按月提取的折旧额，即累计折旧的增加额，借方登记因减少固定资产而转出的累计折旧，期末余额在贷方，反映期末固定资产的累计折旧额。该账户不进行明细核算。

3."在建工程"账户

"在建工程"账户属于资产类账户，用以核算企业基建、更新改造等在建工程发生的工程成本。该账户借方登记企业各项在建工程的实际支出，贷方登记工程达到预定可使用状态时转出的成本等，期末余额在借方，反映企业期末尚未达到预定可使用状态的在建工程的成本。该账户可按"建筑工程""安装工程""更新改造工程"以及单项工程等进行明细核算。

4."工程物资"账户

"工程物资"账户属于资产类账户，用以核算企业为在建工程准备的各种物资的成本，包括工程用材料、尚未安装的设备以及为生产准备的工器具等。该账户借方登记企业购入工程物资的成本，贷方登记领用工程物资的成本，期末余额在借方，反映企业期末为在建工程准备的各种物资的成本。该账户可按"专用材料""专用设备""工器具"等进行明细核算。

5."固定资产清理"账户

"固定资产清理"账户属于资产类账户，用以核算企业因出售、报废和毁损等原因转入清理的固定资产净值以及在清理过程中所发生的清理费用和清理收入。借方登记固定资产转入清理的净值和清理过程中发生的费用；贷方登记出售固定资产取得的价款、残料价值和变价收入。其贷方余额表示清理后的净收益；借方余额表示清理后的净损失。固定资产清理完成后的净损益，属于正常出售、转让所产生的收益和损失，借记或贷记"资产处置损益"科目，贷记或借记"固定资产清理"科目；属于已丧失使用功能正常报废所产生的利得和损失，借记或贷记"营业外支出——非流动资产报废"科目，贷记或借记"固定资产清理"科目；属于自然灾害等非正常原因造成的净损失，借记"营业外支出——非常损失"科目，贷记"固定资产清理"科目；如为净收益，借记"营业外收入"科目。该科目期末结转后无余额。

6."资产处置损益"账户

"资产处置损益"账户属于损益类账户，核算企业出售划分为持有待售的非流动资产（金融工具、长期股权投资和投资性房地产除外）或处置组（子公司和业务除外）时确认的处置利得或损失，以及转让未划分为持有待售的固定资产、在建工程、生产性生物资产及无形资产而产生的处置利得或损失。本科目按照处置的资产类别或处置组进行明细核算。债务重组中因处置非流动资产产生的利得或损失和非货币性资产交换中换出非流动资产产生的利得或损失也在本科目核算。发生处置净损失的，借记"资产处置损益"账户，如为净收益，则贷记"资产处置损益"账户。

此外，企业固定资产、在建工程、工程物资发生减值的，还应当设置"固定资产减值准备""在建工程减值准备""工程物资减值准备"等科目进行核算。

二、固定资产的取得

（一）外购固定资产

企业外购的固定资产，应按实际支付的购买价款、相关税费、使固定资产达到预定可使用状态前所发生的可归属于该项资产的运输费、装卸费、安装费和专业人员服务费等，作为固定资产的取得成本。其中，相关税费不包括按照现行增值税制度规定，可以从销项税额中抵扣的增值税进项税额。

1.购入不需要安装的固定资产

企业作为一般纳税人，购入不需要安装的固定资产时，应按支付的购买价款，使固定资产达到预定可使用状态前所发生的可归属于该项资产的运输费、装卸费和专业人员服务费等，作为固定资产成本，借记"固定资产"科目，取得增值税专用发票、海关完税证明或公路发票等增值税扣税凭证，并经税务机关认证可以抵扣的，应按专用发票上注明的增值税进项税额，借记"应交税费——应交增值税（进项税额）科目，贷记"银行存款""应付账款"等科目。

【例8-9】天宇有限公司从南海公司购入一台不需安装机器设备，增值税专用发票上注明的价款为60 000元，增值税进项税额为7 800元，运输过程中发生运输费1 000元，增值税进项税额为90元。上述款项均以银行存款支付。

借：固定资产——机器设备   61 000

     应交税费——应交增值税（进项税额）   7 890

  贷：银行存款   68 890

2.购入需要安装的固定资产

企业作为一般纳税人，购入需要安装的固定资产时，应在购入的固定资产取得成本的基础上加上安装调试成本作为入账成本。按照购入需要安装的固定资产的取得成本，借记"在建工程"科目，按购入固定资产时可抵扣的增值税进项税额，借记"应交税费——应交增值税（进项税额）科目，贷记"银行存款""应付账款"等科目。

按照发生的安装调试成本，借记"在建工程"科目，按取得的外部单位提供的增值税专用发票上注明的增值税进项税额，借记"应交税费——应交增值税（进项税额）科目，贷记"银行存款"等科目；耗用了本单位的材料或人工的，按应承担的成本金额，借记"在建工程"科目，贷记"原材料""应付职工薪酬"等科目。安装完成达到预定可使用状态时，由"在建工程"转入"固定资产"科目，借记"固定资产"科目，贷记"在建工程"科目。

特别强调：企业作为小规模纳税人，购入固定资产发生的增值税进项税额应计入固定资产成本，借记"固定资产"或"在建工程"科目，不通过"应交税费——应交增值税"科目核算。

【例8-10】天宇有限公司以银行存款购入一台需要安装的设备，增值税专用发票上注明价款为100 000元，进项税额为13 000元，发生运输费2 000元，取得的运费发票上注明增值税税率为9%。安装过程中领用生产用材料2 000元，发生安装费4 000元。

（1）购入需要安装的设备时

在建工程初始入账价值=100 000+2 000=102 000（元）

应交增值税=13 000+2 000×9%=13 180（元）

借：在建工程　　　　　　　　　　　　　　　　　　　　102 000

　　应交税费——应交增值税（进项税额）　　　　　　　　 13 180

　　贷：银行存款　　　　　　　　　　　　　　　　　　　　　　115 180

（2）安装设备时领用原材料

借：在建工程　　　　　　　　　　　　　　　　　　　　　2 000

　　贷：原材料　　　　　　　　　　　　　　　　　　　　　　　　2 000

（3）支付安装费

借：在建工程　　　　　　　　　　　　　　　　　　　　　4 000

　　贷：银行存款　　　　　　　　　　　　　　　　　　　　　　　4 000

（4）安装完毕后交付使用

借：固定资产——设备　　　　　　　　　　　　　　　　108 000

　　贷：在建工程　　　　　　　　　　　　　　　　　　　　　　108 000

【例8-11】某公司为小规模纳税人，2024年6月15日用银行存款购入一台需要安装的设备，增值税专用发票上注明的价款为200 000元，增值税税额为26 000元，支付安装费1 000元，增值税税额为90元。

（1）购入需要安装的设备时

借：在建工程　　　　　　　　　　　　　　　　　　　　226 000

　　贷：银行存款　　　　　　　　　　　　　　　　　　　　　　226 000

（2）支付安装费时

借：在建工程　　　　　　　　　　　　　　　　　　　　　1 090

　　贷：银行存款　　　　　　　　　　　　　　　　　　　　　　　1 090

（3）设备安装完毕后交付使用时

借：固定资产——设备　　　　　　　　　　　　　　　　227 090

　　贷：在建工程　　　　　　　　　　　　　　　　　　　　　　227 090

3.购入多项没有单独标价的固定资产

企业以一笔款项购入多项没有单独标价的固定资产，应将各项资产单独确认为固定资产，并按各项固定资产公允价值的比例对总成本进行分配，分别确定各项固定资产的成本。

【例8-12】2024年7月10日，天宇有限公司向甲公司（为增值税一般纳税人）一次购入三台不同型号且具有不同生产能力的设备A、B、C，取得的增值税专用发票上注明的价款为90 000 000元，增值税税额为11 700 000元，另支付包装费600 000元，增值税税额为36 000元，全部以银行存款支付。假设A、B、C三种设备的公允价值分别为36 000 000元、22 500 000元和31 500 000元。天宇有限公司编制会计分录如下：

（1）确定应计入固定资产成本的金额

应计入固定资产的总成本=90 000 000+600 000=90 600 000（元）

（2）确定设备A、B、C的价值比例

A设备分配比例=36 000 000÷（36 000 000+22 500 000+31 500 000）×100%=40%

B设备分配比例=22 500 000÷（36 000 000+22 500 000+31 500 000）×100%=25%

C设备分配比例=31 500 000÷（36 000 000+22 500 000+31 500 000）×100%=35%

（3）确定设备A、B、C的各自的成本

A设备的成本=90 600 000×40%=36 240 000（元）

B设备的成本=90 600 000×25%=22 650 000（元）

C设备的成本=90 600 000×35%=31 710 000（元）

（4）天宇有限公司应编制如下会计分录：

借：固定资产——A设备	36 240 000
——B设备	22 650 000
——C设备	31 710 000
应交税费——应交增值税（进项税额）	11 736 000
贷：银行存款	102 336 000

（二）自行建造的固定资产

企业自行建造的固定资产，应当按照建造该项资产达到预定可使用状态前所发生的必要支出，作为固定资产的成本，包括工程用物资、人工成本、交纳的相关费用、应予资本化的借款费用及分摊的间接费用等。企业自行建造固定资产应先通过"在建工程"账户核算，工程达到预定可使用状态时，再从"在建工程"账户转入"固定资产"账户。

企业自建固定资产主要有自营和出包两种方式，由于采用的建造方式不同，所以其账务处理也不同。

1.自营方式建造固定资产

企业以自营方式建造固定资产，主要通过"工程物资""在建工程""固定资产"账户核算。

（1）购入工程物资时，按已认证的增值税专用发票上注明的价款，借记"工程物资"科目；按增值税专用发票上注明的增值税进项税额，借记"应交税费——应交增值税（进项税额）"科目，按实际支付或应付的价款，贷记"银行存款""应付账款"等科目。

（2）领用工程物资时，借记"在建工程"科目，贷记"工程物资"科目。

（3）在建工程领用本企业原材料时，借记"在建工程"科目，贷记"原材料"等科目。

（4）在建工程领用本企业生产的产品时，借记"在建工程"科目，贷记"库存商品"科目。

（5）自营工程发生的其他费用（如分配工程人员工资等），借记"在建工程"科目，贷记"银行存款""应付职工薪酬"等科目。

（6）自营工程达到预定可使用状态时，按其成本，借记"固定资产"科目，贷记"在建工程"科目。

【例8-13】天宇有限公司以自营方式建造一座厂房，2024年10月发生有关经济业务如下：购入工程物资，增值税专用发票上注明的价款为200 000元，进项税额为26 000元，款项已通过银行存款支付；工程领用全部工程物资，同时领用生产用原材料，实际成本为20 000元，分配并结转供水、供电车间劳务4 000元；计算应付工程人员工资60 000元。工程达到预定可使用状态并交付使用。

（1）购入工程物资

借：工程物资　　　　　　　　　　　　　　　　　　　　　200 000

　　应交税费——应交增值税（进项税额）　　　　　　　　　26 000

　　贷：银行存款　　　　　　　　　　　　　　　　　　　　　　226 000

（2）领用工程物资

借：在建工程　　　　　　　　　　　　　　　　　　　　　200 000

　　贷：工程物资　　　　　　　　　　　　　　　　　　　　　　200 000

（3）领用原材料

借：在建工程　　　　　　　　　　　　　　　　　　　　　20 000

　　贷：原材料　　　　　　　　　　　　　　　　　　　　　　20 000

（4）分配并结转辅助生产部门供水、供电劳务

借：在建工程　　　　　　　　　　　　　　　　　　　　　4 000

　　贷：生产成本——辅助生产成本　　　　　　　　　　　　　4 000

（5）计算应付工程人员工资

借：在建工程　　　　　　　　　　　　　　　　　　　　　60 000

　　贷：应付职工薪酬　　　　　　　　　　　　　　　　　　　60 000

（6）工程完工结转成本

借：固定资产　　　　　　　　　　　　　　　　　　　　　284 000

　　贷：在建工程　　　　　　　　　　　　　　　　　　　　　284 000

2.出包方式建造固定资产

出包工程是指企业通过招标方式将工程发包给建造承包商，由承包商施工完成。企业出包的工程，其工程的具体支出主要由建造承包商核。在这种方式下，"在建工程"科目主要反映企业与建造承包商办理工程价款结算的情况，企业支付给建造承包商的工程价款成本通过"在建工程"科目核算。

企业按合理估计的发包工程进度和合同规定向建造承包商结算进度款，并由对方开具增值税专用发票，按增值税专用发票上注明的价款，借记"在建工程"科目，按增值税专

用发票上注明的增值税进项税额，借记"应交税费——应交增值税（进项税额）"科目，按实际支付的金额，贷记"银行存款"科目。工程完工时，按合同规定补付工程款，借记"在建工程""应交税费——应交增值税（进项税额）"科目，贷记"银行存款"等科目。工程达到预定可使用状态时，按其成本，借记"固定资产"科目，贷记"在建工程"科目。

【例8-14】2023年8月1日，天宇有限公司为建造办公楼，将工程采用出包方式给甲建筑公司，工程总造价为1 000 000元。根据出包合同规定，按合理估计的发包工程进度和合同规定向甲建筑公司结算进度款为总造价的70%，取得甲建筑公司增值税专用发票，金额为700 000元，税率为9%，增值税税额为63 000元。2024年8月1日，工程完工后，收到甲建筑公司补付工程款并取得增值税专用发票，注明工程款为300 000元，税率为9%，增值税税额为27 000元。工程完工并达到预定可使用状态。

（1）支付70%的工程款时

借：在建工程　　　　　　　　　　　　　　　　　　　　700 000
　　应交税费——应交增值税（进项税额）　　　　　　　　63 000
　　贷：银行存款　　　　　　　　　　　　　　　　　　　　　763 000

（2）补付工程款时

借：在建工程　　　　　　　　　　　　　　　　　　　　300 000
　　应交税费——应交增值税（进项税额）　　　　　　　　27 000
　　贷：银行存款　　　　　　　　　　　　　　　　　　　　　327 000

（3）工程完工

借：固定资产　　　　　　　　　　　　　　　　　　　1 000 000
　　贷：在建工程　　　　　　　　　　　　　　　　　　　　1 000 000

（三）投资者投入的固定资产

接受生产用固定资产投资的企业，在办理了固定资产移交手续后，按投资合同或协议约定的价值（但合同或协议约定价值不公允的除外）借记"固定资产"科目，按照增值税专用发票上注明的增值税税额，借记"应交税费——应交增值税（进项税额）"科目，按照增值税税额与固定资产价值合计数，贷记"实收资本"和"资本公积"科目。

【例8-15】天宇有限公司收到迅达公司投入的设备一台，经资产评估师评估作价后，投资双方确认的价值为200 000元，假设不考虑其他相关税费。

借：固定资产——某设备　　　　　　　　　　　　　　200 000
　　贷：实收资本——迅达公司　　　　　　　　　　　　　　200 000

【例8-16】天宇有限公司的注册资本为800 000元。2024年8月5日，接受乙公司以一台设备进行投资。该台设备的原价为500 000元，已计提折旧100 000元，双方经协商确认的价值为350 000元，占天宇有限公司注册资本的30%。假定不考虑其他相关税费。

借：固定资产　　　　　　　　　　　　　　　　　　　350 000
　　贷：实收资本——乙公司　　　　　　　　　　　　　　　240 000
　　　　资本公积——资本溢价　　　　　　　　　　　　　　110 000

（四）接受捐赠的固定资产

接受捐赠固定资产是指接受捐赠的各种达到固定资产标准的物品。接受捐赠固定资产是一种单方面的行为，这时往往无须花费成本。对这部分资产。常用的方法是以经过评估的公允价值作为入账依据，也可以用捐赠方所提供的原始单据作为入账依据。我国《企业会计准则》规定，接受捐赠的固定资产，如果捐赠方提供了有关凭据的，按凭证上表明的金额加上应当支付的相关税费作为其入账价值；如果捐赠方没有提供有关凭据，可通过相同资产市场价格评估计价，或按其预计未来现金流量现值入账。旧资产可在以上计价基础上考虑新旧程度，以折余价值入账。借记"固定资产"科目，按照增值税专用发票上注明的税额，借记"应交税费——应交增值税（进项税额）"科目，贷记"营业外收入"科目。

【例8-17】2024年8月7日接受丙公司捐赠的全新设备一套，不需安装。捐赠者提供的有关凭证上标明的价格为300 000元，增值税进项税额为39 000元，开出转账支票支付相关手续费4 200元。

借：固定资产　　　　　　　　　　　　　　　　　　　　　　　304 200

　　应交税费——应交增值税（进项税额）　　　　　　　　　　39 000

　　贷：营业外收入——捐赠利得　　　　　　　　　　　　　　　　　339 000

　　　　银行存款　　　　　　　　　　　　　　　　　　　　　　　　4 200

三、计提固定资产折旧

（一）固定资产折旧概述

企业应当在固定资产的使用寿命内，按照确定的方法对应计折旧额进行系统分摊。所谓应计折旧额，是指应计提折旧的固定资产原价扣除其预计净残值后的金额，已计提减值准备的固定资产，还应当扣除已计提的固定资产减值准备金额。企业应当根据固定资产的性质和使用情况，合理确定固定资产的使用寿命和预计净残值。固定资产的使用寿命、预计净残值一经确定，不得随意变更，但是符合《企业会计准则第4号——固定资产》第十九条规定的除外。上述事项在报经股东大会或董事会、经理（厂长）会议或类似机构批准后，作为计提折旧的依据，并按照法律、行政法规等的规定报送有关各方备案。

1.影响固定资产折旧的主要因素

（1）固定资产的原始价值

固定资产的原始价值是指固定资产的初始计量成本，即固定资产取得时的入账价值或原值。固定资产原始价值是企业计提固定资产折旧时的基数。

（2）固定资产的净残值

固定资产的净残值是指固定资产使用期满后，残余的价值减去应支付的固定资产清理费用后的那部分价值。固定资产的净残值属于固定资产的不转移价值，不应计入成本、费用中去，在计算固定资产折旧时，采取估计的方法，从固定资产原值中扣除，到固定资产报废时直接回收。

（3）固定资产减值准备

固定资产减值准备是指固定资产已计提的固定资产减值准备累计金额。固定资产发生损坏、技术陈旧或者其他经济原因，导致其可收回金额低于其账面价值，这种情况称之为固定资产减值。如果固定资产的可收回金额低于其账面价值，应当按可收回金额低于账面价值的差额计提减值准备，并计入当期损益。固定资产的减值损失一经确认，在以后会计期间不得转回。

（4）固定资产的使用寿命

固定资产的使用寿命是指企业使用固定资产的预计期间，或者该项固定资产所能生产产品或提供劳务的数量。企业确定固定资产使用寿命时，应当考虑下列因素：该项资产预计生产能力或实物产量；该项资产预计有形损耗，如设备使用中发生磨损、房屋建筑物受到自然侵蚀等；该项资产预计无形损耗，如因新技术的出现而使现有的资产技术水平相对陈旧、市场需求变化使产品过时等；法律或者类似规定对该项资产使用的限制。固定资产使用寿命的长短直接影响各期应提的折旧额。

2.固定资产的折旧范围

除以下情况外，企业应当对所有固定资产计提折旧：

（1）已提足折旧仍继续使用的固定资产。

（2）单独计价入账的土地。

在确定计提折旧的范围时，还应注意以下几点：

①固定资产应当按月计提折旧，当月增加的固定资产，当月不计提折旧，从下月起计提折旧；当月减少的固定资产，当月仍计提折旧，从下月起不计提折旧。

②固定资产提足折旧后，不论能否继续使用，均不再计提折旧；以融资租赁方式租出的固定资产和以经营租赁方式租入的固定资产，不应当计提折旧；提前报废的固定资产，也不再补提折旧。所谓提足折旧，是指已经提足该项固定资产的应计折旧额。

③已达到预定可使用状态但尚未办理竣工决算的固定资产，应当按照估计价值确定其成本，并计提折旧；待办理竣工决算后，再按实际成本调整原来的暂估价值，但不需要调整原已计提的折旧额。

④以融资租赁方式租入的固定资产和以经营租赁方式租出的固定资产，应当计提折旧。

⑤处于大修理停用和季节性停工的固定资产需计提折旧。

3.固定资产使用寿命、预计净残值和折旧方法的复核

企业至少应当于每年年度终了，对固定资产的使用寿命、预计净残值和折旧方法进行复核。使用寿命预计数与原先估计数有差异的，应当调整固定资产使用寿命。预计净残值预计数与原先估计数有差异的，应当调整预计净残值。与固定资产有关的经济利益预期实现方式有重大改变的，应当改变固定资产折旧方法。

固定资产使用寿命、预计净残值和折旧方法的改变应当作为会计估计变更进行会计处理。

（二）固定资产的折旧方法

按照《企业会计准则第4号——固定资产》的规定，企业应当根据与固定资产有关的经济利益预期实现方式，合理选择固定资产折旧方法。可供选择的方法包括平均年限法（又称直线法）、工作量法、双倍余额递减法和年数总和法等。固定资产的折旧方法一经确定，不得随意变更。

1.直线法

（1）直线法的定义

直线法又叫平均年限法，是根据固定资产的原值、预计净残值或净残值率和规定的预计使用年限，平均计算固定资产折旧额的一种方法。

这种方法最大的特点是：将固定资产的应计折旧额均衡地分摊到固定资产预计使用寿命内，每期计算的折旧额是相等的，在坐标中折旧额表现为一条直线。

（2）直线法的计算公式

年折旧额=固定资产原始价值-预计净残值/预计使用年限

或 　　　　　=固定资产原始价值×（1-预计净残值率）/预计使用年限

其中：预计净残值率=（预计净残值/固定资产原值）×100%

年折旧率=（年折旧额/固定资产原值）×100%

年折旧率=［（1-预计净残值率）/预计使用年限］×100%

月折旧率=年折旧率÷12

月折旧额=固定资产原值×月折旧率

【例8-18】天宇有限公司有一间库房，原值为800 000元，预计可使用20年，预计净残值率为4%。该库房的年折旧额、年折旧率、月折旧额、月折旧率的计算如下：

年折旧额=800 000×（1-4%）/20=38 400（元）

年折旧率=（38 400/800 000）×100%=4.8%

月折旧率=4.8%÷12=0.4%

月折旧额=800 000×0.4%=3 200（元）

2.工作量法

工作量法是指根据实际工作量计算固定资产每期应计提折旧额的一种方法。

工作量法的基本计算公式如下：

单位工作量折旧=固定资产原值×（1-预计净残值率）÷预计总工作量

某项固定资产月折旧额=该项固定资产当月工作量×单位工作量折旧额

【例8-19】天宇有限公司有一项设备，原值为500 000元，预计净残值为20 000元，预计总工作量为200 000小时，本月工作量为200小时。

单位工作量折旧额=（500 000-20 000）/200 000=2.4（元/小时）

月折旧额=200×2.4=480（元）

3.双倍余额递减法

双倍余额递减法，是指在不考虑固定资产净残值的情况下，以双倍直线折旧率乘以每年年初固定资产折余价值来计算每期折旧额的一种方法。其计算公式如下：

年折旧率=（2/预计使用年限）×100%

月折旧额=年初固定资产折余价值×年折旧率÷12

由于双倍余额递减法不考虑固定资产的净残值，因此在计算固定资产折旧额时，为了不使固定资产的账面折余价值降到它的预计净残值以下，应当在其折旧年限的最后两年内，将固定资产净值扣除预计净残值后的余额在两年内平均摊销。

【例8-20】天宇有限公司有一台生产设备，原值为300 000元，预计使用年限为5年，预计净残值为15 000元，经批准采用双倍余额递减法计提折旧。天宇有限公司该生产设备各月折旧额计算见表8-1。

年折旧率=（2/5）×100%=40%

第一年折旧额=300 000×40%=120 000（元）

第二年折旧额=（300 000-120 000）×40%=72 000（元）

第三年折旧额=（300 000-120 000-72 000）×40%=43 200（元）

第四年、第五年折旧额=（300 000-120 000-72 000-43 200-15 000）÷2=24 900（元）

表8-1

固定资产折旧计算表
（双倍余额递减法）
单位：元

使用年限	年初账面折余价值	年折旧率	年折旧额	累计折旧额	年末账面折余价值	月折旧额	
						借：制造费用	贷：累计折旧
1	300 000	40%	120 000	120 000	180 000	120 000	120 000
2	180 000	40%	72 000	192 000	108 000	72 000	72 000
3	108 000	40%	43 200	235 200	64 800	43 200	43 200
4	64 800	40%	24 900	260 100	39 900	24 900	24 900
5	39 900	40%	24 900	285 000	15 000	24 900	24 900
合计			285 000				

4.年数总和法

年数总和法又称总和年限法，是指以逐年递减的折旧率乘以一个固定的折旧基数来计算每期折旧额的一种方法。其中：

固定的折旧基数=固定资产原值-预计净残值

逐年递减年折旧率=（预计折旧年限-已折旧年限）/［预计折旧年限×（预计折旧年限+1）÷2］×100%

其中：年折旧率的分子代表固定资产尚可使用的年数；分母代表使用年数的逐年数字加总之和，该方法也因之而得名。

年数总和法的计算公式为：

月折旧额=［（固定资产原值-预计净残值）×逐年递减的年折旧率］÷12

【例8-21】天宇有限公司有一台生产用设备，原值为96 000元，预计使用年限为5年，预计净残值为1 500元。经批准采用年数总和法计提折旧。天宇有限公司该生产设备各月折旧额计算见表8-2。

表8-2

固定资产折旧计算表
（年数总和法）
单位：元

使用年限	折旧基数	尚可使用年限	年数总和	年折旧率	年折旧额	累计折旧额	期末折余价值	月折旧额	
								借：制造费用	贷：累计折旧
0							9 6000		
1	94 500	5	15	5/15	31 500	31 500	64 500	2 625	2 625
2	94 500	4	15	4/15	25 200	56 700	39 300	2 100	2 100
3	94 500	3	15	3/15	18 900	75 600	20 400	1 575	1 575
4	94 500	2	15	2/15	12 600	88 200	7 800	1 050	1 050
5	94 500	1	15	1/15	6 300	94 500	1 500	525	525
合计					94 500				

（三）固定资产折旧的账务处理

固定资产应当按月计提折旧，计提折旧应当通过"累计折旧"账户核算，并根据固定资产的用途计入相关资产的成本或者当期损益。

企业自行建造固定资产过程中使用的固定资产，其计提的折旧应计入在建工程成本；基本生产车间所使用的固定资产，其计提的折旧应计入制造费用；管理部门所使用的固定资产，其计提的折旧应计入管理费用；销售部门所使用的固定资产，其计提的折旧应计入销售费用；经营租出的固定资产，其计提的折旧应计入其他业务成本。

企业计提固定资产折旧时，借记"在建工程""制造费用""管理费用""销售费用""其他业务成本"等科目，贷记"累计折旧"科目。

【例8-22】天宇有限公司采用直线法提取固定资产折旧，2024年9月份固定资产折旧计算如下：生产车间2 000元，管理部门1 200元。

借：制造费用 2 000
　　管理费用 1 200
　　贷：累计折旧 3 200

固定资产折旧计算表，见表8-3所示。

表8-3　　　　　　　　　　固定资产折旧计算表（2024年9月）

项目	固定资产原值	月综合折旧率	月计提折旧额
生产车间	400 000		2 000
行政部门	240 000		1 200
合计	640 000	0.5%	3 200

四、固定资产的处置

固定资产处置，即固定资产的终止确认，包括固定资产的出售、报废、毁损、对外投资、非货币性资产交换、债务重组等。

企业在生产经营过程中，可能将不适用或不需用的固定资产对外出售转让，或因磨损、技术进步等原因对固定资产进行报废，或因遭受自然灾害而对毁损的固定资产进行处理。上述事项在进行会计处理时，应当按照规定程序办理有关手续，结转固定资产的账面价值，计算有关的清理收入、清理费用及残料价值等，清理完毕，结转固定资产清理损益。

企业处置固定资产应通过"固定资产清理"科目核算。通常包括以下环节：

（一）固定资产转入清理

企业因出售、报废、毁损、对外投资、非货币性资产交换、债务重组等转出的固定资产，按该项固定资产的账面价值，借记"固定资产清理"科目，按已计提的累计折旧，借记"累计折旧"科目，按已计提的减值准备，借记"固定资产减值准备"科目，按其账面原价，贷记"固定资产"科目。

（二）结算清理费用等

固定资产清理过程中，应支付的清理费用及其可抵扣的增值税进项税额，借记"固定资产清理""应交税费——应交增值税（进项税额）"科目，贷记"银行存款"等科目。

（三）收回出售固定资产的价款、残料价值和变价收入等

收回出售固定资产的价款和税款，借记"银行存款"科目，按增值税专用发票上注明的价款，贷记"固定资产清理"科目，按增值税专用发票上注明的增值税销项税额，贷记"应交税费——应交增值税（销项税额）"科目。残料入库，按残料价值，借记"原材料"等科目，贷记"固定资产清理"科目。

（四）确认应收责任单位（或个人）赔偿损失

应由保险公司或过失人赔偿的损失，借记"其他应收款"等科目，贷记"固定资产清理"科目。

（五）结转清理净损益

固定资产清理完成后，对清理净损益，应区分不同情况进行账务处理：

1.因固定资产已丧失使用功能或因自然灾害发生毁损等原因而报废清理产生的利得或损失应计入营业外收支。属于生产经营期间报废清理产生的处理净损失，借记"营业外支出——非流动资产处置损失"（正常原因）或"营业外支出——非常损失"（非正常原因）科目，贷记"固定资产清理"科目；如为净收益，借记"固定资产清理"科目，贷记"营业外收入——非流动资产处置利得"科目。

2.因出售、转让等原因产生的固定资产处置利得或损失应计入资产处置损益。确认处置净损失，借记"资产处置损益"科目，贷记"固定资产清理"科目；如为净收益，借记"固定资产清理"科目，贷记"资产处置损益"科目。

【例8-23】天宇有限公司出售一栋厂房，原值为2 000 000元，已提折旧250 000元，用银行支付清理费用5 000元，出售价格为1 800 000元，适用的增值税税率为9%。款项已存入银行。

（1）将出售固定资产转入清理

借：固定资产清理　　　　　　　　　　　　　　　　　　　1 750 000
　　累计折旧　　　　　　　　　　　　　　　　　　　　　　250 000
　　贷：固定资产　　　　　　　　　　　　　　　　　　　　　　2 000 000

（2）支付清理费用

借：固定资产清理　　　　　　　　　　　　　　　　　　　　　5 000
　　贷：银行存款　　　　　　　　　　　　　　　　　　　　　　　5 000

（3）取得出售固定资产价款和税款时

借：银行存款　　　　　　　　　　　　　　　　　　　　　1 962 000
　　贷：固定资产清理　　　　　　　　　　　　　　　　　　　　1 800 000
　　　　应交税费—应交增值税（销项税额）　　　　　　　　　　 162 000

（4）结转净收益

借：固定资产清理　　　　　　　　　　　　　　　　　　　　 45 000
　　贷：资产处置损益　　　　　　　　　　　　　　　　　　　　 45 000

【例8-24】天宇有限公司有一旧设备提前报废，原值150 000元，已提折旧140 000元，报废时残料变价收入8 000元，增值税额为1 040元，款项收存银行，另以银行存款支付报废清理费用3 000元。天宇有限公司编制会计分录如下：

（1）将报废设备转入清理

借：固定资产清理   10 000

累计折旧   140 000

贷：固定资产   150 000

（2）取得变价收入

借：银行存款   9 040

贷：固定资产清理   8 000

应交税费——应交增值税（销项税额）   1 040

（3）支付清理费用

借：固定资产清理   3 000

贷：银行存款   3 000

（4）结转报废设备发生的净亏损

借：营业外支出——非流动资产处置损失   5 000

贷：固定资产清理   5 000

【例8-25】天宇有限公司因遭天气灾害毁损一座仓库，该仓库原价2 000 000元，已计提折旧500 000元，未计提减值准备。其残料估计价值10 000元，残料已办理入库。发生清理费用并取得增值税专用发票，注明的装卸费为10 000元，增值税税额为600元，全部款项以银行存款支付。收到保险公司理赔款800 000元，存入银行。假定不考虑其他相关税费。天宇有限公司应编制如下会计分录：

（1）将毁损的仓库转入清理时

借：固定资产清理   1 500 000

累计折旧   500 000

贷：固定资产   2 000 000

（2）残料入库时

借：原材料   10 000

贷：固定资产清理   10 000

（3）支付清理费用

借：固定资产清理   10 000

应交税费——应交增值税（进项税额）   600

贷：银行存款   10 600

（4）确认并收到保险公司理赔款项

借：其他应收款   800 000

贷：固定资产清理   800 000

借：银行存款   800 000

贷：其他应收款   800 000

（5）结转毁损固定资产损失

借：营业外支出——非常损失   700 000

贷：固定资产清理   700 000

五、固定资产的后续支出

固定资产的后续支出，是指企业为了维护或提高固定资产的使用效能，而对资产进行维护、改建、扩建或者改良所发生的开支，如生产设备的日常维修、定期大修，房屋进行装修等。

（一）固定资产后续支出的内容

1.对自有固定资产进行维护所发生的大修理或中小修理支出。

2.对自有固定资产进行改建、扩建所发生的支出。

3.对自有或租入固定资产进行改良或装修等所发生的支出。

（二）固定资产后续支出的核算原则

与固定资产有关的后续支出，如果使可能流入企业的经济利益超过了原先估计的，如延长了固定资产的寿命，或者使产品质量实质性提高，或者使产品成本实质性降低，则应当记入固定资产账面价值，即将后续支出予以资本化，通过"在建工程"科目核算。除此之外的后续支出，应当确认为当期费用。

在会计实务中，固定资产发生的下列后续支出的核算要求是：

1.固定资产修理支出，应当直接记入当期费用。

2.固定资产改良支出，应当计入固定资产账面价值，其增计后的金额不应超过固定资产的可回收金额。

3.如果不能区分是固定资产修理还是固定资产改良，或固定资产修理和固定资产改良结合在一起，则企业应按上述原则进行判断，其发生的后续支出，分别计入固定资产价值或当期费用。

4.固定资产装修费用，符合上述核算原则的可予以资本化，并在"固定资产"账户下单设"固定资产装修"明细科目核算，且要求在后两次装修期间与固定资产尚可使用年限两者中较短的期间内，采用合理的方法单独计提折旧。如果在下次装修时，该项固定资产相关的"固定资产装修"明细账户仍有余额，应将该余额一次全部记入"营业外支出"。

（三）固定资产后续支出的账务处理

1.应予以资本化的后续支出

企业固定资产发生资本化的后续支出时，首先应将相关固定资产的原价、已计提的累计折旧和减值准备转销，将固定资产的账面价值转入在建工程，借记"在建工程""累计折旧""固定资产减值准备"等科目，贷记"固定资产"科目。发生可资本化后续支出时，借记"在建工程"科目，发生后续支出取得增值税专用发票的，按增值税专用发票上注明的增值税进项税额，借记"应交税费——应交增值税（进项税额）"科目，按实际支付的金额，贷记"银行存款"等科目。发生后续支出的固定资产达到预定可使用状态时，借记"固定资产"科目，贷记"在建工程"科目。

【例8-26】天宇有限公司2021年12月自行建成了一条生产线，建造成本为600 000元；采用年限平均法计提折旧；预计净残值率为固定资产原价的3%，预计使用年限为6年。2024年1月1日，由于现有生产线的生产能力已难以满足公司生产发展的需要，但若新建生产线成本过高，周期过长，于是公司决定对现有生产线进行改扩建，以提高其生产能力。2024年1月1日—3月31日，经过三个月的改扩建，完成了对这条生产线的改扩建工程，共发生支出280 000元，全部以银行存款支付。该生产线改扩建工程达到预定可使用状态后，大大提高了生产能力，预计将其使用年限延长 4 年，即预计使用年限为 10 年。假定改扩建后的生产线的预计净残值率为改扩建后固定资产账面价值的 3%；折旧方法仍为年限平均法。为简化计算过程，不考虑其他相关税费；公司按年度计提固定资产折旧。

生产线改扩建后生产能力将大大提高，能够为企业带来更多的经济利益，改扩建的支出金额也能可靠计量，因此该后续支出符合固定资产的确认条件，应计入固定资产成本，按资本化的后续支出处理方法进行账务处理。

有关会计处理如下：

（1）2023 年 12 月 31 日，该公司有关账户的余额

生产线的年折旧额=600 000×（1-3%）÷6=97 000（元）

累计折旧的账面价值=97 000×2=194 000（元）

固定资产的账面净值=600 000-194 000=406 000（元）

（2）2024 年 1 月 1 日，固定资产转入改扩建时

借：在建工程	406 000	
累计折旧	194 000	
贷：固定资产		600 000

（3）2024 年 1 月 1 日—3 月 31 日，发生改扩建工程支出时

| 借：在建工程 | 280 000 | |
| 贷：银行存款 | | 280 000 |

（4）2024 年 3 月 31 日，生产线改扩建工程达到预定可使用状态时

固定资产的入账价值=406 000+280 000=686 000（元）

| 借：固定资产 | 686 000 | |
| 贷：在建工程 | | 686 000 |

（5）2024 年 3 月 31 日，重新转为固定资产后，应按重新确定的使用寿命、预计净残值和折旧方法计提折旧：

应计提折旧额=686 000×（1-3%）=665 420（元）

月折旧额=665 420÷（7×12+9）=7 155.05（元）

年折旧额=7 155.05×12=85 860.60（元）

2024 年应计提的折旧额=7 155.05×9=64 395.45（元）

| 借：制造费用 | 64 395.45 | |
| 贷：累计折旧 | | 64 395.45 |

2.应予以费用化的后续支出

费用化的后续支出是指与固定资产有关的修理费用等后续支出，不符合固定资产确认条件的，应当根据不同情况分别在发生时计入当期或销售费用等。

固定资产修理是指固定资产投入使用之后，由于固定资产磨损、各组成部分耐用程度不同，可能导致固定资产的局部损坏，为了维护固定资产的正常运转和使用，充分发挥其使用效能，企业将对固定资产进行必要的维护和修理。固定资产的日常修理、大修理等只是确保固定资产的正常工作状况，这类维修一般范围较小、间隔时间较短，一次修理费用较少，不能改变固定资产的性能，不能增加固定资产的未来经济利益，不符合固定资产的确认条件，在发生时应直接计入当期损益。

企业生产车间（部门）和行政管理部门的固定资产发生不可资本化后续支出，比如，固定资产日常修理费用及其可抵扣的增值税进项税额，应借记"管理费用""应交税费——应交增值税（进项税额）"科目，贷记"银行存款"等科目；企业专设销售机构的固定资产发生不可资本化的后续支出，比如，固定资产日常修理费用及其可抵扣的增值税进项税额，应借记"销售费用""应交税费——应交增值税（进项税额）"科目，贷记"银行存款"等科目。

【例8-27】天宇有限公司对生产车间现有的一台设备进行修理维护，修理过程中发生如下支出：领用库存原材料一批，价值为5 000元；发生维修费并取得增值税专用发票，注明修理费为2 000元，税率为13%。不考虑其他因素的影响：

借：管理费用　　　　　　　　　　　　　　　　　　　　　　7 000
　　应交税费——应交增值税（进项税额）　　　　　　　　　　260
　　贷：原材料　　　　　　　　　　　　　　　　　　　　　　5 000
　　　　银行存款　　　　　　　　　　　　　　　　　　　　　2 260

【例8-28】天宇有限公司为增值税一般纳税人，2024年8月1日，自行对销售部门使用的设备进行日常修理，发生修理费并取得增值税专用发票，注明修理费为8 000元，税率为13%，增值税税额为1 040元。

借：销售费用　　　　　　　　　　　　　　　　　　　　　　8 000
　　应交税费——应交增值税（进项税额）　　　　　　　　　1 040
　　贷：银行存款　　　　　　　　　　　　　　　　　　　　　9 040

六、固定资产清查

为保证固定资产核算的真实性，充分挖掘企业现有固定资产的潜力，企业应当定期或者至少于每年年末对固定资产进行清查盘点。在固定资产清查过程中，如果发现盘盈、盘亏的固定资产，应当填制固定资产盘盈盘亏报告表。清查固定资产的损溢，应当及时查明原因，并按照规定程序报批处理。

（一）固定资产的盘盈

企业在财产清查中盘盈的固定资产，根据《企业会计准则第28号——会计政策、会计估计变更和差错更正》的规定，应当作为重要的前期差错进行会计处理。企业在财产清查中盘盈的固定资产，在按管理权限报经批准处理前，应先通过"以前年度损益调整"科目核算。

盘盈的固定资产，应按重置成本确定其入账价值，借记"固定资产"科目，贷记"以前年度损益调整"科目；由于以前年度损益调整而增加的所得税费用，借记"以前年度损益调整"科目，贷记"应交税费——应交所得税"科目；将"以前年度损益调整"科目余额转入留存收益时，借记"以前年度损益调整"科目，贷记"盈余公积""利润分配——未分配利润"科目。

【例8-29】2024年1月5日，天宇有限公司在财产清查过程中发现，2022年12月购入的一台设备尚未入账，重置成本为50 000元。假定天宇有限公司按净利润的10%提取法定盈余公积，不考虑相关税费及其他因素的影响。

1.盘盈固定资产时：

借：固定资产　　　　　　　　　　　　　　　　　　　　　　50 000

　　　贷：以前年度损益调整　　　　　　　　　　　　　　　　　　　　　　50 000
　　2.结转为留存收益时：
　　　借：以前年度损益调整　　　　　　　　　　　　　　　　　　50 000
　　　　贷：盈余公积——法定盈余公积　　　　　　　　　　　　　　　　　5 000
　　　　　　利润分配——未分配利润　　　　　　　　　　　　　　　　　　45 000
　　本例中，盘盈固定资产应作为重要的前期差错进行会计处理，应通过"以前年度损益调整"科目进行核算。

（二）固定资产的盘亏

　　企业在财产清查中盘亏的固定资产，按照盘亏固定资产的账面价值，借记"待处理财产损溢"科目，按照已计提的累计折旧，借记"累计折旧"科目，按照已计提的减值准备，借记"固定资产减值准备"科目，按照固定资产的原价，贷记"固定资产"科目。
　　企业按照管理权限报经批准后处理时，按照可收回的保险赔偿或过失人赔偿，借记"其他应收款"科目，按照应计入营业外支出的金额，借记"营业外支出——盘亏损失"科目，贷记"待处理财产损溢"科目。

　　【例8-30】2024年12月31日，天宇有限公司在进行财产清查时，发现短缺设备一台，原价为80 000元，已计提折旧65 000元，购入时增值税税额为10 400元。
　　1.盘亏固定资产时：
　　　借：待处理财产损溢　　　　　　　　　　　　　　　　　15 000
　　　　　累计折旧　　　　　　　　　　　　　　　　　　　　65 000
　　　　贷：固定资产　　　　　　　　　　　　　　　　　　　　　80 000
　　2.转出不可抵扣的进项税额时：
　　　借：待处理财产损溢　　　　　　　　　　　　　　　　　　1 950
　　　　贷：应交税费——应交增值税（进项税额转出）　　　　　　　1 950
　　3.报经批准转销时：
　　　借：营业外支出——盘亏损失　　　　　　　　　　　　　16 950
　　　　贷：待处理财产损溢　　　　　　　　　　　　　　　　　　16 950
　　根据现行增值税制度规定，购进货物及不动产发生非正常损失，其负担的进项税额不得抵扣，其中购进货物包括被确认为固定资产的货物。但是，如果盘亏的是固定资产，应按其账面净值（即固定资产原价-已计提折旧）乘以适用税率计算不可以抵扣的进项税额。据此，在本例中，该设备因盘亏，其购入时的增值税进项税额中不可从销项税额中抵扣的金额为：（80 000-65 000）×13%=1 950（元），应借记"待处理财产损溢"科目，贷记"应交税费——应交增值税（进项税额转出）"科目。

七、固定资产减值

　　固定资产的初始入账价值为历史成本，固定资产使用年限较长，市场条件和经营环境的变化、科学技术的进步以及企业经营管理不善等原因，都可能导致固定资产创造未来经济利益的能力大大下降。因此，固定资产的真实价值有可能低于账面价值，在期末必须对固定资产减值损失进行确认。
　　固定资产在资产负债表日存在可能发生减值的迹象时，其可收回金额低于账面价值的，企业应当将该固定资产的账面价值减记至可收回金额，减记的金额确认为减值损失，计入当期损益，借记"资产减值损失——固定资产减值损失"科目，同时，计提相应的资产减值准备，贷记"固定资产减值准备"科目。

需要强调的是，根据《企业会计准则第8号——资产减值》的规定，企业固定资产减值损失一经确认，在以后会计期间不得转回。

【例8-31】2024年12月31日，天宇有限公司的某设备存在可能发生减值的迹象。经计算，该设备的可收回金额合计为78 000元，账面价值为900 000元，以前年度未对该设备计提过减值准备。

由于该设备的可收回金额为780 000元，账面价值为900 000元，可收回金额低于账面价值，应按两者之间的差额120 000元（900 000-780 000）计提固定资产减值准备。天宇有限公司应编制如下会计分录：

借：资产减值损失——固定资产减值损失   120 000

    贷：固定资产减值准备   120 000

⊙ 财经育人广角

在教学中引导学生阅读马克思在《资本论》中关于折旧的精彩论述，学习马克思主义经典名著，培养学生运用马克思主义的立场、观点、方法，解决各类理论及实践问题的意识。在讲授固定资产折旧方法及相关会计处理时，让学生认识到折旧方法不能随意变更，引导学生要注重诚信，同时再三强调朱镕基对财务人员的告诫，即"诚信为本、操守为重、坚持准则、不做假账"。

任务四　　　　　无形资产

一、无形资产概述

（一）无形资产的概念和特征

无形资产，是指企业拥有或控制的、没有实物形态的、可辨认的非货币性资产。无形资产可通过外购、自行开发、投资者投入、债务重组、以非货币性资产交换交易换入等方式取得，包括专利权、非专利技术、商标权、著作权、土地使用权、特许权等。

无形资产具有以下主要特征：

1.没有实物形态。无形资产本身不具有实物形态，它通常体现为一种权利、技术或能获得超额利润的能力。如土地使用权、非专利技术等，因此它具有价值，也能为企业带来经济利益。不具有实物形态是无形资产区别于其他资产的一个显著标志。

2.具有可辨认性。可辨认是指无形资产能够从企业中分离或者划分出来，并能单独或者与相关合同、资产或负债一起，用于出售、转移、授予许可、租赁或者交换。客户关系、人力资源，由于企业无法控制其带来的未来经济利益，不符合无形资产的定义，不应将其确认为无形资产。

3.为企业带来的经济利益具有不确定性。当代科学技术的迅猛发展，使得许多无形资产的经济寿命难以准确地预计，因而也使得无形资产能为企业带来的未来经济利益难以准确地预计。

4.属于非货币性资产。货币性资产是指企业持有的货币资金和将以固定或可确定的金额收取的资产，包括库存现金、银行存款、应收账款和应收票据以及准备持有至到期的债券投资等。非货币性资产指货币性资产以外的资产。无形资产由于没有发达的交易市场，一般不容易转化成现金，在持有过程中为企业带来未来经济利益的情况不确定，不属于以固定或确定的金额收取的资产，属于非货币性资产。

1.按其反映的经济内容分类

（1）专利权。专利权是指经国家专利管理机关审定并授予发明者在一定年限内对其成果的制造、使用和出售的专有权利。专利权一般包括发明专利权、实用新型专利权和外观设计专利权等。企业持有专利可以降低成本，或者提高产品质量，或者将其转让出去能获得转让收入。

企业从外单位购入的专利权，应按实际支付的价款作为专利权的成本。企业自行开发并按法律程序申请取得的专利权，应按照《企业会计准则第6号——无形资产》确定的金额作为成本。

（2）商标权。商标权是用来辨认特定的商品或劳务的标记。商标权是指专门在某类指定的商品或产品上使用特定的名称或图案的权利。《中华人民共和国商标法》明确规定，经商标局核准注册的商标为注册商标，商标注册人享有商标专用权，受法律的保护。

企业为宣传自创并已注册登记的商标而发生的相关费用，应在发生时直接计入当期损益。

企业如果购买他人的商标，一次性支出费用较大，可以将购入商标的价款、支付的手续费及有关费用确认为商标权的成本。

（3）土地使用权。土地使用权是指国家准许某一企业在一定期间对国有土地享有开发、利用、经营的权利。根据《中华人民共和国土地管理法》的规定，我国土地实行公有制，任何单位和个人不得侵占、买卖或者以其他形式非法转让。企业土地使用权可以通过行政划拨、外购及投资者投资等方式取得。

企业购入的土地使用权通常计入无形资产，但改变其用途用于赚取租金或资本增值的，应当将其转为投资性房地产。若购入土地使用权及建筑物共同支付价款的，应当将支付的价款在建筑物与土地使用权之间分配；难以合理分配的，应当全部作为固定资产。

（4）著作权。著作权又称版权，指作者对其创作的文学、科学和艺术作品依法享有的某些特殊权利。著作权包括作品署名权、发表权、修改权和保护作品完整权，还包括复制权、发行权、出租权、展览权、表演权、放映权、广播权、信息网络传播权、摄制权、改编权、翻译权、汇编权以及应当由著作权人享有的其他权利。

（5）特许权。特许权，又称经营特许权、专营权，指企业在某一定地区经营或销售某种特定商品的权利或是一家企业接受另一家企业使用其商标、商号、技术秘密等的权利。它通常有两种形式：一种是政府机构授权，准许企业使用或在一定地区享有经营某种业务的特权，如水、电、邮电通信等专营权、烟草专卖权、公路收费权等；另一种指企业间依照签订的合同，有限期或无限期地使用另一家企业的某些权利，如连锁分店使用总店的名称等。

（6）非专利技术。非专利技术也称专有技术，是指先进的、未公开的、未申请专利、可以带来经济效益的技术及诀窍。主要内容包括：

一是工业专有技术，即在生产上已经采用，仅限于少数专业技术人员掌握，不享有专利权或发明权的生产、装配、修理、工艺或加工方法的技术知识。

二是商业（贸易）专有技术，即具有保密性质的市场情报、原材料价格情报以及用户、竞争对象的情况及专有知识。

三是管理专有技术，即生产组织的经营方式、管理方式、培训职工方法等保密知识。

非专利技术并不是专利法的保护对象，专有技术所有人依靠自我保密的方式来维持其独占权，可以用于转让和投资。

企业的非专利技术，有些是自己开发研究的，有些是根据合同规定从外部购入的。如果是企业自己开发研究的，应将符合《企业会计准则 第6号——无形资产》规定的开发支出资本化条件的，确认为无形资产；对于从外部购入的非专利技术，应将实际发生的支出予以资本化，作为无形资产入账。

2.按其来源分类

（1）外来的无形资产。外来的无形资产是指企业从国内外科研单位及其他企业购进的无形资产、接受投资或接受捐赠形成的无形资产以及通过债务重组、非货币性资产交换等其他方式取得的无形资产。

（2）自创的无形资产。自创的无形资产是指企业自行开发、研制形成的无形资产。

3.按其使用寿命是否确定分类

（1）使用寿命有限的无形资产。使用寿命有限的无形资产是指合同或法律规定了无形资产使用寿命或合同及法律没有规定其使用寿命但是企业综合各方面情况，如企业经过努力，聘请相关专家进行认证或与同行业的情况进行比较以及企业的历史经验等，可以确定其为企业带来未来经济利益期限的无形资产。

（2）使用寿命不确定的无形资产。使用寿命不确定的无形资产是指企业确定无法合理确定无形资产为企业带来经济利益期限的无形资产。根据可获得的情况判断，有确凿证据表明无法合理估计其使用寿命的无形资产，才能作为使用寿命不确定的无形资产。企业不得随意判断使用寿命不确定的无形资产。

（三）无形资产的确认条件

符合无形资产定义，同时满足下列条件的，才能确认为无形资产：

1.与该资产有关的经济利益很可能流入企业。

2.该无形资产的成本能够可靠地计量。

二、无形资产的核算

为了核算无形资产的取得、摊销和处置等情况，企业一般需要设置"无形资产""累计摊销""研发支出"等账户。

"无形资产"是资产类账户，核算企业持有的无形资产成本，借方反映无形资产取得时的成本，贷方反映无形资产因所有权转让、报废或处置而减少的成本，期末余额在借方，反映无形资产的实际成本。该账户按无形资产的具体内容进行明细分类核算。

"累计摊销"是无形资产的备抵账户，核算企业对使用寿命有限的无形资产进行的摊销。贷方反映无形资产的摊销额，借方反映因无形资产减少而冲减的摊销额，期末余额在贷方，反映无形资产的累计摊销额。

"研发支出"是成本类账户，核算企业进行研究与开发无形资产过程中发生的各项支出。借方反映自行开发无形资产发生的研发支出，贷方反映期末转入管理费用的费用化支出及达到预定用途形成无形资产的金额，期末余额在借方，反映企业正在进行中的研究开发支出。

此外，企业无形资产发生减值的，还应当设置"无形资产减值准备"科目进行核算。

（一）无形资产的取得

无形资产应当按照成本进行初始计量。无形资产的取得方式主要有外购、投资者投入、自行开发等。由于无形资产取得的方式不同，其会计处理也有所差别。

1.外购的无形资产

外购的无形资产，其成本包括购买价款、相关税费以及直接归属于使该项资产达到预定用途所发生的其他支出。其中，直接归属于使该项资产达到预定用途所发生的其他支出包括使无形资产达到预定用途所发生的专业服务费用、测试无形资产是否能够正常发挥作用的费用等，但不包括为引入新产品进行宣传发生的广告费、管理费用及其他间接费用，也不包括在无形资产已经达到预定用途以后发生的费用。相关税费不包括按照现行增值税制度规定，可以从销项税额中抵扣的增值税进项税额。

企业购入无形资产时，按实际支付的价款作为实际成本入账。取得增值税专用发票的，按发票标明的价款，借记"无形资产"账户，按注明的增值税进项税额，借记"应交税费——应交增值税（进项税额）"账户，贷记"银行存款"等账户；取得增值税普通发票的，按照注明的价税合计金额作为无形资产的成本，其进项税额不可抵扣。

【例8-32】天宇有限公司用银行存款购入一项非专利技术，取得的增值税专用发票上注明价款为300 000元，税率为6%，增值税税额为8 000元。

天宇有限公司应编制如下会计分录：

借：无形资产——非专利技术　　　　　　　　　　　　　　300 000
　　　应交税费——应交增值税（进项税额）　　　　　　　　18 000
　　贷：银行存款　　　　　　　　　　　　　　　　　　　　　318 000

2.自行开发的无形资产。

自行开发的无形资产的成本，包括自满足无形资产的确认条件后至达到预定用途前发生的支出总额，包括在开发过程中发生的材料费用、直接参与研发的开发人员的工资及福利费、开发过程中发生的租金、借款费用支出以及依法取得时发生的注册费、聘请律师费等费用。企业内部研究开发项目所发生的支出应区分研究阶段和开发阶段支出。

（1）研究阶段和开发阶段的划分

①研究阶段。研究是指为获取新的技术和知识等进行的有计划的调查。它具有计划性和探索性特点。计划性主要表现在：研究阶段是建立在有计划的调查基础上，研发项目已经通过董事会或者相关管理层的批准，并着手收集相关资料、进行市场调查等；探索性主要表现在：为进一步的开发活动进行资料及相关方面的准备，这一阶段不会形成阶段性成果。

②开发阶段。开发是指在进行商业性生产或使用前，将研究成果或其他知识应用于某项计划或设计，以生产出新的或具有实质性改进的材料、装置、产品等。开发阶段具有针对性和形成成果的可能性较大的特点。针对性主要表现在：开发阶段是建立在研究阶段基础上，因而，对项目的开发具有针对性；形成成果的可能性较大，主要表现在：进入开发阶段的研发项目往往形成成果的可能性较大。

（2）企业内部研究开发项目支出的确认

企业内部研究开发项目研究阶段的支出，能同时满足下列条件才能确认为无形资产：

①完成该无形资产以使其能够使用或出售，在技术上具有可行性。

②具有完成该无形资产并使用或出售的意图。

③无形资产产生经济利益的方式，包括能够证明运用该无形资产生产的产品存在市场或无形资产自身存在市场；无形资产将在内部使用的，应当证明其有用性。

④有足够的技术、财务资源和其他资源支持，以完成该无形资产的开发，并有能力使用或出售该无形资产。

⑤归属于该无形资产开发阶段的支出能够可靠地计量。

企业自行开发无形资产发生的研发支出，不满足资本化条件的，借记"研发支出——费用化支出"科目，满足资本化条件的，借记"研发支出——资本化支出"科目，贷记"原材料""银行存款""应付职工薪酬"等科目。自行研究开发无形资产发生的支出取得增值税专用发票可抵扣的进项税额，借记"应交税费——应交增值税（进项税额）"科目。

研究开发项目达到预定用途形成无形资产的，应当按照"研发支出——资本化支出"科目的余额，借记"无形资产"科目，贷记"研发支出——资本化支出"科目。期末，应将"研发支出—费用化支出"科目归集的金额转入"管理费用"科目，借记"管理费用"科目，贷记"研发支出——费用化支出"科目。

企业如果无法可靠区分研究阶段的支出和开发阶段的支出，应将发生的研发支出全部费用化，计入当期损益，记入"管理费用"科目的借方。

【例8-33】天宇有限公司自行研究，开发一项技术，截至2023年12月31日，发生研发支出合计100万元，经测试该项研发活动完成了研究阶段，从2024年1月1日开始进入开发阶段。2024年共发生研发支出50万元，符合开发支出的资本化条件，取得的增值税专用发票上注明的增值税税额为65 000元。2024年6月30日，该项研发活动结束，最终开发出一项非专利技术。

（1）2023年发生的研发支出：

借：研发支出——费用化支出   1 000 000

    贷：银行存款   1 000 000

（2）2023年12月31日，发生的研发支出全部属于研究阶段支出：

借：管理费用   1 000 000

    贷：研发支出——费用化支出   1 000 000

（3）2024年，发生的满足资本化确认条件的开发支出：

借：研发支出——资本化支出   500 000

      应交税费——应交增值税（进项税额）   65 000

    贷：银行存款   565 000

（4）2024年6月30日，该项技术研发完成并形成无形资产：

借：无形资产   500 000

    贷：研发支出——资本化支出   500 000

3.投资者投入的无形资产

投资者投入的无形资产，应当按照投资合同或协议约定的价值入账。借记"无形资产"科目，贷记"实收资本"科目。如果投资合同或协议约定的价值不公允的，无形资产应当以其公允价值入账。无形资产的入账价值与投资方在企业注册资本中占有的份额的差额记入"资本公积"科目。

【例8-34】某公司设立时接受甲公司以其所拥有的专利权作为出资，该无形资产评估确认的价值为2 000万元。此时甲公司享有本公司股份1 500万股，面值为1元/股，已办妥相关手续。

借：无形资产——专利权 20 000 000
　　贷：股本 15 000 000
　　　　资本公积——股本溢价 5 000 000

4.接受捐赠的无形资产

企业接受捐赠的无形资产，如果捐赠者提供了有关凭据，应按凭据中的金额加上应支付的相关税费计价；如果捐赠者没有提供有关凭据，对于同类或类似无形资产存在活跃的市场，应参照同类或类似无形资产的市场价格估计的金额，加上应支付的相关税费计价；对于同类或类似无形资产不存在活跃的市场，应按其预计未来现金流量的现值计价。企业接受无形资产捐赠时，应根据确定的价值，借记"无形资产"科目，贷记"营业外收入"科目。

（二）无形资产的摊销

无形资产应当于取得时分析判断其使用寿命。使用寿命有限的无形资产，应在其预计使用寿命内采用系统、合理的方法进行摊销，摊销金额计入有关资产的成本或费用；使用寿命不确定的无形资产，在持有期间内不需要摊销，但期末要进行减值测试，如果发生减值的，要计提减值准备。

1.无形资产摊销期。无形资产的摊销期自其可供使用时（达到能够按管理层预定的方式运作所必需的状态）开始摊销，处置当月不再摊销（即当月增加当月摊销，当月减少当月不再摊销）。

2.无形资产的摊销方法。对某项无形资产摊销所使用的方法应依据从资产中获取的预期未来经济利益的预计消耗方式来选择（年限平均法即直线法和工作量法等），并一致地运用于不同会计期间，无法确定消耗方式的应当采用直线法摊销。

3.无形资产摊销金额的确定。无形资产的摊销金额为其成本扣除预计残值后的金额，已经计提减值准备的无形资产，还应扣除已计提的减值准备累计金额。使用寿命有限的无形资产，残值一般为零，除非有第三方承诺在无形资产使用寿命结束时愿意以一定的价格购买该项无形资产，或者存在活跃的市场，通过市场可以得到无形资产使用寿命结束时的残值信息，并且从目前情况看，在无形资产使用寿命结束时，该市场还可能存在的情况下，可以预计无形资产的残值。

4.无形资产摊销的会计处理。无形资产摊销金额一般应当计入当期损益。企业自用无形资产的摊销金额应当记入"管理费用"科目，企业转让无形资产使用权，转让收入记入"其他业务收入"科目，无形资产的摊销金额则相应记入"其他业务成本"科目。

企业应当设置"累计摊销"账户反映无形资产的摊销情况。"累计摊销"账户是"无形资产"账户的备抵账户，贷方登记按期计提的无形资产的摊销额，借方登记处置无形资产时结转的累计摊销数。余额在贷方，反映企业无形资产的累计摊销额。

【例8-35】天宇有限公司购买了一项商标权，成本为1 200 000元，法律规定受益年限为20年，天宇有限公司每月应摊销5 000元（1 200 000÷20÷12）。每月摊销时：

借：管理费用　　　　　　　　　　　　　　　　　　　　　　　　　5 000
　　贷：累计摊销　　　　　　　　　　　　　　　　　　　　　　　　　5 000

【例8-36】2024年7月1日，天宇有限公司将其自行开发完成的非专利技术出租给胜利公司，该项非专利技术成本为2 400 000元，双方约定的租赁期限为10年，公司每月应摊销20 000元（2 400 000÷10÷12）。每月摊销时：

借：其他业务成本　　　　　　　　　　　　　　　　　　　　　　　20 000
　　贷：累计摊销　　　　　　　　　　　　　　　　　　　　　　　　20 000

需要指出的是，使用寿命不确定的无形资产，在持有期间内不需要摊销，但期末应当对其使用寿命进行复核。复核后，如果有证据表明其使用寿命是有限的，则应估计使用寿命并按照估计寿命进行摊销。

（三）无形资产的减值

如果无形资产将来为企业创造的经济利益还不足以补偿无形资产成本（摊余成本），则说明无形资产发生了减值，具体表现为无形资产的账面价值超过了其可收回金额。

1.无形资产减值金额的确定

（1）对于使用寿命有限的无形资产，在资产负债表日发生减值迹象的，需要进行减值测试，如果减值测试表明其可收回金额低于账面价值的，应当计提减值准备。

（2）对于使用寿命不确定的无形资产，在资产负债表日应当对其使用寿命进行复核。使用寿命仍不确定的，应当进行减值测试，如果减值测试表明其可收回金额低于账面价值的，应当计提减值准备。

（3）企业持有待售的无形资产不进行摊销，在资产负债表日应当合理确定其公允价值与预计处置费用。如果公允价值减去预计处置费用后的净额低于其账面价值的，应当计提减值准备。

2.无形资产减值金额的会计处理

在资产负债表日，无形资产存在可能发生减值迹象，且其可收回金额低于账面价值的，企业应当将该无形资产的账面价值减记至可收回金额，减记的金额确认为减值损失，并计提相应的资产减值准备。企业计提无形资产减值准备，应当设置"无形资产减值准备"账户，按照应减记的金额，借记"资产减值损失——无形资产减值损失"科目，贷记"无形资产减值准备"科目。

需要强调的是，根据《企业会计准则第8号——资产减值》的规定，企业无形资产减值损失一经确认，在以后会计期间不得转回。

【例8-37】天宇有限公司2023年1月购入一项可供使用的专利权，成本为240万元。预计使用寿命为6年，预计净残值为零。2024年年末，预计可收回金额为100万元。

（1）2023年摊销处理：

借：管理费用　　　　　　　　　　　　　　　　　　　　　　　400 000
　　贷：累计摊销　　　　　　　　　　　　　　　　　　　　　　　400 000

（2）2024年摊销的会计分录同2023年的摊销分录。

（3）2024年年末，无形资产的账面价值160万元。预计可收回金额100万元，应计提减值准备60万元。

借：资产减值损失　　　　　　　　　　　　　　　　600 000
　　贷：无形资产减值准备　　　　　　　　　　　　　　600 000

（4）2025年应摊销额=100/4=25（万元）

借：管理费用　　　　　　　　　　　　　　　　　　250 000
　　贷：累计摊销　　　　　　　　　　　　　　　　　250 000

（四）无形资产的出租

企业将所拥有的无形资产的使用权让渡给他人，并收取租金，属于与企业日常活动相关的其他经营活动取得的收入，在满足收入准则规定的确认标准的情况下，应确认相关的收入及成本。

出租无形资产时，按照取得的租金收入，借记"银行存款"等科目，贷记"其他业务收入"科目，按规定应缴纳相应的增值税；摊销出租无形资产的成本并发生与转让有关的各种费用支出时，借记"其他业务成本"科目，贷记"累计摊销"等科目；按照应当缴纳的城市维护建设税和教育费附加，借记"税金及附加"科目，贷记"应交税费"科目。

【例8-38】天宇有限公司将本公司商标权出租给某单位使用，租期为3年，每月收取租金3 000元，该商标权账面价值为360 000元，按36个月平均转销；每月收取租金存入银行。假定不考虑其他相关税费。

（1）每月收取租金存入银行：

借：银行存款　　　　　　　　　　　　　　　　　　3 000
　　贷：其他业务收入　　　　　　　　　　　　　　　3 000

（2）每月摊销无形资产成本：

借：其他业务成本　　　　　　　　　　　　　　　　10 000
　　贷：累计摊销　　　　　　　　　　　　　　　　　10 000

（五）无形资产的出售

企业将无形资产出售，表明企业放弃该无形资产的所有权。企业出售无形资产时，应当将取得的价款与该无形资产账面价值以及出售相关税费后的差额作为资产处置损益进行会计处理。

企业出售无形资产，应按实际收到或应收的金额，借记"银行存款"等科目，按已计提的累计摊销额，借记"累计摊销"科目，按照实际支付相关费用的可抵扣进项税额，借记"应交税费——应交增值税（进项税额）"科目，按照实际支付的相关费用，贷记"银行存款"等科目，按无形资产账面余额，贷记"无形资产"科目，按照开具的增值税专用发票上注明的增值税销项税额，贷记"应交税费——应交增值税（销项税额）"科目，按照其差额，贷记或借记"资产处置损益"科目。已计提减值准备的，还应同时结转减值准备，借记"无形资产减值准备"科目。

【例8-39】天宇有限公司为增值税一般纳税人，将其购买的一项专利权转让给乙公司，开具增值税专用发票，注明的价款为800 000元，税率为6%，增值税税额为48 000元，全部款项848 000元已存入银行。该专利权的成本为1 000 000元，已摊销300 000元。

借：银行存款　　　　　　　　　　　　　　　　　　848 000
　　累计摊销　　　　　　　　　　　　　　　　　　300 000

　　贷：无形资产　　　　　　　　　　　　　　　　　　　　　　　　1 000 000

　　　　应交税费——应交增值税（销项税额））　　　　　　　　　　　48 000

　　　　资产处置损益　　　　　　　　　　　　　　　　　　　　　　　100 000

　　本例中，在出售时企业该项专利权的账面价值为700 000元（1 000 000-300 000），取得的出售价款为800 000元，企业出售该项专利权实现的净损益为100 000元（800 000-700 000）。

（六）无形资产的报废

　　如果无形资产预期不能为企业带来未来经济利益，不再符合无形资产的定义，应当将该无形资产予以报废，将其账面价值进行转销。如出现无形资产已被其他新技术所替代，不能为企业带来经济利益，或者无形资产不再受到法律保护，且不能给企业带来经济利益等情况时，应当将该无形资产报废，将其账面价值转销计入营业外支出。

　　转销无形资产账面价值时，应按已摊销的累计摊销额，借记"累计摊销"科目；原已计提减值准备的，借记"无形资产减值准备"科目；按其账面余额，贷记"无形资产"科目；按其差额，借记"营业外支出"目。

　　【例8-40】天宇有限公司的某项专利技术的账面余额为400万元，摊销期限为10年，采用直线法进行摊销，已摊销了6年，假定该项专利权无残值，计提的减值准备为110万元，目前用其生产的产品没有市场，应予转销。假定不考虑其他相关因素。

　　借：累计摊销　　　　　　　　　　　　　　　　　　　　　　　　2 400 000

　　　　无形资产减值准备　　　　　　　　　　　　　　　　　　　　1 100 000

　　　　营业外支出——处置无形资产损失　　　　　　　　　　　　　500 000

　　　　贷：无形资产——专利权　　　　　　　　　　　　　　　　　4 000 000

○ 财经育人广角

　　在教学中，引入华为自主创新品牌以及国家对科技研发的鼓励政策，讲解无形资产自主研发的重要性，培养学生勤恳踏实的专业精神、敢为天下先的创新精神，鼓励学生增强文化自信，勇于承担创新发展的历史使命和时代责任。

任务五　　　　其他资产

　　其他资产是指除货币资金、交易性金融资产、应收及预付款项、存货、长期股权投资、固定资产、无形资产、投资性房地产等以外的资产。主要包括长期待摊费用和其他长期资产等。

一、长期待摊费用

　　长期待摊费用是指企业已经发生，但应由本期和以后各期负担的摊销期限在一年以上的各项费用，如以经营租赁方式租入的固定资产发生的改良支出等。

　　为了反映长期待摊费用的发生、摊销情况，企业应设置"长期待摊费用"科目。该科目借方登记发生的长期待摊费用，贷方登记摊销的长期待摊费用，期末借方余额，反映企业尚未摊销完毕的长期待摊费用。"长期待摊费用"科目可按待摊费用项目进行明细核算。

　　企业发生的长期待摊费用，借记"长期待摊费用"科目，确认当期可抵扣的增值税进项税额，借记"应交税费——应交增值税（进项税额）"科目，贷记"银行存款""原材料"等科目。摊销长期待摊费用时，借记"管理费用""销售费用"等科目，贷记"长期待摊费用"科目。"长期待摊费用"账户的期末借方余额反映企业尚未摊销完毕的长期待摊费用。

【例8-41】2024年5月1日，天宇有限公司对其以经营租赁方式租入的办公楼进行装修，发生以下有关支出：领用生产用材料600 000元，发生有关工程人员工资等职工薪酬300 000元。

2024年11月30日，该办公楼装修完毕。达到预定可使用状态并交付使用，按租赁期10年进行摊销。假定不考虑其他因素：

（1）装修领用原材料时：

借：长期待摊费用　　　　　　　　　　　　　　　　　　600 000
　　贷：原材料　　　　　　　　　　　　　　　　　　　　　　600 000

（2）确认工程人员职工薪酬时：

借：长期待摊费用　　　　　　　　　　　　　　　　　　300 000
　　贷：应付职工薪酬　　　　　　　　　　　　　　　　　　　300 000

（3）2024年年末摊销装修支出时：

借：管理费用　　　　　　　　　　　　　　　　　　　　　7 500
　　贷：长期待摊费用　　　　　　　　　　　　　　　　　　　　7 500

在本例中：

天宇有限公司发生的办公楼装修支出合计为900 000元（600 000+300 000）。

2024年末应分摊的装修支出为7 500元（900 000÷10÷12）。

二、其他长期资产

其他资产一般包括国家批准储备的特种物资、银行冻结存款以及临时设施和涉及诉讼中的财产等。其他长期资产可以根据资产的性质及特点单独设置相关账户核算。

········· ◯ 财经育人广角

其他资产也是资产的一部分，包括长期待摊费用和其他长期资产。通过对知识内容的讲授，引导学生在学习专业知识的同时，注重强身健体，培养学生"重未来、轻过去""看长远，不短视"的职业观与发展观。

项目训练八

一、单选题

1.一项固定资产以20 000元价格转让出售。该项固定资产已提折旧25 000元，出售时获得净收益4 000元，发生清理费用1 000元，则该项固定资产的原值为（　　）元。

A.40 000　　　　　　B.41 000　　　　　　C.39 000　　　　　　D.35 000

2.出售无形资产所取得的收益应记入"（　　）"账户。

A.主营业务收入　　B.其他业务收入　　　C.投资收益　　　　D.营业外收入

3.无形资产出租每月应转销的成本，应记入"（　　）"账户。

A.销售费用　　　　　B.制造费用　　　　　C.管理费用　　　　D.其他业务成本

4.下列不作为本企业的固定资产核算的是（　　　　）。

A.经营租出的固定资产　　　　　　　　B.投资者投入的固定资产

C.融资租入的固定资产　　　　　　　　D.经营租入的固定资产

5.某项固定资产原值为 100 000 元，预计使用 10 年，预计净残值 10 000 元，采用年限平均法计提折旧额，每年应提折旧额（　　　　）元。

A.9 000　　　　　　　B.10 000　　　　　　C.5 000　　　　　　D.4 500

二、多选题

1.下列各项中，应计入固定资产成本的有（　　　　）。

A.不含增值税的买价　　　　　　　　　B.支付的增值税

C.支付的运杂费　　　　　　　　　　　D.使用中的日常修理费

2.下列各项中，属于各种计提折旧方法都要考虑的有（　　　　）。

A.固定资产原值　　　　　　　　　　　B.预计净残值

C.预计使用年限　　　　　　　　　　　D.预计工作总量

3.下列各项中，关于交易性金融资产会计处理表述正确的有（　　　　）。

A.取得时发生的交易费用应计入当期损益

B.取得时支付价款中包含已宣告发放但尚未支付的股利应计入应收股利

C.持有期间发生的公允价值变动应计入公允价值变动损益

D.出售时实际收到的款项与账面余额之间的差额应计入投资收益

4.下列各项支出应计入无形资产成本的有（　　　　）。

A.购入专利权发生的支出

B.购入商标权发生的支出

C.取得土地使用权发生的支出

D.研发新技术在研究阶段发生的支出

5.下列各项中，不应计入长期待摊费用的有（　　　　）。

A.生产车间固定资产日常修理

B.融资租赁方式租入固定资产改良支出

C.经营租赁方式租入固定资产改良支出

D.生产车间固定资产更新改造支出

三、业务分析题

（一）自营方式建造固定资产

【资料】胜达有限公司发生的业务如下（胜达有限公司为增值税一般纳税人）：

（1）购入工程专用设备一套，买价为 800 000 元，增值税税额为 136 000 元，款项以银行存款支付，设备已验收入库。

（2）购入工程用材料一批，买价为 600 000 元，增值税税额为 102 000 元，运杂费为 2 000 元，款项以银行存款支付，材料已验收入库。

（3）领用全部工程专用设备和工程用材料。

（4）工程领用生产用原材料 4 000 元，应转出的增值税税额为 680 元。

（5）发生应付安装工人工资 250 000 元，应提取福利费 35 000 元。

（6）工程完工验收合格并交付使用。

要求：根据上述经济业务编制有关会计分录。

（二）固定资产折旧计提

【资料】胜达有限公司发生的业务如下（胜达有限公司为增值税一般纳税人）：

（1）一台汽车原值为 160 000 元，预计净残值率为 4%，预计使用年限为 8 年，采用直线折旧法计提折旧。

（2）大型车辆一台，原值为 200 000 元，预计净残值为 8 000 元，预计工作总时数为 2 500 小时，本月实际作业 10 小时。

要求：根据以上资料，分别计算出各项固定资产本月应提折旧额。

项目九　利润形成和分配的核算

✎ 目标导航

熟悉利润的构成内容。

能够独立进行营业外收入、支出的核算处理。

掌握所得税费用的计算和账务处理。

熟悉本年利润的结转方法。

能够独立进行利润分配的核算处理。

➤ 任务导入

企业的盈亏是关系企业生存的命脉，终于到了核算经营成果的时候了，是赚是赔都需要我们好好算一算。另外，如果企业赚钱了，应该如何分配使用所赚的资金呢？今天，我们就来研究利润的形成和分配的核算。

任务一　利润形成的核算

一、利润的构成

利润，是指企业在一定会计期间的经营成果。利润包括收入减去费用后的净额、直接计入当期利润的利得和损失等。

直接计入当期利润的利得和损失，是指应当计入当期损益、会导致所有者权益发生增减变动的、与所有者投入资本或者向所有者分配利润无关的利得或者损失（即营业外收入和营业外支出）。

与利润相关的计算公式如下：

（一）营业利润

$$营业利润 = 营业收入 - 营业成本 - 税金及附加 - 销售费用 - 管理费用 - 财务费用 - 资产减值损失 + 投资收益（-投资损失）+ 公允价值变动收益（-公允价值变动损失）+ 资产处置收益（-资产处置损失）$$

其中：

营业收入是指企业在一定会计期间从事生产经营活动所确认的收入总额，包括主营业务收入和其他业务收入。

营业成本是指企业在一定会计期间从事生产经营活动所发生的实际成本总额，包括主营业务成本和其他业务成本。

资产减值损失是指企业计提的各项减值准备所形成的损失。

投资收益（或损失）是指企业以各种方式对外投资所取得的收益（或损失）。

公允价值变动收益（或损失）是指企业交易性金融资产等公允价值变动形成的应计入当期损益的利得（或损失）。

资产减值损失是指企业计提的各项资产减值准备所形成的损失。

资产处置收益（或损失）反映企业出售划分为持有待售的非流动资产（金融工具、长期股权投资和投资性房地产除外）或处置组（子公司和业务除外）时确认的处置利得或损失，以及处置未划分为持有待售的固定资产、在建工程、生产性生物资产及无形资产而产生的处置利得或损失，还包括非货币性资产交换中换出非流动资产产生的利得或损失。

（二）利润总额

利润总额=营业利润+营业外收入-营业外支出

其中：

营业外收入是指企业发生的与其日常生产经营活动无直接关系的各项利得。

营业外支出是指企业发生的与其日常生产经营活动无直接关系的各项损失。

（三）净利润

净利润=利润总额-所得税费用

其中，所得税费用是指企业确认的应从当期利润总额中扣除的所得税费用。

二、营业外收支

（一）营业外收入

1.营业外收入核算的内容

营业外收入是指企业确认的与其日常活动无直接关系的各项利得。营业外收入并不是企业经营资金耗费所产生的，实际上是经济利益的净流入，不需要与有关的费用进行配比。营业外收入主要包括非流动资产毁损报废收益、与企业日常活动无关的政府补助、盘盈利得、捐赠利得等。

其中：非流动资产毁损报废收益，指因自然灾害等发生毁损、已丧失使用功能而报废非流动资产所产生的清理收益。

与企业日常活动无关的政府补助指企业从政府无偿取得货币性资产或非货币性资产，且与企业日常活动无关的利得。

盘盈利得，指企业对现金等资产清查盘点时发生盘盈，报经批准后计入营业外收入的金额。

捐赠利得，指企业接受捐赠产生的利得。

2.营业外收入的账务处理

企业应设置"营业外收入"科目，核算营业外收入的取得及结转情况。该科目贷方登记企业确认的营业外收入，借方登记期末将"营业外收入"科目余额转入"本年利润"科目的营业外收入，结转后"营业外收入"科目无余额。"营业外收入"科目可按营业外收入项目进行明细核算。

（1）企业确认处置非流动资产毁损报废收益时，借记"固定资产清理""银行存款""待处理财产损溢"等科目，贷记"营业外收入"科目。

【例9-1】某企业将固定资产报废清理的净收益150 000元转作营业外收入：

借：固定资产清理　　　　　　　　　　　　　　　　　　　　　150 000
　　贷：营业外收入——非流动资产处置净收益　　　　　　　　　　　　150 000

（2）企业确认盘盈利得、捐赠利得计入营业外收入时，借记"库存现金""待处理财产损溢"等科目，贷记"营业外收入"科目。

【例9-2】某企业在现金清查中盘盈500元，按管理权限报经批准后转入营业外收入：

①发现盘盈时：

借：库存现金 500
　　贷：待处理财产损溢——待处理流动资产损溢 500

②经批准转入营业外收入时：

借：待处理财产损溢——待处理流动资产损溢 500
　　贷：营业外收入 500

【例9-3】天宇有限公司在购销业务中，由于对方违约，收到对方单位支付的违约金20 000元。

借：银行存款 20 000
　　贷：营业外收入 20 000

【例9-4】天宇有限公司按规定转销确实无法支付的应付账款3 000元。

借：应付账款 3 000
　　贷：营业外收入 3 000

（3）期末，应将"营业外收入"科目余额转入"本年利润"科目，借记"营业外收入"科目，贷记"本年利润"科目。结转后，"营业外收入"科目应无余额。

【例9-5】承【例9-1】至【例9-4】，某企业本期营业外收入总额为173 500元，期末结转本年利润：

借：营业外收入 173 500
　　贷：本年利润 173 500

（二）营业外支出

1.营业外支出的核算内容

营业外支出是指企业发生的与其日常活动无直接关系的各项损失，主要包括非流动资产毁损报废损失、捐赠支出、盘亏损失、非常损失、罚款支出等。

其中：非流动资产毁损报废损失，指因自然灾害等发生毁损、已丧失使用功能而报废非流动资产所产生的清理损失。

捐赠支出，指企业对外进行捐赠发生的支出。

盘亏损失，主要指对于财产清查盘点中盘亏的资产，查明原因并报经批准计入营业外支出的损失。

非常损失，指企业对于因客观因素（如自然灾害等）造成的损失，扣除保险公司赔偿后应计入营业外支出的净损失。

罚款支出，指企业支付的行政罚款、税务罚款，以及其他违反法律法规、合同协议等而支付的罚款、违约金、赔偿金等支出。

2.营业外支出的账务处理

企业应设置"营业外支出"科目，核算营业外支出的发生及结转情况。该科目借方登记确认的营业外支出，贷方登记期末将"营业外支出"科目余额转入"本年利润"科目的营业外支出，结转后"营业外支出"科目无余额。"营业外支出"科目可按营业外支出项目进行明细核算。

（1）企业确认处置非流动资产毁损报废损失时，借记"营业外支出"科目，贷记"固定资产清理""无形资产"等科目。

【例9-6】2022年1月1日，天宇有限公司取得一项价值200 000元的非专利技术并确认为无形资产，采用直线法摊销，摊销期限为5年。2024年1月1日，由于该技术已被其他新技术所替代，公司决定将其转入报废处理，报废时已摊销80 000元，未计提减值准备。

借：累计摊销   80 000

  营业外支出   120 000

   贷：无形资产   200 000

（2）确认盘亏、罚款支出计入营业外支出时，借记"营业外支出"科目，贷记"待处理财产损溢""库存现金"等科目。

【例9-7】天宇有限公司发生原材料自然灾害损失100 000元，经批准全部转作营业外支出。该企业对原材料采用实际成本进行日常核算。

发生原材料自然灾害损失时：

借：待处理财产损溢   100 000

   贷：原材料   100 000

批准处理时：

借：营业外支出   100 000

   贷：待处理财产损溢   100 000

【例9-8】天宇有限公司用银行存款支付税款滞纳金30 000元。

借：营业外支出   30 000

   贷：银行存款   30 000

【例9-9】天宇有限公司向水灾地区捐赠70 000元，款项已支付。

借：营业外支出   70 000

   贷：银行存款   70 000

（3）期末，应将"营业外支出"科目余额转入"本年利润"科目，借记"本年利润"科目，贷记"营业外支出"科目。结转后，"营业外支出"科目应无余额。

【例9-10】某企业本期营业外支出总额为320 000元，期末结转本年利润。

借：本年利润   320 000

   贷：营业外支出   320 000

三、所得税费用

企业的所得税费用包括当期所得税和递延所得税两个部分，其中，当期所得税是指当期应交所得税。递延所得税包括递延所得税资产和递延所得税负债。递延所得税资产是指以未来期间很可能取得用来抵扣可抵扣暂时性差异的应纳税所得额为限确认的一项资产。递延所得税负债是指根据应纳税暂时性差异计算的未来期间应付所得税的金额。

（一）应交所得税的计算

应交所得税是指企业按照企业所得税法规定计算确定的针对当期发生的交易和事项，应缴纳给税务部门的所得税金额，即当期应交所得税。应纳税所得额是在企业税前会计利润（即利润总额）的基础上调整确定的，计算公式如下：

应纳税所得额=税前会计利润+纳税调整增加额−纳税调整减少额

纳税调整增加额主要包括企业所得税法规定允许扣除项目中，企业已计入当期费用但超过税法规定扣除标准的金额（如超过企业所得税法规定标准的职工福利费、工会经费、职工教育经费、业务招待费、公益性捐赠支出、广告费和业务宣传费等），以及企业已计入当期损失但企业所得税法规定不允许扣除项目的金额（如税收滞纳金、罚金、罚款等）。

纳税调整减少额主要包括按企业所得税法规定允许弥补的亏损和准予免税的项目。如前5年内未弥补亏损和国债利息收入等。

企业当期应交所得税的计算公式如下：

应交所得税=应纳税所得额×所得税税率

【例9-11】天宇有限公司2024年度利润总额（税前会计利润）为20 000 000元，所得税税率为25%。公司全年实发工资、薪金为2 500 000元，职工福利费为400 000元，工会经费为65 000元，职工教育经费为290 000元。经查，公司当年营业外支出中有150 000元为税收滞纳罚金。假定公司全年无其他纳税调整因素。

企业所得税法规定，企业发生的合理的工资、薪金支出准予据实扣除；企业发生的职工福利费支出，不超过工资、薪金总额14%的部分准予扣除；企业拨缴的工会经费不超过工资、薪金总额2%的部分准予扣除；除国务院财政、税务主管部门另有规定外，企业发生的职工教育经费支出，不超过工资、薪金总额8%的部分准予扣除，超过部分准予结转以后纳税年度扣除。

按企业所得税法规定，本例中，企业在计算当期应纳税所得额时：

（1）工资、薪金支出2 500 000元可以据实扣除。

（2）扣除职工福利费支出350 000元（2 500 000×14%）。

（3）扣除工会经费支出50 000元（2 500 000×2%）。

（4）扣除职工教育经费支出200 000元（2 500 000×8%）。

天宇有限公司有两种纳税调整因素：一是已计入当期费用但超过企业所得税法规定标准的费用支出；二是已计入当期营业外支出但按企业所得税法规定不允许扣除的税收滞纳金。这两种因素均应调整增加应纳税所得额。天宇有限公司当期所得税的计算如下：

纳税调整增加额=（400 000−350 000）+（65 000−50 000）+（290 000−200 000）+150 000

     =305 000（元）

应纳税所得额=税前会计利润+纳税调整增加额

    =20 000 000+305 000=20 305 000（元）

当期应交所得税额=20 305 000×25%=5 076 250（元）

【例9-12】假如天宇有限公司2024年全年利润总额（即税前会计利润）为10 000 000元，其中包括本年实现的国债利息收入260 000元，所得税税率为25%。假定公司全年无其他纳税调整因素。

按照企业所得税法的有关规定，企业购买国债的利息收入免交所得税，即在计算应纳税所得额时可将其扣除。天宇有限公司当期所得税的计算如下：

应纳税所得额=税前会计利润−纳税调整减少额

    =10 000 000−260 000=9 740 000（元）

当期应交所得税额=9 740 000×25%=2 435 000（元）

【例9-13】假如天宇有限公司2024年度全年税前会计利润为4 200 000元，其中包括本年收到的国库券利息收入300 000元，营业外支出中20 000元为税款滞纳罚金，超标的业务招待费100 000元。所得税税率为25%。假定该公司全年无其他纳税调整因素。天宇有限公司当期所得税的计算如下：

应纳税所得额=4 200 000-300 000+20 000+100 000=4 020 000（元）

当期应纳所得税=4 020 000×25%=1 005 000（元）

（二）所得税费用的账务处理

根据《企业会计准则》的规定，企业计算确定的当期所得税和递延所得税之和，即为应从当期利润总额中扣除的所得税费用。即：

所得税费用=当期所得税+递延所得税

其中，

$$递延所得税=\left(\begin{array}{c}递延所得税\\负债的期末余额\end{array}-\begin{array}{c}递延所得税\\负债的期初余额\end{array}\right)-\left(\begin{array}{c}递延所得税\\资产的期末余额\end{array}-\begin{array}{c}递延所得税\\资产的期初余额\end{array}\right)$$

企业应设置"所得税费用"科目，核算企业所得税费用的确认及其结转情况。期末，应将"所得税费用"科目的余额转入"本年利润"科目，借记"本年利润"科目，贷记"所得税费用"科目，结转后，"所得税费用"科目应无余额。

【例9-14】承【例9-13】，假设天宇有限公司2024年应交所得税税额为1 005 000元，计算并结转当期所得税费用。

借：所得税费用　　　　　　　　　　　　　　　　　　　　1 005 000

　　贷：应交税费——应交所得税　　　　　　　　　　　　　　　　1 005 000

借：本年利润　　　　　　　　　　　　　　　　　　　　　1 005 000

　　贷：所得税费用　　　　　　　　　　　　　　　　　　　　　　1 005 000

通过上述结转，本年实现的净利润=4 200 000-1 005 000=3 195 000（元）

【例9-15】假设天宇有限公司2024年应纳税所得额为8 000 000元，所得税税率为25%，递延所得税负债年初数为300 000元，年末数为400 000元；递延所得税资产年初数为150 000元，年末数为200 000元。假定无其他纳税调整事项。

天宇有限公司所得税费用的计算如下：

当期应交所得税=8 000 000×25%=2 000 000（元）

递延所得税费用=（400 000-300 000）-（200 000-150 000）=50 000（元）

所得税费用=2 000 000+50 000=2 050 000（元）

借：所得税费用　　　　　　　　　　　　　　　　　2 000 000

　　贷：应交税费——应交所得税　　　　　　　　　　　　　2 000 000

借：所得税费用　　　　　　　　　　　　　　　　　100 000

　　贷：递延所得税负债　　　　　　　　　　　　　　　　100 000

借：递延所得税资产　　　　　　　　　　　　　　　50 000

　　贷：所得税费用　　　　　　　　　　　　　　　　　　50 000

四、本年利润

（一）结转本年利润的方法

会计期末，结转本年利润的方法有表结法和账结法两种。

1.表结法

表结法下，各损益类科目每月末只需结计出本月发生额和月末累计余额，不结转到"本年利润"科目，只有在年末时才将全年累计余额结转入"本年利润"科目。但每月末要将损益类科目的本月发生额合计数填入利润表的本月数栏，同时将本月末累计余额填入利润表的本年累计数栏，通过利润表计算反映各期的利润（或亏损）。表结法下，年中损益类科目无须结转入"本年利润"科目，从而减少了转账环节和工作量，同时并不影响利润表的编制及有关损益指标的利用。

2.账结法

账结法下，每月末均需编制转账凭证，将在账上结计出的各损益类科目的余额结转入"本年利润"科目。结转后"本年利润"科目的本月余额反映当月实现的利润或发生的亏损，"本年利润"科目的本年余额反映本年累计实现的利润或发生的亏损。账结法在各月均可通过"本年利润"科目提供当月及本年累计的利润（或亏损）额，但增加了转账环节和工作量。

（二）结转本年利润的账务处理

企业应设置"本年利润"科目，核算企业本年度实现的净利润（或发生的净亏损）。

会计期末，企业应将"主营业务收入""其他业务收入""营业外收入"等科目的余额分别转入"本年利润"科目的贷方，将"主营业务成本""其他业务成本""税金及附加""销售费用""管理费用""财务费用""资产减值损失""营业外支出""所得税费用"等科目的余额分别转入"本年利润"科目的借方。企业还应将"投资收益""公允价值变动损益""资产处置损益"科目的净收益转入"本年利润"科目的贷方，将"投资收益""公允价值变动损益""资产处置损益"、科目的净损失转入"本年利润"科目的借方。结转后"本年利润"科目如为贷方余额，表示当年实现的净利润；如为借方余额，表示当年发生的净亏损。

年度终了，企业还应将"本年利润"科目的本年累计余额转入"利润分配——未分配利润"科目。如"本年利润"为贷方余额，借记"本年利润"科目，贷记"利润分配——未分配利润"科目；如为借方余额，作相反的会计分录，借记"利润分配——未分配利润"科目，贷记"本年利润"科目。结转后，"本年利润"科目应无余额。

【例9-16】天宇有限公司2024年有关损益类科目的年末余额见表9-1，该公司采用表结法年末一次结转损益类科目，所得税税率为25%。

表9-1　　　　　　　　　　　　损益类科目余额　　　　　　　　　　　单位：元

科目名称	借或贷	结账前余额
主营业务收入	贷	8 000 000
其他业务收入	贷	900 000
投资收益	贷	1 000 000
营业外收入	贷	60 000
主营业务成本	借	5 000 000
其他业务成本	借	300 000

续表

科目名称	借或贷	结账前余额
税金及附加	借	90 000
销售费用	借	400 000
管理费用	借	800 000
财务费用	借	350 000
资产减值损失	借	100 000
营业外支出	借	150 000

天宇有限公司于2024年年末结转本年利润，应编制如下会计分录：

（1）将各损益类科目年末余额结转至"本年利润"科目：

①结转各项收入、利得类科目：

借：主营业务收入　　　　　　　　　　　　　　　　　　8 000 000

　　其他业务收入　　　　　　　　　　　　　　　　　　　900 000

　　投资收益　　　　　　　　　　　　　　　　　　　　1 000 000

　　营业外收入　　　　　　　　　　　　　　　　　　　　60 000

　　贷：本年利润　　　　　　　　　　　　　　　　　　　　　　9 960 000

②结转各项费用、损失类科目：

借：本年利润　　　　　　　　　　　　　　　　　　　　7190 000

　　贷：主营业务成本　　　　　　　　　　　　　　　　　　　　5 000 000

　　　　其他业务成本　　　　　　　　　　　　　　　　　　　　　300 000

　　　　税金及附加　　　　　　　　　　　　　　　　　　　　　　90 000

　　　　销售费用　　　　　　　　　　　　　　　　　　　　　　　400 000

　　　　管理费用　　　　　　　　　　　　　　　　　　　　　　　800 000

　　　　财务费用　　　　　　　　　　　　　　　　　　　　　　　350 000

　　　　资产减值损失　　　　　　　　　　　　　　　　　　　　　100 000

　　　　营业外支出　　　　　　　　　　　　　　　　　　　　　　150 000

（2）经过上述结转后，"本年利润"科目的贷方发生额合计9 960 000元减去借方发生额合计7 190 000元以后的余额即为利润总额（税前会计利润）2 770 000元。

（3）假设天宇有限公司2024年度不存在所得税纳税调整以及递延所得税因素。

（4）应交所得税=2 770 000×25%=692 500（元）

①确认所得税费用时：

借：所得税费用　　　　　　　　　　　　　　　　　　　692 500

　　贷：应交税费——应交所得税　　　　　　　　　　　　　　　692 500

②将所得税费用转入"本年利润"科目时：

借：本年利润　　　　　　　　　　　　　　　　　　　　692 500

　　贷：所得税费用　　　　　　　　　　　　　　　　　　　　　692 500

（5）将"本年利润"科目年末余额2 077 500元（9 960 000−7 190 000−692 500）转入

"利润分配——未分配利润"科目：

    借：本年利润   2 077 500
        贷：利润分配——未分配利润   2 077 500

⋯⋯⋯⋯⋯⋯○ 财经育人广角

　　在讲授利润的构成时，让学生领会到有得到必然要付出，应积极探索途径，提高效率。培养学生静以修身、俭以养德的品质，量入为出的观念，防止铺张浪费。

任务二　　利润分配的核算

一、利润分配的原则

　　利润分配是企业根据国家有关规定和投资者的决议，对企业当年可供分配的利润进行的分配。企业本年实现的净利润加上年初未分配利润（或减去年初未弥补亏损）和其他转入后的余额，为可供分配的利润。

　　企业进行的利润分配可按以下顺序进行：

　　1.弥补以前年度亏损

　　如果企业有以前年度亏损尚未弥补，应当先弥补亏损。企业发生亏损，可以用次年度的税前利润弥补，次年度利润不足弥补的，可以在5年内延续弥补。

　　2.提取法定盈余公积

　　法定盈余公积是国家规定企业必须从税后利润中提取的盈余公积，提取比例为10%。当法定盈余公积累计金额达到企业注册资本的50%以上时，可以不再提取。

　　3.提取任意盈余公积

　　公司从税后利润中提取法定公积金后，经股东会决议，可以提取任意公积金。任意盈余公积是股份制企业按照公司章程或股东会的决议，从可向投资者分配的利润中提取的公积金，任意公积金的提取与否及提取比例由股东会根据公司发展的需要和盈余情况决定，法律不作强制规定。

　　4.向投资者分配利润

　　企业当年实现的净利润，加上年初未分配利润（或减去年初未弥补的亏损）和其他转入后的余额，为可供分配的利润。可供分配的利润减去提取的法定盈余公积、任意盈余公积后，为可供投资者分配的利润。

二、设置的账户

　　1."利润分配"账户

　　"利润分配"账户，核算净利润的分配情况或亏损的弥补情况。贷方登记年末从"本年利润"账户转入的净利润，借方登记对净利润的分配情况或从"本年利润"账户转入的净亏损。期末余额若在贷方表示历年累计尚未分配的利润，若在借方表示历年累计尚未弥补的亏损数。本账户应当分别设置"提取法定盈余公积""提取任意盈余公积""应付现金股利或利润""盈余公积补亏""未分配利润"等账户进行明细核算。

　　2."盈余公积"账户

　　"盈余公积"账户，核算企业从净利润中提取的盈余公积。该账户的贷方登记提取的盈余公积数；借方登记盈余公积的支出数，包括弥补亏损、转增资本等。期末贷方余额，反映企业提取的盈余公积余额。

　3."应付股利"账户

"应付股利"账户，用来核算应分配给投资者的现金股利或利润。该账户贷方登记企业决定应付给投资者的利润；借方登记实际支付的利润。期末贷方余额表示企业应付未付的利润。

三、利润分配的核算

【例9-17】天宇有限公司根据规定按净利润的10%提取法定盈余公积金，该公司2024年实现的净利润为2 077 500元。

应提取的法定盈余公积金=2 077 500×10%=207 750（元）

借：利润分配——提取法定盈余公积　　　　　　　　　207 750

　贷：盈余公积——法定盈余公积　　　　　　　　　　　　　207 750

【例9-18】公司按批准的利润分配方案，向投资者分配现金股利500 000元。

借：利润分配——应付股利　　　　　　　　　　　　　500 000

　贷：应付股利　　　　　　　　　　　　　　　　　　　　　500 000

年终决算时，将"利润分配"账户所属的各明细分类账户的借方分配数合计707750元（其中：提取盈余公积金207 750元、应付股利500 000元）结转到"利润分配——未分配利润"明细分类账户的借方。

借：利润分配——未分配利润　　　　　　　　　　　　707 750

　贷：利润分配——提取法定盈余公积　　　　　　　　　　207 750

　　　　　　——应付股利　　　　　　　　　　　　　　　500 000

注：年终结转后"利润分配——未分配利润"账户余额为：2 077 500- 707 750=1 369 750（元）

·············· ◯ 财经育人广角

　在本项目的教学中，要引导学生从管理者的角度出发，如何更好地通过利润分配活动来凝聚企业的人心，更好地激发员工的主观能动性。鼓励学生学习专业知识考取职业证书，具备管理会计思维、扎实的理论知识和国际视野，为实现中国梦做出贡献。

项目训练九

一、单选题

1.属于营业外收入的项目是（　　　）。

A.处置固定资产净收益　　　　　　　　B.销售商品收入

C.转让材料收入　　　　　　　　　　　　D.提供劳务收入

2.法定盈余公积按税后利润的（　　　）提取。

A.5%　　　　　　　B.10%　　　　　　　C.15%　　　　　　　D.20%

3.罚没支出属于（　　　）。

A.主营业务收入　　　B.其他业务收入　　　C.营业外支出　　　D.管理费用

4.下列各项中，属于"本年利润"科目年末借方余额反映的内容是（　　　）。

A.全年实现税后利润 　　　　　　B.累计未分配利润

C.全年发生的亏损 　　　　　　　D.累计为弥补亏损

5.甲公司2024年6月主营业务收入为50万元，主营业务成本为40万元，管理费用为5万元，资产减值损失为3万元，公允价值变动损益为5万元，投资收益为6万元，营业外收入为8万元，营业外支出为5万元，所得税费用为5万元。假定不考虑其他因素，该公司本月的利润总额为（　　　）万元。

A.21 　　　　　　B.16 　　　　　　C.11 　　　　　　D.10

二、多选题

1.影响营业利润的项目有（　　　）。

A.计提的工会经费 　　　　　　　B.发生的业务招待费

C.收到的罚没收入 　　　　　　　D.发生的利息支出

2.期末应结转到"本年利润"账户的有（　　　）。

A.营业外收入 　　　B.营业外支出 　　　C.投资收益 　　　D.营业利润

3.下列各项中，不应当计入营业外收入的有（　　　）。

A.存货盘盈 　　　　　　　　　　B.固定资产出租收入

C.固定资产盘盈 　　　　　　　　D.无法查明原因现金溢余

4.下列各项中，既影响营业利润也影响利润总额的有（　　　）。

A.所得税费用 　　　B.财务费用 　　　C.营业外收入 　　　D.投资收益

5.下列项目中，能引起企业利润总额增加的有（　　　）。

A.按规定程序批准后结转的盘盈的存货

B.交易性金融资产公允价值大于成本

C.接受投资的资本溢价

D.收到供应单位违反合同的违约金

三、业务分析题

某公司2024年9月发生如下业务：

1.5日，行政管理部门购买办公用品，支付现金800元。

2.8日，向东海公司销售甲产品1 200件，单价为180元，增值税专用发票上注明的价款为216 000元，增值税税额为28 080元，开出转账支票支付代垫运费1 110元，收到东海公司签发的银行承兑汇票一张，期限3个月，票面金额为245 190元。

3.16日，签发转账支票，向希望工程捐款3 000元。

4.20日，签发转账支票，支付产品展览费2 000元。

5.22日，用银行存款支付借款利息300元。

6.26日，收到红星公司违反经济合同罚款2 000元，存入银行。

7.30日，结转本月已销售甲产品的成本，单位成本为160元。

8.30日，计算本月应缴的城市维护建设税1 300元，教育费附加500元。

9.30日，计提行政管理部门固定资产折旧2 500元。

10.30日，结转损益类账户。

项目十　财务会计报告

目标导航

了解会计报表的概念、作用、种类和编制要求。

能独立进行会计报表相关指标的计算和分析。

熟悉会计报表的编制原理。

能独立编制资产负债表和利润表。

了解现金流量表的编制。

任务导入

财务会计报告的目标是向财务会计报告使用者提供与企业财务状况、经营成果和现金流量等有关的会计信息，反映企业管理层受托责任履行情况，有助于财务会计报告使用者做出经济决策。实践出真知，今天，我们就来学习会计报表的编制。

任务一　　财务报告

一、财务报告及其目标

财务报告是指企业对外提供的反映企业某一特定日期的财务状况和某一会计期间的经营成果、现金流量等会计信息的文件。财务报告包括财务报表和其他应当在财务报告中披露的相关信息和资料。

财务报告的目标，是向财务报告使用者提供与企业财务状况、经营成果和现金流量等有关的会计信息，反映企业管理层受托责任履行情况，有助于财务报告使用者作出经济决策。财务报告使用者通常包括投资者、债权人、政府及其有关部门和社会公众等。

二、财务报表的组成

财务报表是对企业财务状况、经营成果和现金流量的结构性表述。一套完整的财务报表至少应当包括资产负债表、利润表、现金流量表、所有者权益（或股东权益）变动表以及附注。

资产负债表、利润表和现金流量表分别从不同角度反映企业的财务状况、经营成果和现金流量。

资产负债表反映企业特定日期所拥有的资产、需偿还的债务以及股东（投资者）拥有的净资产情况。

利润表反映企业一定期间的经营成果即利润或亏损的情况，表明企业运用所拥有的资产的获利能力。

现金流量表反映企业在一定会计期间现金和现金等价物流入和流出的情况。

所有者权益变动表反映构成所有者权益的各组成部分当期的增减变动情况。企业的净利润及其分配情况是所有者权益变动的组成部分，相关信息已经在所有者权益变动表及其附注中反映，企业不需要再单独编制利润分配表。

附注是财务报表不可或缺的组成部分，是对在资产负债表、利润表、现金流量表和所有者权益变动表等报表中列示项目的文字描述或明细资料，以及对未能在这些报表中列示项目的说明等。

三、财务报表的分类

按照编报期间的不同，财务报表可以分为中期财务报表和年度财务报表。中期财务报表是以短于一个完整会计年度的期间为基础编制的财务报表，包括月报、季报和半年度财务报表；年度财务报表是指年度终了对外提供的财务报表等。

·········· ◯ 财经育人广角

在教学过程中要引导学生以会计从业人员的职业道德以及"诚信为本、操守为重、坚持原则、不做假账"十六字核心价值观，贯穿报表的编制过程。培养学生树立会计职业道德，教化学生的会计道德观念和会计道德行为，锻炼会计道德品质。

任务二　　　　　　　　　　资产负债表

一、资产负债表介绍

（一）资产负债表概述

资产负债表是反映企业在某一特定日期的财务状况的报表，是企业经营活动的静态反映。资产负债表是根据"资产=负债+所有者权益"这一平衡公式，依照一定的分类标准和一定的次序，将某一特定日期的资产、负债、所有者权益的具体项目予以适当的排列编制而成。资产负债表主要反映资产、负债和所有者权益三方面的内容。资产负债表可以反映企业在某一特定日期所拥有或控制的经济资源、所承担的现时义务和所有者对净资产的要求权，帮助财务报表使用者全面了解企业的财务状况、分析企业的偿债能力等情况，从而为其做出经济决策提供依据。

1.资产

资产，反映由过去的交易或事项形成并由企业在某一特定日期所拥有或控制的，预期会给企业带来经济利益的资源。资产应当按照流动资产和非流动资产两大类别在资产负债表中列示，在流动资产和非流动资产类别下进一步按性质分项列示。

流动资产是指预计在一个正常营业周期中变现、出售或耗用，或者主要为交易目的而持有，或者预计在资产负债表日起一年内（含一年）变现的资产，或者自资产负债表日起一年内交换其他资产或清偿负债的能力不受限制的现金或现金等价物。资产负债表中列示的流动资产项目通常包括：货币资金、交易性金融资产、应收票据、应收账款、预付款项、应收利息、应收股利、其他应收款、存货和一年内到期的非流动资产等。

非流动资产是指流动资产以外的资产。资产负债表中列示的非流动资产项目通常包括长期股权投资、固定资产、在建工程、工程物资、固定资产清理、无形资产、开发支出、长期待摊费用以及其他非流动资产等。

2.负债

负债，反映在某一特定日期企业所承担的、预期会导致经济利益流出企业的现时义务。负债应当按照流动负债和非流动负债在资产负债表中进行列示，在流动负债和非流动负债类别下再进一步按性质分项列示。

流动负债是指预计在一个正常营业周期中清偿，或者主要为交易目的而持有，或者自资产负债表日起一年内（含一年）到期应予以清偿，或者企业无权自主地将清偿推迟至资产负债表日后一年以上的负债。资产负债表中列示的流动负债项目通常包括：短期借款、应付票据、应付账款、预收款项、应付职工薪酬、应交税费、应付利息、应付股利、其他应付款，一年内到期的非流动负债等。

非流动负债是指流动负债以外的负债，非流动负债项目通常包括：长期借款、应付债券和其他非流动负债等。

3.所有者权益

所有者权益，是企业资产扣除负债后的剩余权益，反映企业在某一特定日期股东（投资者）拥有的净资产的总额。所有者权益一般按照实收资本、资本公积、其他综合收益、盈余公积和未分配利润分项列示。

（二）资产负债表的结构

资产负债表一般由表头、表体两部分组成。表头部分应列明报表名称、编制单位名称、资产负债表日、报表编号和计量单位；表体部分是资产负债表的主体，列示了用以说明企业财务状况的各个项目。

资产负债表的表体格式一般有两种：报告式资产负债表和账户式资产负债表。报告式资产负债表是上下结构，上半部分列示资产各项目，下半部分列示负债和所有者权益各项目。账户式资产负债表是左右结构，左边列示资产各项目，反映全部资产的分布及存在状态；右边列示负债和所有者权益各项目，反映全部负债和所有者权益的内容及构成情况。不管采取什么格式，资产各项目的合计一定等于负债和所有者权益各项目的合计。

我国企业的资产负债表采用账户式结构。账户式资产负债表分左、右两方，左方为资产项目，大体按资产的流动性大小排列，流动性大的资产如"货币资金""交易性金融资产"等排在前面，流动性小的资产如"长期股权投资""固定资产"等排在后面。右方为负债及所有者权益项目，一般按要求清偿时间的先后顺序排列，"短期借款""应付票据""应付账款"等需要一年以内或者长于一年的一个正常营业周期内偿还的流动负债排在前面，"长期借款"等在一年以上才需偿还的非流动负债排在中间，在企业清算之前不需要偿还的所有者权益项目排在后面。

账户式资产负债表中的资产各项目的合计等于负债和所有者权益各项目的合计，即资产负债表左方和右方平衡。因此，账户式资产负债表可以反映资产、负债、所有者权益之间的内在关系，即"资产=负债+所有者权益"。资产负债表提供"年初余额"和"期末余额"两栏，便于报表使用者掌握和分析企业财务状况的变化及发展趋势。我国一般企业资产负债表格式见表10-1。

表 10-1   资产负债表   会企01表

编制单位：   年 月 日   单位：元

资产	期末余额	上年年末余额	负债和所有者权益	期末余额	上年年末余额
流动资产：			流动负债：		
货币资金			短期借款		
交易性金融资产			交易性金融负债		
衍生金融资产			衍生金融负债		
应收票据			应付票据		
应收账款			应付账款		
应收款项融资			预收款项		
预付款项			合同负债		
其他应收款			应付职工薪酬		
存货			应交税费		
合同资产			其他应付款		
持有待售资产			持有待售负债		
一年内到期的非流动资产			一年内到期的非流动负债		
其他流动资产			其他流动负债		
流动资产合计			流动负债合计		
非流动资产：			非流动负债：		
债权投资			长期借款		
其他债权投资			应付债券		
长期应收款			其中：优先股		
长期股权投资			永续债		
其他权益工具投资			租赁负债		
其他非流动金融资产			长期应付款		
投资性房地产			预计负债		
固定资产			递延收益		
在建工程			递延所得税负债		
生产性生物资产			其他非流动负债		

续表

资产	期末余额	上年年末余额	负债和所有者权益	期末余额	上年年末余额
油气资产			非流动负债合计		
使用权资产			负债合计		
无形资产			所有者权益：		
开发支出			实收资本		
商誉			其他权益工具		
长期待摊费用			其中：优先股		
递延所得税资产			永续股		
其他非流动资产			资本公积		
非流动资产合计			减：库存股		
			其他综合收益		
			专项储备		
			盈余公积		
			未分配利润		
			所有者权益合计		
资产总计			负债和所有者权益总计		

二、资产负债表的编制

（一）资产负债表项目的填列方法

资产负债表各项目均需填列"期末余额"和"上年年末余额"两栏。

资产负债表的"上年年末余额"栏内各项数字，应根据上年年末资产负债表的"期末余额"栏内所列数字填列。如果上年度资产负债表规定的各个项目的名称和内容与本年度不相一致，应按照本年度的规定对上年年末资产负债表各项目的名称和数字进行调整，填入本表"上年年末余额"栏内。

资产负债表的"期末余额"栏主要有以下几种填列方法：

1.根据总账科目余额填列。如"短期借款""资本公积"等项目，根据"短期借款""资本公积"各总账科目的余额直接填列。

有些项目则需根据几个总账科目的期末余额计算填列，如"货币资金"项目，需根据"库存现金""银行存款""其他货币资金"三个总账科目的期末余额的合计数填列。

2.根据明细账科目余额计算填列。如"应付账款"项目，需要根据"应付账款"和"预付账款"两个科目所属的相关明细科目的贷方余额计算填列；"预付款项"项目，需要根据"应付账款"科目和"预付账款"科目所属的相关明细科目的期末借方余额减去与"预付账款"有关的坏账准备贷方余额计算填列；"预收款项"项目，需要根据"应收账款"科目和"预收账款"科目所属相关明细科目的期末贷方金额合计填列;"研发支出"项目,需要根据"研发支出"科目所属的"资本化支出明细科目期末余额计算填列;"应付职工薪酬"项目,需要根据"应付职工薪酬"科目的明细科目期末余额计算填列;"一年内到期的非流动资产""一年内到期的非流动负债"项目,需要根据相关非流动资产和非流动负债项目的明细科目余额计算填列。

3.根据总账科目和明细账科目余额分析计算填列。如"长期借款"项目,需要根据"长期借款"总账科目余额扣除"长期借款"科目所属的明细科目中将在一年内到期且企业不能自主地将清偿义务展期的长期借款后的金额计算填列;"其他非流动资产"项目,应根据有关科目的期末余额减去将于一年内(含一年)收回数后的金额计算填列;"其他非流动负债"项目,应根据有关科目的期末余额减去将于一年内(含一年)到期偿还数后的金额计算填列。

4.根据有关科目余额减去其备抵科目余额后的净额填列。如资产负债表中"应收票据""应收账款""长期股权投资""在建工程"等项目,应当根据"应收票据""应收账款""长期股权投资""在建工程"等科目的期末余额减去"坏账准备""长期股权投资减值准备""在建工程减值准备"等备抵科目余额后的净额填列。"投资性房地产"(采用成本模式计量)、"固定资产"项目,应当根据"投资性房地产""固定资产"科目的期末余额,减去"投资性房地产累计折旧""投资性房地产减值准备""累计折旧""固定资产减值准备"等备抵科目的期末余额,以及"固定资产清理"科目期末余额后的净额填列;"无形资产"项目,应当根据"无形资产"科目的期末余额,减去"累计摊销""无形资产减值准备"等备抵科目余额后的净额填列。

5.综合运用上述填列方法分析填列。如资产负债表中的"存货"项目,需要根据"原材料""库存商品""委托加工物资""周转材料""材料采购""在途物资""发出商品""材料成本差异"等总账科目期末余额的分析汇总数,再减去"存货跌价准备"科目余额后的净额填列。

(二)资产负债表项目的填列说明

1.资产项目的填列说明

(1)"货币资金"项目,反映企业库存现金、银行结算户存款、外埠存款、银行汇票存款、银行本票存款、信用卡存款、信用证保证金存款等的合计数。本项目应根据"库存现金""银行存款""其他货币资金"科目期末余额的合计数填列。

【例10-1】2024年12月31日,天宇有限公司"库存现金"科目余额为800元,"银行存款"科目余额为159 000元,"其他货币资金"科目余额为90 000元,则2024年12月31日,天宇有限公司资产负债表中"货币资金"项目"期末余额"栏的列报金额=800+159 000+90 000=249 800(元)。

(2)"交易性金融资产"项目,反映资产负债表日企业分类为以公允价值计量且其变动计入当期损益的金融资产,以及企业持有的指定为以公允价值计量且其变动计入当期损益的金融资产的期末账面价值。该项目应根据"交易性金融资产"科目的相关明细科目期末余额分析填列。自资产负债表日起超过一年到期且预期持有超过一年的以公允价值计量且其变动计入当期损益的非流动金融资产的期末账面价值,在"其他非流动金融资产"项目反映。

（3）"应收票据"项目，反映资产负债表日以摊余成本计量的、企业因销售商品、提供服务等收到的商业汇票，包括银行承兑汇票和商业承兑汇票。该项目应根据"应收票据"科目的期末余额，减去"坏账准备"科目中相关坏账准备期末余额后的金额分析填列。

【例10-2】2024年12月31日，天宇有限公司"应收票据"科目的余额为70 000元，"坏账准备"科目中有关应收票据计提的坏账准备余额为4 000元，则2024年12月31日，天宇有限公司资产负债表中"应收票据"项目"期末余额"栏的列报金额=70 000-4 000=66 000（元）。

（4）"应收账款"项目，反映资产负债表日以摊余成本计量的、企业因销售商品、提供服务等经营活动应收取的款项。该项目应根据"应收账款"科目的期末余额，减去"坏账准备"科目中相关坏账准备期末余额后的金额分析填列。

（5）"预付款项"项目，反映企业预付给供应单位的款项等。本项目应根据"预付账款"和"应付账款"科目所属各明细科目的期末借方余额合计数，减去"坏账准备"科目中有关预付账款计提的坏账准备期末余额后的净额填列。如"预付账款"科目所属明细科目期末为贷方余额的，应在资产负债表"应付账款"项目内填列。

（6）"其他应收款"项目，反映企业除应收票据、应收账款、预付账款等经营活动以外的其他各种应收、暂付的款项。本项目应根据"应收利息""应收股利""其他应收款"科目的期末余额合计数，减去"坏账准备"科目中相关坏账准备期末余额后的金额填列。其中的"应收利息"仅反映相关金融工具已到期可收取但于资产负债表日尚未收到的利息。基于实际利率法计提的金融工具的利息应包含在相应金融工具的账面余额中。

（7）"存货"项目，反映企业期末在库、在途和在加工中的各种存货的可变现净值或成本（成本与可变现净值孰低）。存货包括各种材料、商品、在产品、半成品、包装物、低值易耗品、发出商品等。本项目应根据"材料采购""原材料""库存商品""周转材料""委托加工物资""发出商品""生产成本""受托代销商品"等科目的期末余额合计数，减去"受托代销商品款""存货跌价准备"科目期末余额后的净额填列。材料采用计划成本核算，以及库存商品采用计划成本核算或售价核算的企业，还应按加或减材料成本差异、商品进销差价后的金额填列。

【例10-3】2024年12月31日，天宇有限公司有关科目余额如下："发出商品"科目借方余额为80 000元，"生产成本"科目借方余额为40 000元，"原材料"科目借方余额为20 000元，"委托加工物资"科目借方余额为10 000元，"材料成本差异"科目贷方余额为3 000元，"存货跌价准备"科目贷方余额为2 000元，"受托代销商品"科目借方余额1 000元，"受托代销商品款"科目贷方余额为2 000万元，则2024年12月31日，甲公司资产负债表中"存货"项目"期末余额"栏的列报金额=80 000+40 000+20 000+10 000-3 000-2 000+1 000-2 000=144 000（元）。

（8）"一年内到期的非流动资产"项目，反映企业预计自资产负债表日起一年内变现的非流动资产。本项目应根据有关科目的期末余额分析填列。

（9）"长期股权投资"项目反映投资方对被投资单位实施控制、重大影响的权益性投资，以及对其合营企业的权益性投资。本项目应根据"长期股权投资"科目的期末余额，减去"长期股权投资减值准备"科目的期末余额后的净额填列。

（10）"固定资产"项目，反映资产负债表日企业固定资产的期末账面价值和企业尚未清理完毕的固定资产清理净损益。该项目应根据"固定资产"科目的期末余额，减去"累计折旧"和"固定资产减值准备"科目的期末余额后的金额，以及"固定资产清理"科目的期末余额填列。

【例10-4】2024年12月31日，天宇有限公司"固定资产"科目借方余额为7 000 000元，"累计折旧"科目贷方余额为200 000元，"固定资产减值准备"科目贷方余额为400 000元，"固定资产清理"科目借方余额为30 000元，则2024年12月31日，天宇有限公司资产负债表中"固定资产"项目"期末余额"栏的列报金额=7 000 000-200 000-400 000+30 000=6 430 000（元）。

（11）"在建工程"项目，反映资产负债表日企业尚未达到预定可使用状态的在建工程的期末账面价值和企业为在建工程准备的各种物资的期末账面价值。该项目应根据"在建工程"科目的期末余额，减去"在建工程减值准备"科目的期末余额后的金额，以及"工程物资"科目的期末余额，减去"工程物资减值准备"科目的期末余额后的金额填列。

（12）"无形资产"项目，反映企业持有的专利权、非专利技术、商标权、著作权、土地使用权等无形资产的成本减去累计摊销和减值准备后的净值。本项目应根据"无形资产"科目的期末余额，减去"累计摊销"和"无形资产减值准备"科目期末余额后的净额填列。

【例10-5】2024年12月31日，天宇有限公司"无形资产"科目借方余额为600 000元，"累计摊销"科目贷方余额为30 000元，"无形资产减值准备"科目贷方余额为15 000元，则2024年12月31日，天宇有限公司资产负债表中"无形资产"项目"期末余额"栏的列报金额=600 000-30 000-15 000=555 000（元）。

（13）"开发支出"项目，反映企业开发无形资产过程中能够资本化形成无形资产成本的支出部分。本项目应当根据"研发支出"科目所属的"资本化支出"明细科目期末余额填列。

（14）"长期待摊费用"项目，反映企业已经发生但应由本期和以后各期负担的分摊期限在一年以上的各项费用。本项目应根据"长期待摊费用"科目的期末余额，减去将于一年内（含一年）摊销的数额后的金额分析填列。但长期待摊费用的摊销年限只剩一年或不足一年的，或预计在一年内（含一年）进行摊销的部分，不得归类为流动资产，仍在各该非流动资产项目中填列，不转入"一年内到期的非流动资产"项目。

（15）"其他非流动资产"项目，反映企业除上述非流动资产以外的其他非流动资产。本项目应根据有关科目的期末余额填列。

2.负债项目的填列说明

（1）"短期借款"项目，反映企业向银行或其他金融机构等借入的期限在一年以下（含一年）的各种借款。本项目应根据"短期借款"科目的期末余额填列。

【例10-6】2024年12月31日，天宇有限公司"短期借款"科目的余额如下所示：银行质押借款80 000元、信用借款190 000元。2024年12月31日，天宇有限公司资产负债表中"短期借款"项目"期末余额"栏的列报金额=80 000+190 000=270 000（元）

（2）"交易性金融负债"项目，反映企业资产负债表日承担的交易性金融负债，以及企业持有的直接指定为以公允价值计量且其变动计入当期损益的金融负债的期末账面价值。该项目应根据"交易性金融负债"科目的相关明细科目期末余额填列。

（3）"应付票据"项目，反映资产负债表日以摊余成本计量的、企业因购买材料、商品和接受服务等开出、承兑的商业汇票，包括银行承兑汇票和商业承兑汇票。该项目应根据"应付票据"科目的期末余额填列。

【例10-7】2024年12月31日，天宇有限公司"应付票据"科目的余额如下所示：45 000元的银行承兑汇票、25 000元的商业承兑汇票。2024年12月31日，天宇有限公司资产负债表中"应付票据"项目"期末余额"栏的列报金额=45 000+25 000=70 000（元）。

（4）"应付账款"项目，反映资产负债表日以摊余成本计量的、企业因购买材料、商品和接受服务等经营活动应支付的款项。该项目应根据"应付账款"和"预付账款"科目所属的相关明细科目的期末贷方余额合计数填列。

（5）"预收款项"项目，反映企业按照合同规定预收的款项。本项目应根据"预收账款"和"应收账款"科目所属各明细科目的期末贷方余额合计数填列。如"预收账款"科目所属明细科目期末为借方余额的，应在资产负债表"应收账款"项目内填列。

【例10-8】2024年12月31日，天宇有限公司有关科目所属明细科目借、贷方余额见表10-2。

表10-2　　　　　　　　有关科目所属明细科目借、贷方余额　　　　　　　　单位：元

会计科目	明细科目借方余额	明细科目贷方余额
应收账款	900 000	70 000
预付账款	750 000	40 000
应付账款	38 000	900 000
预收账款	60 000	140 000

该公司2024年12月31日资产负债表中相关项目的余额为：

①"应收账款"项目金额为：

900 000+60 000=960 000（元）

②"预付款项"项目金额为：

750 000+38 000=788 000（元）

③"应付账款"项目金额为：

900 000+40 000=940 000（元）

④"预收款项"项目金额为：

140 000+70 000=210 000（元）

（6）"应付职工薪酬"项目，反映企业为获得职工提供的服务或解除劳动关系而给予的各种形式的报酬或补偿。本项目应根"应付职工薪酬"科目所属各明细科目的期末贷方余额分析填列，外商投资企业按规定从净利润中提取的职工奖励及福利基金，也在本项目列示。

【例10-9】2024年12月31日，天宇有限公司"应付职工薪酬"科目明细项目为：工资800 000元、社会保险费（含医疗保险、工伤保险）21 000元、设定提存计划（含基本养老保险费）20 000元、住房公积金19 000元、工会经费11 000元。2024年12月31日，

天宇有限公司资产负债表中"应付职工薪酬"项目"期末余额"栏的列报金额=800 000+21 000+20 000+19 000+11 000=871 000（元）。

（7）"应交税费"项目，反映企业按照税法规定计算应缴纳的各种税费，包括增值税、消费税、城市维护建设税、教育费附加、企业所得税、资源税、土地增值税、房产税、城镇土地使用税、车船税等。企业代扣代缴的个人所得税，也通过本项目列示。企业所交纳的税金不需要预计应交数的，如印花税、耕地占用税等，不在本项目列示。本项目应根据"应交税费"科目的期末贷方余额填列。需要说明的是，"应交税费"科目下的"应交增值税""未交增值税""待抵扣进项税额""待认证进项税额""增值税留抵税额"等明细科目期末借方余额应根据情况，在资产负债表中的"其他流动资产"或"其他非流动资产"项目列示；"应交税费——待转销项税额"等科目期末贷方余额应根据情况，在资产负债表中的"其他流动负债""其他非流动负债"项目列示；"应交税费"科目下的"未交增值税""简易计税""转让金融商品应交增值税""代扣代交增值税"等科目期末贷方余额应在资产负债表中的"应交税费"项目列示。

（8）"其他应付款"项目，反映企业除应付票据、应付账款、预收账款、应付职工薪酬、应交税费等经营活动以外的其他各项应付、暂收的款项。本项目应根据"应付利息""应付股利""其他应付款"科目的期末余额合计数填列。其中，"应付利息"科目仅反映相关金融工具已到期应支付但于资产负债表日尚未支付的利息。基于实际利率法计提的金融工具的利息应包含在相应金融工具的账面余额中。

（9）"一年内到期的非流动负债"项目，反映企业非流动负债中将于资产负债表日后一年内到期部分的金额，如将于一年内偿还的长期借款。本项目应根据有关科目的期末余额分析填列。

（10）"长期借款"项目，反映企业向银行或其他金融机构借入的期限在一年以上（不含一年）的各项借款。本项目应根据"长期借款"科目的期末余额，扣除"长期借款"科目所属的明细科目中将在资产负债表日起一年内到期且企业不能自主地将清偿义务展期的长期借款后的金额计算填列。

【例10-10】2024年12月31日，天宇有限公司"长期借款"科目余额为550 000元，其中自乙银行借入的50 000元借款将于一年内到期，天宇有限公司不具有自主展期清偿的权利，则天宇有限公司2024年12月31日资产负债表中"长期借款"项目"期末余额"栏的列报金额=550 000-50 000=500 000（元），"一年内到期的非流动负债"项目"期末余额"栏的列报金额为50 000元。

（11）"应付债券"项目，反映企业为筹集长期资金而发行的债券本金及应付的利息。本项目应根据"应付债券"科目的期末余额分析填列。对于资产负债表日企业发行的金融工具，分类为金融负债的，应在本项目填列；对于优先股和永续债，还应在本项目下的"优先股"项目和"永续债"项目分别填列。

（12）"长期应付款"项目，应根据"长期应付款"科目的期末余额，减去相关的"未确认融资费用"科目的期末余额后的金额，以及"专项应付款"科目的期末余额填列。

（13）"其他非流动负债"项目，反映企业除以上非流动负债以外的其他非流动负债。本项目应根据有关科目期末余额，减去将于一年内（含一年）到期偿还数后的余额分析填列。非流动负债各项目中将于一年内（含一年）到期的非流动负债，应在"一年内到期的非流动负债"项目内反映。

3.所有者权益项目的填列说明

（1）"实收资本（或股本）"项目，反映企业各投资者实际投入的资本（或股本）总额。本项目应根据"实收资本（或股本）"科目的期末余额填列。

【例10-11】天宇有限公司是由A公司于2005年3月1日注册成立的有限责任公司，注册资本为人民币6 281 800元，A公司以货币资金人民币6 281 800万元出资，占注册资本的100%，持有天宇有限公司100%的权益。上述实收资本已于2005年3月1日经相关会计师事务所出具的验资报告验证。该资本投入自2005年至2024年年末未发生变动。2024年12月31日，天宇有限公司资产负债表中"实收资本（或股本）"项目"期末余额"栏的列报金额为6 281 800元。

（2）"其他权益工具"项目，反映资产负债表日企业发行在外的除普通股以外分类为权益工具的金融工具的期末账面价值，并下设"优先股"和"永续债"两个项目，分别反映企业发行的分类为权益工具的优先股和永续债的账面价值。

（3）"资本公积"项目，反映企业收到投资者出资超出其在注册资本或股本中所占的份额以及直接计入所有者权益的利得和损失等。本项目应根据"资本公积"科目的期末余额填列。

（4）"其他综合收益"项目，反映企业其他综合收益的期末余额。本项目应根据"其他综合收益"科目的期末余额填列。

（5）"专项储备"项目，反映高危行业企业按国家规定提取的安全生产费的期末账面价值。本项目应根据"专项储备"科目的期末余额填列。

（6）"盈余公积"项目，反映企业盈余公积的期末余额。本项目应根据"盈余公积"科目的期末余额填列。

（7）"未分配利润"项目，反映企业尚未分配的利润。本项目应根据"本年利润"科目和"利润分配"科目的期末余额计算填列。未弥补的亏损在本项目内以"−"号填列。

【例10-12】承【例10-1】~【例10-11】，天宇有限公司编制的2024年12月31日的资产负债表见表10-3。

表10-3　　　　　　　　　　　　　　　资产负债表　　　　　　　　　　　　　　　会企01表
编制单位：天宇有限公司　　　　　　　　　2024年12月31日　　　　　　　　　　单位：元

资产	期末余额	上年年末余额	负债和所有者权益	期末余额	上年年末余额
流动资产：			流动负债：		
货币资金	249 800		短期借款	270 000	
交易性金融资产			交易性金融负债		
衍生金融资产			衍生金融负债		
应收票据	66 000		应付票据	70 000	
应收账款	960 000		应付账款	940 000	

资产	期末余额	上年年末余额	负债和所有者权益	期末余额	上年年末余额
应收款项融资			预收款项	210 000	
预付款项	788 000		合同负债		
其他应收款			应付职工薪酬	871 000	
存货	144 000		应交税费		
合同资产			其他应付款		
持有待售资产			持有待售负债		
一年内到期的非流动资产			一年内到期的非流动负债	50 000	
其他流动资产			其他流动负债		
流动资产合计	2 207 800		流动负债合计	2 411 000	
非流动资产：			非流动负债：		
债权投资			长期借款	500 000	
其他债权投资			应付债券		
长期应收款			其中：优先股		
长期股权投资			永续债		
其他权益工具投资			租赁负债		
其他非流动金融资产			长期应付款		
投资性房地产			预计负债		
固定资产	6 430 000		递延收益		
在建工程			递延所得税负债		
生产性生物资产			其他非流动负债		
油气资产			非流动负债合计	500 000	
使用权资产			负债合计	2 911 000	
无形资产	555 000		所有者权益：		
开发支出			实收资本	6 281 800	
商誉			其他权益工具		
长期待摊费用			其中：优先股		
递延所得税资产			永续债		

续表

资产	期末余额	上年年末余额	负债和所有者权益	期末余额	上年年末余额
其他非流动资产			资本公积		
非流动资产合计	6 985 000		减：库存股		
			其他综合收益		
			专项储备		
			盈余公积		
			未分配利润		
			所有者权益合计	6 281 800	
资产总计	9 192 800		负债和所有者权益总计	9 192 800	

● 财经育人广角

从资产负债表的角度来看，要求学生们有"先天下之忧而忧，后天下之乐而乐"的政治抱负，"苟利国家生死以，岂因祸福避趋之"的报国情怀，只有讲求奉献才能得到越来越多的净权益。通过对报表编制原理的讲解，激发学生的家国情怀，使他们志存高远、奋发图强。

任务三　利润表

利润表，又称损益表，是反映企业在一定会计期间的经营成果的报表。

利润表可以反映企业在一定会计期间收入、费用、利润（或亏损）的金额和构成情况，为财务报表使用者全面了解企业的经营成果，分析企业的获利能力及盈利增长趋势，做出经济决策提供依据。

一、利润表的结构

利润表的结构有单步式和多步式两种。单步式利润表是将当期所有的收入列在一起，所有的费用列在一起，然后将两者相减得出当期净损益。我国企业的利润表采用多步式格式，即通过对当期的收入、费用、支出项目按性质加以归类，按利润形成的主要环节列示一些中间性利润指标，分步计算当期净损益，以便财务报表使用者理解企业经营成果的不同来源。

利润表一般由表头、表体两部分组成。表头部分应列明报表名称、编制单位名称、编制日期、报表编号和计量单位。表体部分为利润表的主体，列示了形成经营成果的各个项目和计算过程。

为了使财务报表使用者通过比较不同期间利润的实现情况，判断企业经营成果的未来发展趋势，企业需要提供比较利润表。为此，利润表金额栏分为"本期金额"和"上期金额"两栏分别填列。我国一般企业利润表的格式见表10-4。

表 10-4　　　　　　　　　　　　　利润表　　　　　　　　　　　　会企 02 表

编制单位：　　　　　　　　　　　　　年　月　　　　　　　　　　　单位：元

项目	本期金额	上期金额
一、营业收入		
减：营业成本		
税金及附加		
销售费用		
管理费用		
研发费用		
财务费用		
其中：利息费用		
利息收入		
加：其他收益		
其中：对联营企业和合营企业的投资收益		
以摊余成本计量的金融资产终止确 认收益（损失以"－"号填列）		
净敞口套期收益（损失以"－"号填列）		
投资收益（损失以"－"号填列）		
公允价值变动收益（损失以"－"号填列）		
信用减值损失（损失以"－"号填列）		
资产减值损失（损失以"－"号填列）		
资产处置收益（损失以"－"号填列）		
二、营业利润（损失以"－"号填列）		
加：营业外收入		
减：营业外支出		
三、利润总额（损失以"－"号填列）		
减：所得税费用		
四、净利润（损失以"－"号填列）		
（一）持续经营净利润（净亏损以"－"号填列）		
（二）终止经营净利润（净亏损以"－"号填列）		
五、其他综合收益的税后净额（略）		
六、综合收益总额		
七、每股收益		
（一）基本每股收益		
（二）稀释每股收益		

单位负责人：　　　　　　财会负责人：　　　　　　复核：　　　　　　制表：

二、利润表的编制

利润表编制的原理是"收入-费用=利润"的会计等式和收入与费用的配比原则。企业在生产经营中不断地取得各项收入，同时发生各种费用，收入减去费用的剩余部分为企业的盈利。如果企业经营不善，发生的生产经营费用超过取得的收入，超过部分为企业的亏损。将取得的收入和发生的相关费用进行对比，对比结果表现为企业的经营成果。企业将经营成果的核算过程和结果编成报表，即利润表。

（一）利润表项目的填列方法

我国一般企业利润表的主要编制步骤和内容如下：

第一步，以营业收入为基础，减去营业成本、税金及附加、销售费用、管理费用、研发费用、财务费用，加上其他收益、投资收益（或减去投资损失）、净敞口套期收益（或减去净敞口套期损失）、公允价值变动收益（或减去公允价值变动损失）、资产减值损失、信用减值损失、资产处置收益（或减去资产处置损失），计算出营业利润。

第二步，以营业利润为基础，加上营业外收入，减去营业外支出，计算出利润总额。

第三步，以利润总额为基础，减去所得税费用，计算出净利润（或净亏损）。

第四步，以净利润（或净亏损）为基础，计算出每股收益。

第五步，以净利润（或净亏损）和其他综合收益为基础，计算出综合收益总额。

利润表各项目均需填列"本期金额"和"上期金额"两栏。其中"上期金额"栏内各项数字，应根据上年该期利润表的"本期金额"栏内所列数字填列。"本期金额"栏内各期数字，除"基本每股收益"和"稀释每股收益"项目外，应当按照相关科目的发生额分析填列。如"营业收入"项目，根据"主营业务收入""其他业务收入"科目的发生额分析计算填列；"营业成本"项目，根据"主营业务成本""其他业务成本"科目的发生额分析计算填列。

（二）利润表主要项目的填列说明

1."营业收入"项目，反映企业经营主要业务和其他业务所确认的收入总额。本项目应根据"主营业务收入"和"其他业务收入"科目的发生额分析填列。

【例10-13】假设天宇有限公司为热电企业，其经营范围包括电、热的生产和销售，发电、输变电工程的技术咨询，电力设备及相关产品的采购、开发、生产和销售等。天宇有限公司2024年度"主营业务收入"科目发生额明细如下所示：电力销售收入合计7 000 000元，热力销售收入合计1 400 000元；"其他业务收入"科目发生额合计60 000元。则天宇有限公司2024年度利润表中"营业收入"项目"本期金额"栏的列报金额=7 000 000+1 400 000+60 000=8 460 000（元）。

2."营业成本"项目，反映企业经营主要业务和其他业务所发生的成本总额。本项目应根据"主营业务成本"和"其他业务成本"科目的发生额分析填列。

【例10-14】天宇有限公司2024年度"主营业务成本"科目发生额合计6 000 000元、"其他业务成本"科目发生额合计10 000元，则天宇有限公司2024年度利润表中，"营业成本"项目"本期金额"栏的列报金额=6 000 000+10 000=6 010 000（元）。

3."税金及附加"项目，反映企业经营业务应负担的消费税、城市维护建设税、教育费附加、资源税、土地增值税、房产税、车船税、城镇土地使用税、印花税等相关税费。

本项目应根据"税金及附加"科目的发生额分析填列。

【例10-15】天宇有限公司2024年度"税金及附加"科目的发生额如下：城市维护建设税合计80 000元，教育费附加合计30 000元，房产税合计40 000元，城镇土地使用税合计20 000元，则天宇有限公司2024年度利润表中"税金及附加"项目"本期金额"栏的列报金额=80 000+30 000+40 000+20 000=170 000（元）。

4. "销售费用"项目，反映企业在销售商品过程中发生的包装费、广告费等费用和为销售本企业商品而专设的销售机构的职工薪酬、业务费等经营费用。本项目应根据"销售费用"科目的发生额分析填列。

5. "管理费用"项目，反映企业为组织和管理生产经营发生的管理费用。本项目应根据"管理费用"科目的发生额分析填列。

【例10-16】天宇有限公司2024年度"管理费用"科目发生额合计数为200 000元，则天宇有限公司2024年度利润表中"管理费用"项目"本期金额"栏的列报金额为200 000元。

6. "研发费用"项目，反映企业进行研究与开发过程中发生的费用化支出以及计入管理费用的自行开发无形资产的摊销。本项目应根据"管理费用"科目下的"研发费用"明细科目的发生额以及"管理费用"科目下"无形资产摊销"明细科目的发生额分析填列。

7. "财务费用"项目，反映企业为筹集生产经营所需资金等而发生的应予费用化的利息支出。本项目应根据"财务费用"科目的相关明细科目发生额分析填列。其中："利息费用"项目，反映企业为筹集生产经营所需资金等而发生的应予费用化的利息支出，"利息收入"项目，反映企业应冲减财务费用的利息收入。如果利息费用大于利息收入，按正数填列；如果利息收入大于利息费用，按负数填列。

【例10-17】天宇有限公司2024年度"财务费用"科目的发生如下所示：银行长期借款利息费用合计60 000元，银行短期借款利息费用30 000元，银行存款利息收入合计10 000元，银行手续费支出合计8 000元，则天宇有限公司2024年度利润表中"财务费用"项目"本期金额"栏的列报金额=60 000+30 000-10 000+8 000=88 000（元）。

8. "其他收益"项目，反映计入其他收益的政府补助，以及其他与日常活动相关且计入其他收益的项目。本项目应根据"其他收益"科目的发生额分析填列。企业作为个人所得税的扣缴义务人。根据《中华人民共和国个人所得税法》收到的扣缴税款手续费，应作为其他与日常活动相关的收益在本项目中填列。

9. "投资收益"项目反映企业以各种方式对外投资所取得的收益。本项目应根据"投资收益"科目的发生额分析填列。如为投资损失，本项目以"-"号填列。

【例10-18】天宇有限公司2024年度"投资收益"科目的发生额如下所示：按权益法核算的长期股权投资收益合计40 000元，按成本法核算的长期股权投资收益合计20 000元，处置长期股权投资发生的投资损失合计5 000元，则天宇有限公司2024年度利润表中"投资收益"项目"本期金额"栏的列报金额=40 000+20 000-5 000=55 000（元）。

10. "净敞口套期收益"项目，反映净敞口套期下被套期项目累计公允价值变动转入当期损益的金额或现金流量套期储备转入当期损益的金额。本项目应根据"净敞口套期损益"科目的发生额分析填列；如为套期损失，本项目以"-"号填列。

11. "公允价值变动收益"项目，反映企业应当计入当期损益的资产或负债公允价值变动收益。本项目应根据"公允价值变动收益"科目的发生额分析填列，如为净损失，本项目以"-"号填列。

12. "信用减值损失"项目，反映企业按照《企业会计准则第22号——金融工具确认和计量》（2018）的要求计提的各项金融工具信用减值准备所确认的信用损失。本项目应根据"信用减值损失"科目的发生额分析填列。

13. "资产减值损失"项目，反映企业有关资产发生的减值损失。本项目应根据"资产减值损失"科目的发生额分析填列。

【例10-19】天宇有限公司2024年度"资产减值损失"科目的发生额如下所示：存货减值损失合计50 000元、固定资产减值损失合计10 000元、无形资产减值损失合计20 000元，则天宇有限公司2024年度利润表中"资产减值损失"项目"本期金额"栏的列报金额=50 000+10 000+20 000=80 000（元）。

14. "资产处置收益"项目，反映企业出售划分为持有待售的非流动资产（金融工具、长期股权投资和投资性房地产除外）或处置组（子公司和业务除外）时确认的处置利得或损失，以及处置未划分为持有待售的固定资产、在建工程、生产性生物资产及无形资产而产生的处置利得或损失。债务重组中因处置非流动资产（金融工具、长期股权投资和投资性房地产除外）产生的利得或损失和非货币性资产交换中换出非流动资产（金融工具、长期股权投资和投资性房地产除外）产生的利得或损失也包括在本项目内。本项目应根据"资产处置损益"科目的发生额分析填列；如为处置损失，本科目以"-"号填列。

15. "营业利润"项目，反映企业实现的营业利润。如为亏损，本科目以"-"号填列。

16. "营业外收入"项目，反映企业发生的除营业利润以外的收益，主要包括与企业日常活动无关的政府补助、盘盈利得、捐赠利得（企业接受股东或股东的子公司直接或间接的捐赠，经济实质属于股东对企业的资本性投入的除外）等。本项目应根据"营业外收入"科目的发生额分析填列。

【例10-20】天宇有限公司2024年度"营业外收入"科目的发生额如下所示：接受无偿捐赠利得80 000元，现金盘盈利得合计2 000元，则天宇有限公司2024年度利润表中"营业外收入"项目"本期金额"栏的列报金额=80 000+2 000=82 000（元）。

17. "营业外支出"项目，反映企业发生的除营业利润以外的支出，主要包括公益性捐赠支出、非常损失、盘亏损失、非流动资产毁损报废损失等。本项目应根据"营业外支出"科目的发生额分析填列。

【例10-21】天宇有限公司2024年度"营业外支出"科目的发生额如下所示：固定资产盘亏损失14 000元、罚没支出合计10 000元、捐赠支出合计3 000元、其他支出2 000元，则天宇有限公司2024年度利润表中"营业外支出"项目"本期金额"栏的列报金额=14 000+10 000+3 000+2 000=29 000（元）。

18. "利润总额"项目，反映企业实现的利润。如为亏损，本项目以"-"号填列。

19. "所得税费用"项目，反映企业应从当期利润总额中扣除的所得税费用。本项目应根据"所得税费用"科目的发生额分析填列。

【例10-22】天宇有限公司2024年度"所得税费用"科目的发生额合计300 000元，则天宇有限公司2024年度利润表中"所得税费用"项目"本期金额"栏的列报金额为

300 000元。

20. "净利润"项目，反映企业实现的净利润。如为亏损，本项目以"–"号填列。

21. "其他综合收益的税后净额"项目，反映企业根据《企业会计准则》规定未在损益中确认的各项利得和损失扣除所得税影响后的净额。

22. "综合收益总额"项目，反映企业净利润与其他综合收益（税后净额）的合计。

23. "每股收益"项目，包括基本每股收益和稀释每股收益两项指标，反映普通股或潜在普通股已公开交易的企业，以及正处在公开发行普通股或潜在普通股过程中的企业的每股收益信息。

【例10-23】承【例10-13】~【10-21】，天宇有限公司2024年度利润表见表10-5。

表10-5 利润表 会企02表

编制单位：天宇有限公司　　　　　　　　　2024 年度　　　　　　　　　单位：元

项目	本期金额	上期金额
一、营业收入	8 460 000	
减：营业成本	6 010 000	
税金及附加	170 000	
销售费用		
管理费用	200 000	
研发费用		
财务费用	88 000	
其中：利息费用		
利息收入		
加：其他收益		
其中：对联营企业和合营企业的投资收益		
以摊余成本计量的金融资产终止确认收益（损失以"–"号填列）		
净敞口套期收益（损失以"–"号填列）		
投资收益（损失以"–"号填列）	55 000	
公允价值变动收益（损失以"–"号填列）		
信用减值损失（损失以"–"号填列）		
资产减值损失（损失以"–"号填列）	–80 000	
资产处置收益（损失以"–"号填列）		
二、营业利润（损失以"–"号填列）	1 967 000	
加：营业外收入	82 000	
减：营业外支出	29 000	

续表

项目	本期金额	上期金额
三、利润总额（损失以"-"号填列）	2 020 000	
减：所得税费用	300 000	
四、净利润（损失以"-"号填列）	1 720 000	
（一）持续经营净利润（净亏损以"-"号填列）		
（二）终止经营净利润（净亏损以"-"号填列）		
五、其他综合收益的税后净额（略）		
六、综合收益总额		
七、每股收益		
（一）基本每股收益		
（二）稀释每股收益		

单位负责人：　　　　　　财会负责人：　　　　　　复核：　　　　　　制表：

○ 财经育人广角

以热点财务造假案例展开分析，引申出深化职业道德教育，培养学生拥有良好的会计道德修养和素质，树立正确的商业价值观，遵守职业操守和道德规范，使其在未来的会计岗位上具有事业心、责任感和严谨的工作态度，以及遵纪守法的精神。

任务四　　　现金流量表

一、现金流量表的概念与作用

现金流量表，是指反映企业在一定会计期间现金和现金等价物流入和流出的报表。其中，现金是指企业库存现金以及可以随时用于支付的存款。不能随时用于支付的存款不属于现金。现金等价物，是指企业持有的期限短、流动性强、易于转换为已知金额现金、价值变动风险很小的投资。期限短，一般是指从购买日起三个月内到期。现金等价物通常包括三个月内到期的债券投资等，而权益性投资变现的金额通常不确定，一般不作为现金等价物。

编制现金流量表的目的，是为信息使用者提供企业一定会计期间内有关现金流入和流出的信息。利用现金流量表，使用者可以了解企业的以下信息：

（1）企业在未来会计期间产生净现金流量的能力。

（2）企业偿还债务及支付企业所有者的投资报酬的能力。

（3）企业的利润与经营活动所产生的净现金流量发生差异的原因。

（4）会计年度内影响或不影响现金的投资活动与筹资活动。

二、现金流量表的内容和结构

现金流量表主要由正表和补充资料两大部分构成。

1.正表

在正表中包括六项内容：一是经营活动产生的现金流量；二是投资活动产生的现金流量；三是筹资活动产生的现金流量；四是汇率变动对现金的影响额；五是现金及现金等价物的净增加额；六是期末现金及现金等价物余额。在前三类现金流量中，又分别列示现金流入和现金流出各项目及小计。

2.补充资料

现金流量表补充资料包括将净利润调节为经营活动的现金流量、不涉及现金收支的重大投资和筹资活动、现金及现金等价物的净变动情况等项目。

三、现金流量表的填列方法

（一）经营活动产生的现金流量

经营活动产生的现金流量是一项重要的指标，它可以说明企业在不动用从外部筹得资金的情况下，通过经营活动产生的现金流量是否足以偿还负债、支付股利和对外投资。经营活动产生的现金流量可以采用直接法和间接法两种方法反映。

直接法是通过现金流入和现金流出的主要类别列示经营活动的现金流量。间接法是以本期净利润为起算点，调整不涉及现金的收入、费用、营业外收支等有关项目的增减变动，据以计算出经营活动产生的现金流量。国际会计准则鼓励采用直接法编制现金流量表。在我国，现金流量表也以直接法编制，但在现金流量表的附注补充资料中还按照间接法反映经营活动现金流量的情况。

采用直接法报告企业经营活动产生的现金流量时，各个现金流入与流出项目的数据可以通过企业的会计记录取得，也可以通过对利润表中的营业收入、营业成本以及其他项目进行调整后取得。

1."销售商品、提供劳务收到的现金"项目

该项目反映企业本期销售商品、提供劳务收到的现金，以及前期销售商品、提供劳务本期收到的现金（包括销售收入和应向购买者收取的增值税销项税额）和本期预收的款项，减去本期销售本期退回商品和前期销售本期退回商品支付的现金。企业销售材料和代购代销业务收到的现金，也在本项目反映。

本项目可以根据"库存现金""银行存款""应收账款""应收票据""预收账款""主营业务收入""其他业务收入"等账户的记录分析填列。实践中，通常可以利润表上的"营业收入"为起点结合相关账户进行调整：

（1）由于该项目包括应向购买者收取的增值税销项税额，所以应在营业收入的基础上加上本期的增值税销项税额。

（2）由于企业的商品销售和劳务供应往往并非都是现金交易，所以应在营业收入的基础上加上应收账款与应收票据的减少数（或减去应收账款与应收票据的增加数）。

（3）如果企业有预收货款业务，还应再加上预收账款的增加数（或减去预收账款的减少数）。

（4）如果企业采用备抵法核算坏账，发生坏账会减少应收账款余额，但并没有实际的现金流入；而坏账收回会有现金流入，但营业收入和应收账款余额却没有变化，所以要在前述调整的基础上减去本期确认的坏账，加上本期收回的坏账。

（5）如果企业本期有应收票据贴现，发生了贴现息，则应减去应收票据的贴现息，因

为贴现息代表了应收票据的减少，并没有相应的现金流入。

（6）如果企业发生了按税法规定应视同销售的业务，如将商品用于在建工程，则相应的销项税额应减去，因为这部分销项税额没有相应的现金流入，也与应收账款或应收票据无关。

综合以上分析可知：

销售商品、提供劳务收到的现金=营业收入+销项税额+应收账款、应收票据减少数（或"-应收账款、应收票据增加数"）+预收账款增加数（或"-预收账款减少数"）-本期核销的坏账+本期收回前期核销的坏账-应收票据贴现息-视同销售的销项税额。

2. "收到的税费返还"项目

该项目反映企业收到返还的所得税、增值税、消费税、关税和教育费附加等各种税费返还款。

本项目可以根据"库存现金""银行存款""营业外收入""其他应收款"等账户的记录分析填列。

3. "收到其他与经营活动有关的现金"项目

该项目反映企业经营租赁收到的租金、罚款、流动资产损失中由个人赔偿的现金等其他与经营活动有关的现金流入，金额较大的应当单独列示。

本项目可以根据"库存现金""银行存款""营业外收入"等账户的记录分析填列。

4. "购买商品、接受劳务支付的现金"项目

该项目反映企业本期购买商品、接受劳务实际支付的现金（包括增值税进项税额），以及本期支付前期购买商品、接受劳务的未付款项和本期预付款项，减去本期发生的购货退回收到的现金。企业购买材料和代购代销业务支付的现金，也在本项目反映。

本项目可以根据"库存现金""银行存款""应付账款""应付票据""预付账款""主营业务成本""其他业务支出"等账户的记录分析填列。实践中通常以利润表上的营业成本为基础进行调整：

（1）由于本项目包括支付的增值税进项税额，所以应在营业成本的基础上加上本期的增值税进项税额。

（2）营业成本与购买商品并无直接联系，就商品流通企业而言，营业成本加上存货增加数或减去存货减少数，便可大致确定本期购进商品的成本。

（3）本期购进商品成本并不等于本期购进商品支付的现金，因为可能存在赊购商品或预付货款的情形。所以应加上应付账款和与应付票据的减少数，或减去应付账款与应付票据的增加数；应加上预付账款的增加数，减去预付账款的减少数。

（4）对于工业企业来说，存货包括材料、在产品与产成品等，也就是说存货的增加并非都与购进商品（材料）相联系，本期发生的应计入产品成本的工资费用、折旧费用等也会导致存货增加，但与商品购进无关，因而应进一步扣除计入本期生产成本的非材料费用。

（5）调整其他与商品购进和商品销售无关的存货增减变动，主要包括：存货盘亏和盘盈。用存货对外投资或接受存货投资等。

综合以上分析可知：

购买商品、接受劳务支付的现金=营业成本+进项税额+存货增加数（或"-存货减少

数")+应付账款、应付票据减少数（或"-应付账数、应付票据增加数"）+预付账款增加数（或"-预付账款减少数"）+存货盘亏（或"-存货盘盈"）+用于投资的存货成本（或"-接受投资增加的存货"）-计入本期生产成本的非材料费用。

5."支付给职工以及为职工支付的现金"项目

该项目反映企业本期实际支付给职工的工资，奖金、各种津贴和补贴等职工薪酬（包括代扣代缴的职工个人所得税）。

本项目不包括支付给离退休人员的各项费用及支付给在建工程人员的工资及其他费用。企业支付给离退休人员的各项费用（包括支付的统筹退休金以及未参加统筹的退休人员的费用），在"支付其他与经营活动有关的现金"项目反映；支付给在建工程人员的工资及其他费用，在"购建固定资产、无形资产和其他长期资产支付的现金"项目反映。

本项目可以根据"应付职工薪酬""库存现金""银行存款"等账户的记录分析填列。

6."支付的各项税费"项目

该项目反映企业本期发生并支付、以前各期发生本期支付以及预交的各项税费，包括所得税、增值税、营业税、消费税、印花税、房产税、土地增值税、车船税、教育费附加等。但不包括计入固定资产价值、实际支付的耕地占用税，也不包括本期退回的增值税、所得税，本期退回的增值税、所得税在"收到的税费返还"项目反映。

本项目可以根据"应交税费""库存现金""银行存款"等账户的记录分析填列。

7."支付其他与经营活动有关的现金"项目

该项目反映企业经营租赁支付的租金、差旅费、业务招待费、保险费、罚款支出等其他与经营活动有关的现金流出，金额较大的应当单独列示。

本项目可以根据"库存现金""银行存款"管理费用""营业外支出"等账户的记录分析填列。

（二）投资活动产生的现金流量

1."收回投资收到的现金"项目

该项目反映企业出售、转让或到期收回除现金等价物以外的对其他企业的权益工具、债务工具和合营中的权益。收回债务工具实现的投资收益、处置子公司及其他营业单位收到的现金净额不包括在本项目内。

本项目可根据"可供出售金融资产""持有至到期投资""长期股权投资""库存现金""银行存款"等账户的记录分析填列。

2."取得投资收益收到的现金"项目

该项目反映企业除现金等价物以外的对其他企业的权益工具、债务工具和合营中的权益投资分回的现金股利和利息等，不包括股票股利。

本项目可根据"库存现金""银行存款""投资收益"等账户的记录分析填列。

3."处置固定资产、无形资产和其他长期资产收回的现金净额"项目

该项目反映企业出售、报废固定资产、无形资产和其他长期资产所取得的现金（包括因资产毁损而收到的保险赔偿收入），减去为处置这些资产而支付的有关费用后的净额。如收回的现金净额为负数，则应在"支付其他与投资活动有关的现金"项目反映。

本项目可以根据"固定资产清理""库存现金""银行存款"等账户的记录分析填列。

4．"处置子公司及其他营业单位收到的现金净额"项目

该项目反映企业处置子公司及其他营业单位所取得的现金减去相关处置费用及子公司及其他营业单位持有的现金和现金等价物后的净额。

本项目可以根据"长期股权投资""库存现金""银行存款"等账户的记录分析填列。

5．"收到其他与投资活动有关的现金"项目

该项目反映除了上述项目以外，所收到的其他与投资活动有关的现金流入。如企业收回购买股票和债券时支付的已宣告但尚未领取的现金股利或已到付息期尚未领取的债券利息。金额较大的项目单独列示。

本项目可根据"应收股利""应收利息""库存现金""银行存款"等账户的记录分析填列。

6．"购建固定资产、无形资产和其他长期资产支付的现金"项目

该项目反映企业购买、建造固定资产、取得无形资产和其他长期资产所支付的现金（含增值税款等）以及用现金支付的应由在建工程和无形资产负担的职工薪酬，不包括为购建固定资产而发生的借款利息资本化的部分，以及融资租入固定资产支付的租赁费，这部分支出在筹资活动产生的现金流量中反映。

本项目可以根据"固定资产""在建工程""无形资产""库存现金""银行存款"等账户的记录分析填列。

7．"投资支付的现金"项目

该项目反映企业取得除现金等价物以外的对其他企业的权益工具、债务工具和合营中的权益所支付的现金以及支付的佣金、手续费等附加费用，但取得子公司及其他营业单位支付的现金净额除外。

本项目可以根据"可供出售金融资产""持有至到期投资""长期股权投资""库存现金""银行存款"等账户的记录分析填列。

8．"取得子公司及其他营业单位支付的现金净额"项目

该项目反映企业购买子公司及其他营业单位购买出价中以现金支付的部分，减去子公司及其他营业单位持有的现金和现金等价物后的净额。

本项目可以根据"长期股权投资""库存现金""银行存款"等账户的记录分析填列。

9．"支付其他与投资活动有关的现金"项目

该项目反映企业除上述项目外支付的其他与投资活动有关的现金流入或流出，企业购买股票和债券时实际支付的价款中包含的已宣告但尚未领取的现金股利或已到付息期尚未领取的债券利息等，金额较大的应当单独列示。

本项目可根据"应收股利""应收利息""库存现金""银行存款"等账户的记录分析填列。

（三）筹资活动产生的现金流量

1．"吸收投资收到的现金"项目

该项目反映企业以发行股票、债券等方式筹集资金实际收到的款项，减去直接支付给金融企业的佣金、手续费、宣传费、咨询费、印刷费等发行费用后的净额。

本项目可根据"实收资本（股本）""库存现金""银行存款"等账户的记录分析填列。

2.“取得借款收到的现金”项目

该项目反映企业举借各种短期、长期借款而收到的现金。

本项目可根据“短期借款”“长期借款”“库存现金”“银行存款”等账户的记录分析填列。

3.“收到其他与筹资活动有关的现金”项目

该项目反映除上述各项目外所收到的其他与筹资活动有关的现金流入，如接受捐赠等。金额较大的项目要单独列示。

本项目可根据“营业外支出”“库存现金”“银行存款”等账户的记录分析填列。

4.“偿还债务支付的现金”项目

该项目反映企业以现金偿还债务的本金。企业支付的借款利息和债券利息在“分配股利、利润或偿付利息支付的现金”项目反映，不包括在本项目内。

本项目可根据“短期借款”“长期借款”“应付债券”“库存现金”“银行存款”等账户的记录分析填列。

5.“分配股利、利润或偿付利息支付的现金”项目

该项目反映企业实际支付的现金股利、支付给其他投资单位的利润或用现金支付的借款利息、债券利息。

本项目可根据“应付股利”“应付利息”“财务费用”“库存现金”“银行存款”等账户的记录分析填列。

6.“支付其他与筹资活动有关的现金”项目

该项目反映企业除上述项目外，收到或支付的其他与筹资活动有关的现金流入或流出，如捐赠支出、融资租入固定资产支付的租赁费等。金额较大的应当单独列示。

本项目可根据“营业外支出”“长期应付款”“库存现金”“银行存款”等账户的记录分析填列。

（四）“汇率变动对现金的影响”项目

该项目反映企业外币现金流量以及境外子公司的现金流量折算为记账本位币时，所采用的现金流量发生日的即期汇票或按照系统合理的方法确定的，与现金流量发生日即期汇率近似的汇率折算的金额（编制合并现金流量表时还包括折算境外子公司的现金流量，应当比照处理）与“现金及现金等价物净增加额”中外币现金净增加额按期末汇率折算的金额之间的差额。

在编制现金流量表时，可逐笔计算外币业务发生的汇率变动对现金的影响，也可采用简化的计算方法，即通过现金流量表补充资料中“现金及现金等价物净增加额”数额与现金流量表中“经营活动产生的现金流量净额”“投资活动产生的现金流量净额”“筹资活动产生的现金流量净额”三项之和比较，其差额即为“汇率变动对现金的影响”项目的金额。

（五）现金流量表的补充资料

现金流量表的补充资料是以间接法编制的经营活动的现金流量，以对现金流量表中采用直接法反映的经营活动现金流量进行核对和补充说明。

间接法是指以本期净利润为起点，通过调整不涉及现金的收入、费用、营业外收支以及经营性应收应付等项目的增减变动，调整不属于经营活动的现金收支项目，据此计算并

列报经营活动产生的现金流量的方法。

采用间接法将净利润调节为经营活动的现金流量时，需要调整的项目可分为四大类：（1）实际没有支付现金的费用；（2）实际没有收到现金的收益；（3）不属于经营活动的损益；（4）经营性应收应付项目的增减变动。

1."将净利润调节为经营活动的现金流量"各项目的填列方法如下：

（1）"资产减值准备"项目

该项目反映企业本期计提的坏账准备、存货跌价准备、长期股权投资减值准备、持有至到期投资减值准备、投资性房地产减值准备、固定资产减值准备、在建工程减值准备、无形资产减值准备、商誉减值准备、生产性生物资产减值准备、油气资产减值准备等资产减值准备。

本项目可以根据"资产减值损失"账户的记录分析填列。

（2）"固定资产折旧""油气资产折耗""生产性生物资产折旧"项目

该项目分别反映企业本期计提的固定资产折旧、油气资产折耗、生产性生物资产折旧。

本项目可根据"累旧折旧""累计折耗"等账户贷方发生额分析填列。

（3）"无形资产摊销""长期待摊费用摊销"项目

该项目分别反映企业本期计提的无形资产摊销、长期待摊费用摊销。

这两个项目可根据"累计摊销""长期待摊费用"账户的贷方发生额分析填列。

（4）"处置固定资产、无形资产和其他长期资产的损失"项目

该项目反映企业本期处置固定资产、无形资产和其他长期资产发生的净损益。

本项目可根据"营业外收入""营业外支出"等账户所属有关明细账户的记录分析填列。

（5）"固定资产报废损失"项目

该项目反映企业本期固定资产盘亏发生的损失。

本项目可根据"营业外收入""营业外支出"等账户所属有关明细账户的记录分析填列。

（6）"公允价值变动损失"项目

该项目反映企业持有的采用公允价值计量且其变动计入当期损益的金融资产、金融负债等的公允价值变动损益。

本项目可根据"公允价值变动损益"账户所属有关明细账户的记录分析填列。

（7）"财务费用"项目

该项目反映企业本期发生的应属于投资活动或筹资活动的财务费用。

本项目可根据"财务费用"账户的本期借方发生额分析填列（如为收益，以"－"号填列）。

（8）"投资损失"项目

该项目反映企业本期投资所发生的损失减去收益后的净损失。

本项目可根据利润表"投资收益"项目的数字填列（如为投资收益，以"－"号填列）。

（9）"递延所得税资产减少"项目

该项目反映企业资产负债表"递延所得税资产"项目的期初余额与期末余额的差额。本项目可根据"递延所得税资产"账户的发生额分析填列。

（10）"递延所得税负债增加"项目

该项目反映企业资产负债表"递延所得税负债"项目的期初余额与期末余额的差额。本项目可根据"递延所得税负债"账户的发生额分析填列。

（11）"存货的减少"项目

该项目反映企业资产负债表"存货"项目的期初余额与期末余额的差额。若期末数大于期初数，以"-"号填列。

（12）"经营性应收项目的减少"项目

该项目反映企业本期经营性应收项目（包括应收票据、应收账款、预付账款、长期应收款和其他应收款中与经营活动有关的部分及应收的增值税销项税额等）的期初余额与期末余额的差额。若期末数大于期初数，以"-"号填列。

（13）"经营性应付项目的增加"项目

该项目反映企业本期经营性应付项目（包括应付票据、应付账款、预收账款、应付职工薪酬、应交税费、应付利息、应付股利、长期应付款、其他应付款中与经营活动有关的部分及应付的增值税进项税额等）的期初余额与期余额差额。若期末数小于期初数，以"-"号填列。

2. "不涉及现金收支的重大投资和筹资活动"项目

该项目反映企业一定期间内影响资产或负债但不形成该期现金收支的所有投资和筹资活动的信息。这些投资和筹资活动虽然不涉及现金收支，但对以后各期的现金流量有重大影响，因此应单列项目在补充资料中反映。

不涉及现金收支的重大投资和筹资活动具体包括以下几项：

（1）"债务转为资本"项目，反映企业本期转为资本的债务金额。

（2）"一年内到期的可转换公司债券"项目，反映企业一年内到期的可转换公司债券的本息。

（3）"融资租入固定资产"项目，反映企业本期融资租入固定资产的最低租赁付款额扣除应分期计入利息费用的未确认融资费用的净额。

3.现金及现金等价物净变动情况

该项目反映企业一定会计期间现金及现金等价物的期末余额减去期初余额后的净变动额，是对现金流量表中"现金及现金等价物净增加额"项目的补充说明。该项目金额应与现金流量表中的"现金及现金等价物净增加额"项目的金额核对相符。

四、现金流量表编制举例

【例10-24】天宇有限公司2024年根据相关资料编制的现金流量表见表10-6。

表 10-6 现金流量表

编制单位：天宇有限公司　　　　　　　　　2024 年　　　　　　　　　　　　单位：元

项目	金额
一、经营活动产生的现金流量：	
销售商品、提供劳务收到的现金	9 000 000
收到的税费返还	
收到其他与经营活动有关的现金	
经营活动现金流入小计	9 000 000
购买商品、接受劳务支付的现金	1 034 600
支付给职工以及为职工支付的现金	1 052 000
支付的各项税费	208 050
支付给其他与经营活动有关的现金	205 000
经营活动现金流出小计	2 499 650
经营活动产生的现金流量净额	6 500 350
二、投资活动产生的现金流量：	
收回投资收到的现金	
取得投资收益收到的现金	55 000
处置固定资产、无形资产和其他长期资产收回的现金净额	606 000
处置子公司及其他营业单位收到的现金净额	
收到其他与投资活动有关的现金	
投资活动现金流入小计	661 000
购建固定资产、无形资产和其他长期资产支付的现金	902 500
投资支付的现金	
取得子公司及其他营业单位支付的现金净额	
支付其他与投资活动有关的现金	60 000
投资活动现金流出小计	962 500
投资活动产生的现金流量净额	−301 500
三、筹资活动产生的现金流量：	
吸收投资收到的现金	
取得借款收到的现金	800 000
收到其他与筹资活动有关的现金	
筹资活动现金流入小计	800 000
偿还债务支付的现金	1 000 000
分配股利、利润或偿还利息支付的现金	
支付其他与筹资活动有关的现金	30 000
筹资活动现金流出小计	1 030 000
筹资活动产生的现金流量净额	−230 000
四、汇率变动对现金及现金等价物的影响	
五、现金及现金等价物净增加额	5 968 850

-------------- ● 财经育人广角

现金流量表是反映企业在一定会计期间现金和现金等价物流入和流出的报表。在教学中，引导学生要有理财的意识，理财是作为一名财经类学生应该具备的基本素养，"你不理财，财不理你"。提醒学生注意千万不要过度负债，一定要量力而行。

📌 项目训练十

一、单选题

1.下列属于反映某一时点的会计报表是（　　）。

A.资产负债表　　　　B.利润表　　　　　C.现金流量表　　　　D.利润分配表

2.反映企业一定期间财务状况的报表是（　　）。

A.财务状况变动表　　　　　　　　　　B.利润表

C.利润分配表　　　　　　　　　　　　D.资产负债表

3.编制资产负债表时所依据的基本等式是（　　）。

A.收入=支出　　　　　　　　　　　　B.资产=负债+所有者权益

C.资产=负债　　　　　　　　　　　　D.左面=右面

4.资产负债表中资产项目的排列顺序是依据（　　）。

A.项目流动性　　　　B.项目收益性　　　C.项目重要性　　　D.项目时间性

5.某企业"应收账款"明细账借方余额为160 000元，贷方余额为70 000元，坏账准备中有关应收账款计提的"坏账准备"账户余额为500元，在资产负债表中，"应收账款"项目数额应填列（　　）元。

A.16 000　　　　　　B.90 000　　　　　C.159 500　　　　　D.89 500

二、多选题

1.按照会计报告编报时间的不同，可将其区分为（　　）。

A.中期会计报告　　　　　　　　　　　B.年度会计报告

C.单位会计报告　　　　　　　　　　　D.汇总会计报告

2.中期会计报告包括（　　）。

A.月度会计报告　　　　　　　　　　　B.季度会计报告

C.半年度会计报告　　　　　　　　　　D.年度会计报告

3.下列资产负债表项目中，应直接根据总账账户的期末余额填列的项目有（　　）。

A.货币资金　　　　　　　　　　　　　B.交易性金融资产

C.应收账款　　　　　　　　　　　　　D.短期借款

4.资产负债表所列示的项目有（　　）。

A.补贴收入　　　　B.固定资产　　　C.其他流动资产　　　D.销售费用

E.一年内到期的非流动负债

5.编制利润表时，需要计算填列的项目有（　　）。

A.营业收入　　　　B.利润总额　　　C.营业利润　　　　D.净利润

三、判断题

1.资产负债表是反映企业在一定会计期间财务状况的报表。　　　　　　　　　（　　）

2.企业对外提供的财务会计报告的内容、会计报表种类、格式和会表附注的主要内容等，均由企业自行规定。　　　　　　　　　　　　　　　　　　　　　（　　）

3."应收账款"项目应根据"应收账款"账户所属各明细账户期末借方余额合计，减去"坏账准备"账户中有关应收账款计提的坏账准备期末余额后的金额填列。（　　）

4.产品成本表属于内部会计报表，故不对外报送。　　　　　　　　　　（　　）

5.根据规定，我国企业的利润表采用多步式格式。　　　　　　　　　　（　　）

主要参考文献

［1］中华人民共和国财政部. 企业会计准则2006［M］. 北京：经济科学出版社，2006.

［2］中华人民共和国财政部. 企业会计准则——应用指南2006［M］. 北京：中国财政经济出版社，2006.

［3］慕金强，陶淑贞. 财务会计［M］. 上海：上海交通大学出版社，2016.

［4］财政部会计资格评价中心. 初级会计实务［M］. 北京：经济科学出版社，2024.

［5］王朝霞. 企业会计实务［M］. 大连：东北财经大学出版社，2023.

［6］张铁庄，刘晓军. 财务会计［M］. 北京：中国铁道出版社，2014.

［7］杨蕊，梁建秋. 企业财务会计［M］. 北京：高等教育出版社，2023.

本教材"财经育人广角"资料主要来源

〔1〕根据袁瑞英（黄河水利职业技术学院，河南 开封 475001）《"税法"课程思政教学改革实践与探究》整理得来。

〔2〕根据山东水利职业学院课程思政教学设计方案（https：//www.sdwcvc.edu.cn/__local/5/81/CA/CD5D227A9F14E4C8D7BD81B9356_001EC899_34633.pdf）整理得来。

〔3〕根据"课程思政"优秀案例作品展示：引"负债"导出"诚信"之花（https：//www.jsit.edu.cn/sxy/info/1036/1742.htm）整理得来。

〔4〕根据"财务会计实务"课程思政示范课程设计方案（http：//ybzx.nhedu.net/jxzy/sfkc/202411/P020241121637566368044.pdf）整理得来。

〔5〕根据"课程思政"建设经验分享｜"财务报告分析"（https：//zhuanlan.zhihu.com/p/608733779）整理得来。